언어교육과 대화적 교수법

교실 수업에서
언어와 학습의 역동성

마틴 니스트랜드, 애덤 가모랜, 로버트 카츄,
캐서린 프렌더개스트 공저
이진경 옮김

사유사유의힘

상상의힘 창이 환한 교실 07

언어교육과 대화적 교수법

1판 1쇄 펴냄 2019년 1월 15일

지은이 마틴 니스트랜드 외 | **옮긴이** 이진경
펴낸이 김두레 | **펴낸곳** 상상의힘 | **디자인** studioplain
등록 제2015-000021호(2010년 10월 19일)
주소 07208 서울시 영등포구 선유로49길 23 IS비즈타워2차 1503호
전화 070-4129-4505 | **팩스** 02-2051-1618
누리집 www.sseh.net | **전자우편** childlit04@gmail.com
인쇄 천일문화사

ISBN 978-89-97381-57-9 93370

OPENING DIALOGUE by Martin Nystrand
© 1997 by Martin Nystrand
All rights reserved.
Korean translation copyright © 2018 by Sang-Sang-Eui Him
Published in agreement with Martin Nystrand, USA through Danny Hong Agency, Korea.

이 책의 한국어 판 저작권은 대니홍 에이전시를 통한 저작권사와의 독점 계약으로 상상의힘에 있습니다.
저작권법에 의해 한국 내에서 보호를 받는 저작물이므로 무단전재와 복제를 금합니다.

잘못된 책은 사신 곳에서 바꾸어 드립니다.

값 15,000원
이 책 내용의 일부 또는 전부를 재사용하려면 반드시 저작권자와 출판사 양측의 동의를 받아야 합니다.

배우고자 하는 의욕은 내재적 동기에 바탕을 두고 있다. 그리고 그 동기는 전적으로 연습을 통해 원천과 보상 모두를 얻는다. 배우고자 하는 의욕은 교육과정이 설정되고, 학습자들이 모여 있고, 경로가 고정된 학교 환경 같은 특수한 상황 속에서만 "문제"가 된다. 문제는 학습 그 자체뿐만이 아니라, 학교가 종종 자발적인 학습 – 호기심, 능력을 갖추고자 하는 욕망, 역할 모형을 본받고자 하는 소망 그리고 사회적 상호성의 그물망에 깊이, 민감하게 참여하는 것 등 – 을 지속해 나가는 자연스러운 에너지들을 제시하는 데에 거듭 실패한다는 사실에도 있다.

Jerome Bruner, 『교육이론을 위하여』

목차

언어교육과 대화적 교수법

한국어판 서문

이 책은 언어교육과 대화적 교수법을 다루고 있다. 언어교육과 대화적 교수법이 무엇인지, 무엇이 언어교육과 대화적 교수법이 아닌지를 밝히고 있다. 또 이 책은 미국 중등학교에서 수십 명의 교사가 수백 곳의 교실에서 수행한 40년간에 걸친 대규모의 경험적 연구를 요약하는 가운데 언어교육과 대화적 교수법이 학습에 미친 긍정적인 효과를 제시하고 있다. 원래『대화 열기 : 언어와 학습의 역동성 이해(New York: Teachers College Press, 1997)』란 제목으로 출간되었으며, 이 한국어 판본은『언어교육과 대화적 교수법 : 교실 수업에서 언어와 학습의 역동성』으로 다소 수정하였다. 여기에 수록된 논문들은 "대화의 과정들"을 펼쳐 보이는 가운데 "대화의 시도"가 갖는 역할, 특히 토의를 촉발하기 위한 역할을 보여주고 있다. 동료들과 함께 수행한 이 연구는 그와 같은 토의가 학습자의 학습에, 심지어는 토의에 참여하지 않는 학습자들에게까지도 막대한 역할을 수행함을 입증한, 대규모로 이루어진 최초의 경험적 작업이다. 언어교육과 대화적 교수법은 학습자들의 생각이 언제나 환영받고, 교육의 한 부분으로 뚜렷하게 자리매김하는 곳이 교실이라는, 교실에 관한 새로운 인식론적 토대를 만들어낸다.

『언어교육과 대화적 교수법』은 교육을 교사들이 학습자들에게 제공하거나 활동하게 만드는 것이 아니라 오히려 교사와 학습자들이 서로 협력하며 교류해 나가는 것이라는 관점에 바탕을 두고 있다. 높은 수준의 교실담화는 교사와 학습자들 사이의 실체적인 상호성을 특징으로 삼는다. 그와 같은 교육에서는 교사들뿐만 아니라 학습자들도 교실 수업, 곧 배움에 수많은 기여를 한다. 달리 말하면 『언어교육과 대화적 교수법』은 "이해를 형성하기 위해 …… 말에 뒤따르는 생각과 느낌을 …… 조직하고자 하는 싸움"이라고 James Britton이 말한 대로 배우기 위해 말하는 것이다. 『언어교육과 대화적 교수법』은 교사와 학생들이 함께 얼굴을 맞대고 교실에서 함께 사태를 파악해가는 것이다. 대화적으로 조직된 교육에서 교사는 학습자들이 이들 상호작용을 탐구하고 실질적으로 만들어가도록 격려하며, 말은 암송이라기보다 대화나 토의에 가깝다.

　이러한 교실에서 교사들은 학습자들의 반응을 잇따르는 질문들과 결부시킴으로써 특정한 학습자의 생각을 정당화한다. 주고받는 그러한 말들 속에는 교사의 질문뿐만 아니라 학습자의 반응 또한 대화의 과정을 형성한다. 따라서 이들 교실에서의 담화는 예측하기도 힘들고 반복되지도 않는다. 왜냐하면 학습자가 말한 것을 교사가 이끌어내고 정교화하며 질문을 던지는 가운데 교사와 학습자 모두에 의해 영역이나 방향이 "교섭되고"함께 결정되기 때문이다. 그와 같은 상호작용은 종종 "실제적인" 질문들로 규정된다. 실제적인 질문이란 학습자들이 알고 있는 것이 무엇인지, 모르는 것이 무엇인지를 알기 위해서가 아니라 새로운 정보를 얻기 위해 던지는 질문이다. 즉 진정한 질문들은 "이미 정해진" 정답이 없는 질문들이다. 이 질문들은 학습자들의 의견과 생각에 교사가 관심을 끌게 만든다. 따라서 암송에서 보이는 "평가를 위한 질문들"과 대조적으로 교사로 하여금 학습자가 단순히 기억하는 것이 아니라 생각하고 있는 것을 더욱 중시하도록 만든다. Tharp & Gallimore가 지칭하는 이들 "교육적 대화들"(1988)은 학습과 교육에 미치는 학습자들의 기여가 갖는 중요성을 정당화하기 때문에 학습자의 참여를 촉발한다. 그와 같은 교육의 목표는 정보를 전승하는 것이라기보다 해석과 이해를 위해 협력적으로 상호 구성해 가는 것이다. 이러한 교실 대화 속에서 교사들은 학습자들을 진지하게 받아들인다.

이 연구는 문학연구의 관점에서는 Mikhail Bakhtin과 Valentin Voloshinov의 작업에 토대를 두고 있는 대화적 교수법으로 알려져 있다. 그리고 필자 Nystrand의 기초적인 연구는 『문어적 소통의 구조 : 필자와 독자의 상호성 연구(Academic Press, 1986)』와 이 책 『언어교육과 대화적 교수법』에서 찾을 수 있을 것이다. 이 책의 한국어 독자들이 조금이나마 교실을 변화시키는 역동적인 흐름에 대해 숙고하기를 바란다.

2019년 1월

Martin Nystrand

발문

　『언어교육과 대화적 교수법』은 수많은 연구자와 교사들에게 그 의미에 상응하는 깊은 관심을 받을 만한 책이다. 이 책이 언제가는 Janet Emig의 영향력 있는 논문 「12학년 학생들의 쓰기 구성 과정들 (1971)」과 나란히 관련 영역에서 고전의 반열에 오른다고 해도 필자는 조금도 놀라지 않을 것이다. 두 연구 과제는 언어연구에서 극적인 강조점의 변화를 겪고 있는 시기에 제출되었으나 서로 25년 남짓 떨어져 있고, 연구의 주제와 범위, 방법론 등이 두드러지게 다르기는 하다. 그러나 두 논문들은 흥미로운 여러 점에서 서로 유사하다. 두 논문은 모두 상상적으로 고안되고 주의 깊게 수행된 혁신적인 연구들이다. 그리고 언어교육과 학습에 관한 근본적인 쟁점들에 관한 신선한 관점을 정교하게 제시하고 있다. 「12학년 학생들의 쓰기 구성 과정들」에서 Janet Emig는 스스로 알아서 할 줄 아는 고학년 청소년들이 어떻게 글쓰기의 조각들을 구성해 나가는지에 관한 우리의 사고방식들을 재규정하였다. 『언어교육과 대화적 교수법』에서 Martin Nystrand와 동료들은 어린 청소년들과 교사들이 함께 대화하고 공유된 이해를 구성하며, 마침내 개별적인 학습자들의 학습에 어떻게 기여하는지에 관한 우리의 사고방식을 재규정할 것을 약속하고 있다.

　이 책에서 제시된 연구들을 위한 개념적인 틀을 제시하면서 Nystrand는 사람들이 말하는(혹은 쓴) 것을 통해 배울 뿐만 아니라 의사소통의 교환에 참여함으로써 배운다고 주장한다. 학습은 목소리의 상호작용으로 일어난다. 사실 학습의 대화적 분석은 "교사, 텍스트, 또래들의 목소리들에 대한 학습자의 반응"이란 각도에서 학습자들의 학습을 이해하고자 노력해야 한다고 Nystrand는 말한다. 이 연구의 초점이 교사나 학습자에게만 맞추어져 있는 것이 결코 아닌 셈이다. 물론 토의에서 모든 참여자들에 의해 반복적으로 창조된, 긴밀하게 구성된 "텍스트"(설혹 사람들이 텍스트를 전사된 것으로 생각할지라도) 역시 아니다. 오히려 초점은 참여자들 사이의 독특한 거래들이다. Nystrand는 무엇보다 교실 토의에서 참여자들이 단계적으로 혹은 진전되어 가는 가운데 구성해내는 독특한 상호작용을 통해 각각의 참여자들이 무엇을 배우는가에 흥미를 갖고 있다. 따라서 그는 상호작용의 대안적인 유형들을 고려하며, 어떤 유형들이 가장 효율적으로 학습자들의 학습에 기여하는지를 묻고 있다.

이들 아이디어들을 경험적 탐구의 틀 안에서 정식화함으로써 Nystrand는 교실담화의 연구 전통에 Bakhtin, 특히 Rommetveit(1992) - 그는 최근 "인간 정신의 발전이 대화적으로 구성된다"(p.23)고 주장하였다. - 로부터 제시된 일련의 강력한 주장들을 접목시키고 있다. 마찬가지로 Nystrand의 정식화는 현대의 철학자들이 표현한 사상들과 조응하고 있다. 예컨대 Charles Taylor(1994)는 "인간 정신의 기원은 …… 각각의 사람들이 자신들의 목표에 도달하는 독백적인 것이 아니라 대화적"(p.32)이라고 주장하였다. 그리고 발달심리학자들은 타자들과 공동의 관심사를 확립하고자 하는 인간의 능력에 관심을 가진다. Jerome Bruner(1995)는 "인간의 본성을 설명하고자 하는 심리학자들이 제안하곤 하는 인간 본능들의 모든 목록들 중에 어느 누구도 '타자들과 관심 있는 대상을 공유하고자 하는 욕구'를 언급하지 않고 있다는 것이 아이러니함을 발견하였다."(p.12)고 최근 피력한 바 있다.

Nystrand 자신의 이전 이론적인 작업은 이 책에서 그가 제시하는 경험적 틀에 두 가지 중요한 생각들을 제공하고 있다. 첫 번째는 문어적 소통의 구조에 관한 초기 연구들(Nystrand, 1986)로서 구어적인 대화의 분석에 사용된 원리를 문어의 사용에 내포된 의사소통적인 거래를 분석하고자 하는 과제에까지 확장하는 데에 성공하고 있다. 이 진전을 받아들인다면 사실상 여기에서 보고된 연구들을 통해 화자와 청자 사이뿐만 아니라 필자와 독자의 상호작용, 심지어는 필자와 독자가 지면으로만 만날 때조차도 상호작용을 고려하는 것이 가능하게 된다. 두 번째 Nystrand의 초기 비교이론적인 작업(1992)은 의미의 사회적 구성이론들과 사회적 상호작용의 이론들 사이의 차이에 관해 이 책에서 강조한 것들이 토대를 제공해 준다. 대조적으로 사회적 상호작용의 이론들은 둘 혹은 더 이상의 사람들이 대화에 참여할 때 형성되는, 한층 역동적이며 예측하기 어려운 의미들을 조명할 수 있게 해 준다. 이 책에서 제시된 연구들에서 Nystrand와 동료들은 사회적 상호작용 - 즉 사람들이 질문하고 질문에 대답함에 따라 어떻게 의미가 드러나고 변화하는지에 관한 상호작용 - 에 집중하고 있다. 이러한 강조는 Nystrand와 동료들이 학습자들의 학습 진전을 보여주는 특정한 흔적들을 연구할 수 있도록 해 주었다. 이들 흔적들이 교실담화의 전사에서 명확하게 드러난 것처럼 사회적 상호작용 속에서 의미의 지속적인 확장으로 우리의 관심을 돌리게 만듦으로써 Nystrand와 동료들은 실제 대화의 자유와 불확정성을 받아들일지라도 학습이 종종 놀라움 속에 형성된다는 것을 우리에게 상기시켜 준다.

Nystrand가 제안하는 시각이 어떻게 사람들이 학습을 하는가에 관한 설명과 학습을 진작시키기 위해 교사들이 어떻게 교실 토의를 조직할 수 있는가에 관한 함의에 관해 약속하고 있는 것과 달리 Nystrand와 Adam Gamoran이 제시하는 주요한 경험적 연구로부터 이끌어낸 현실은 그다지 새로울 것도 없다. Nystrand와 Gamoran이 분석한 교실 토의의 대부분의 시간들에 관해 판단하자면 교사들이 주도하는 교실 토의들 속에서 대부분 학생들은 그저 듣기만 하고 있다. 그러나 독백이 압도적인 이러한 배경을 거슬러, 진정한 대화를 보여주는 수많은 사례들 또한 존재하고 있다. Nystrand와 동료들은 어떻게 이 사례들이 작동하고, 학습자들의 학습에 영향을 미치는지를 살펴보기 위해 이 사례들을 검증하고 있다. 연구자들은 독백적인 발화들로 이루어진 토의와 비교해 볼 때 대화적으로 조직화된 교수법은 학습자들의 학습에 더 많은 가능성을 제공하며, 학습자들을 교육과정상의 자료들에 더욱 완벽하게 참여할 수 있게 만든다. 또한 학습자들을 한층 더 복합적인 사고 유형들을 활용할 수 있도록 이끈다. 이 두 가지 특정한 교실 토의의 실제들을 더욱 면밀하게 살펴보면, 학습자들이 경험하는 대화의 유형 - 이는 곧 학습의 유형이기도 하다 – 을 빚어내는 데 교사들이 핵심적인 역할을 수행한다는 것을 알 수 있다.

이 책의 결론적인 장은 이들 연구와 다른 최근의 연구들로부터 이끌어낸, 교사들을 위한 안내를 제공하고 있다. 이 장에서 제시된 흥미진진하고 잠재적으로 아주 유용한 제안들을 통해 주의 깊게 귀 기울이는 독자는 Nystrand 자신의 스승들 중 몇몇의 목소리에 대한 반향 혹은 반응을 들을 수 있을 것이다. 예컨대 효율적인 교수법에서 작동하는 듣기의 강력한 역할에 관한 주목할 만한 통찰로 이해되는 James Britton의 목소리를 들을 수 있을 것이다. 그리고 학습자들이 "내게 할 말이 없다"고 한다고 불평하는 교사들을 바로잡고 싶어 하는 Wallace Douglas의 목소리도 그러하다.

Nystrand와 동료들은 교실 토의의 구조가 어떻게 학습자의 학습에 영향을 미치는지에 관해 우리가 생각해 왔던 방식을 변화시킬 것이라고 필자는 생각한다. 이들이 여기에서 제공하는 이해가 진전됨에 따라, 이들의 작업이 구성하는 주제에 관한 지속적인 대화가 진전됨에 따라 여전히 더욱 폭넓은 쟁점들을 고려하는 새로운 방식들을 약속해 줄 것이다. 어떻게 토의의 구조들이 학습을 위한 효과적인 가능성들을 증진시킬 수 있는지, 자료에 관한 학습자들의 참여를 강화할 수 있는지, 추론이란 복잡한 유형들을 입증할 수 있는지에 관한 한층 더 명료한 그림과 함께 우리는 학습자들이 주어진 교육과정의 내용을 어떻게 학습해 나가는지에 관한 새로운 질문들을 제기하는 더 나은 입각점에 서 있게 될 것이다. Nystrand가 규정하듯 교육에 관한 대화적 접근이 학습자들이 다루어야 할 더 많은 자료, 반드시 알고 넘어가야 할 자료들을 공부하는 것에 두는 가치를 배제하고 있는 것이 아님에 주의하는 것이 중요하다. 사실 대화에 대한 강조는 고고학의 과정에 비견되는 학습의 과정을 제안하고 있다. 그 과정은 아마도 오래전 어디에서나 그렇게 해 왔듯이 다른 사람들이 알았던 것, 생각했던 것, 행동했던 것에 관한 이해를 형성하고 재형성하는 과정이기 때문이다.

물론 그와 같은 이해의 형성이 우리네 삶 속에서 아주 이른 시기부터 시작되었으며, 그것은 다른 사람의 의미를 파악하는 과정이며 동시에 우리 자신의 의미를 형성하는 과정이기도 하다. Nystrnad와 동료들의 연구는 우리에게 이러한 교훈을 준다. 다른 필자들은 마찬가지로 다른 형식으로 그 작업을 할 것이다. 노벨상 수상 연설 "시를 신뢰하며"에서 시인 Seamus Heaney(1995)는 2차 대전 당시 옆방에서 부모님의 말소리를 들으면서 보낸 어린 시절의 경험을 기술하고 있다. 부모님의 익숙한 목소리의 어조와 함께 계속 BBC 뉴스를 내보내는 라디오의 목소리가 뒤섞였고, 라디오의 진지한 독백은 결국 "미친듯이 단속적인 모르스 부호"(p.27)처럼 구멍이 쑹쑹 뚫려버렸던 것이다. "이론적으로 배울 필요도 없이 다양하게 경쟁하는 담화들의 지점임을 의식이 신속하게 깨닫고 있음"(p.28)을 Heaney는 목도하고 있다. 이와 꼭 같은 방식으로 그는 "침대 속의 아이"는 "수많은 선동들 속에서 길을 찾아나가야 하는 미래의 어른들이 처한 상황의 복잡함들을 이미 배워나가고 있는 것"(P.28)이었다. Heaney의 성찰이 보여주듯, 내게는 Nystrand와 동료들이 이 논문집 속에서 그려보이고 싶어하는 것도 이러한 것인 듯 싶다. 어떻게 대화가 개인들의 의식에 새로운 목소리를 형성하는가를. 뿐만 아니라 대화에 참여하는 것, 아마도 특별하게 교육의 일환으로 사려 깊게 고안된 대화 속에 참여하는 것이 어떻게 우리로 하여금 삶의 과정

속에서 마주치게 될 수많은 선동들 속에서 현명하게 길을 찾아나가
는 방식을 배우도록 만드는가를.

Northwestern University

참고문헌

Bruner, J.(1995). "From joint attention to the meeting of minds: An introduction". In C.Moore & P.J.Dunham(Eds.), *Joint Attention: Its origin and role in development*(pp.1-14). Hillsdale, NJ:Erlbaum.

Emig, J.(1971). *The composing processes of twelfth graders* (Research Rep. No.13). Urbana, IL:NCTE.

Heaney, S.(1995, December 25). "Crediting Poetry: The Nobel lecture". *The New Republic*, pp.27-34.

Nystrand, M.(1992). "Social interactionism versus social constructionism: Bakhtin, Rommetveit, and the semiotics of written text". In A.H.Wold (Ed.), *The dialogical alternative: Towards a theory of language and mind.*(pp.157-173). Oslo: Scandinavian University Press.

Rommetveit, R. (1992). "Outlines of a dialogically based cognitive-social approach to human cognition and communication". In A.H.Wold (Ed.), *The dialogical alternative: Towards a theory of language and mind.*(pp.19-44). Oslo: Scandinavian University Press.

Taylor, C. (1994). "The politics of recognition". In A.Gutman (Ed.), *Multiculturalism*(pp.25-73), Princeton, NJ: Princeton University Press.

편찬 체제

이 책은 아래와 같은 개별적인 요약을 갖춘 4개의 장으로 구성되어 있다.

1장. M. Nystrand가 집필한 「언어교육과 대화적 교수법 : 암송이 대화가 될 때」는 세 가지 녹취록을 분석하는 가운데 핵심적인 차이를 설명함으로써, 이 연구의 개념적인 얼개를 그려 보이고 있다.

2장. Nystrand와 Adam Gamoran이 집필한 「8학년과 9학년 영어 수업의 교육적 담화 연구」는 교실담화, 쓰기와 읽기에 관한 대규모의 경험적 연구로부터 이끌어낸 결과들과 함께 방법론적인 상세한 설명과 코딩할 때 지켜야 할 규칙들을 제공하고 있다. 모든 교육적 활동들에 관한 기술적인 통계가 제시되었다. 이 장은 또한 개별 학습자의 학습에 미친 이들 실천의 효과를 입증하는 결과들을 제시하고 논의한다. 결과는 학교급별, 공동체의 맥락(도시, 근교, 시골 등), 능력에 따라 구분된 집단 등에 따라 분류되었다.

3장. Robert Kachur와 Catherine Prendergast가 집필한 「교수법을 대화적으로 만드는 것은?; 두 교실의 학습자-교사 대화 자료」는 학습을 강화하는 교실 문화를 어떻게 만들어낼 것인지 하는 방법을 정확하게 분석하기 위한 전사 자료를 검토한다.

4장. Nystrand가 집필한 「교사가 해야 할 일은? 교실에서의 대화주의」는 교실 대화, 글쓰기, 문학 연구를 위한 교육적 함의를 논의한다.

독자

『언어교육과 대화적 교수법』은 문학과 문해력 프로그램에 종사하는 연구자, 교사, 정책결정자들을 위해 집필되었다. 이 책은 중등학교 국어교실에서 일어나는 일들을 이들 교육자와 미래의 교사들이 이해할 수 있도록 도울 것이다. 궁극적으로 실질적인 교수법에서 이끌어낸 사례들과 전사된 자료들을 포괄적으로 활용할 수 있게 해 줄 것이다. 또한 학부와 대학원의 언어와 문해력 강좌에서도 유용하게 쓰일 것이며, 언어교육과 읽기에 관한 방법론적 강좌들에서 보충 교재로 활용되기도 할 것이다. 특히 이 책은 교실담화를 연구하는 방법론이란 측면에서 또 교수법의 문제에 관한 Bakhtin 이론의 적용에도 특히 도움이 될 것이다.

기존 책들과의 관계

『언어교육과 대화적 교수법』은 비록 학습자의 연령이 다르다는 차이가 있기는 하지만 대화적 관점에서 교수법과 학습의 역동성을 이해하고자 한다는 점에서 Dyson의 『아동의 쓰기 학습에 담긴 사회적 세계들』과 유사하다. 또한 『언어교육과 대화적 교수법』은 Applebee의 『변모하는 전통: 학교 교육과정에서 문학의 위상에 관한 재조명』(Chicago Univ. Press)이 견지하는 수많은 개념적 전제들을 공유하고 있다. 특히 이 책은 교실 문화의 본질적인 작동 기제로서 교실담화를 다루고 있다.

그럼에도 『언어교육과 대화적 교수법』은 중등학교의 문학교육을 검토하는 연구 가운데 그 범위나 포괄성이란 측면에서 아주 독특하다. 우리는 이 연구가 교실담화와 그것이 학습에 미치는 효과를 다룬 기존의 연구들 가운데 가장 대규모로 이루어진 경험적 연구임을 확신한다.

의의

교육과정과 교수법에 관한 일반적인 생각들 속에 담긴 수사적, 개념적 장치들은 교수법이 마치 개선되고 있는 것처럼 믿도록 유혹하고 있다. 사회문화적 이론에서 도출한 비대해진 이론과 이름들은 여전히 살아 있으며, 주요한 회의 석상에 자리 잡고 있다. 총체적 언어교육과 워크샵 접근법들은 발표, 논문, 저서들의 주제보다 훨씬 더 대중적으로 자리 잡고 있다. 그러나 사회문화적 토대와 담화의 특성에 관한 점증하는 명백한 동의에도 불구하고, 대부분의 학교교육은 교사가 말하고 학습자들은 듣는, 전승 모형과 의사소통의 암기식 모형에 기반을 둔 채 지속되고 있음을 발견할 수 있다. 그리고 성적이 뒤처진 학습자들의 교실에서 이러한 경향은 더욱 잘 들어맞는다. 그럼에도 불구하고 우리는 수많은 고립된 긍정적인 지점들을 발견하였으며, 한층 면밀히 들여다봄으로써 우리가 방문한 교실에서 실제적으로 이루어지고 있는 일들이 무엇인지를 알게 되었다. 『언어교육과 대화적 교수법』은 그렇게 작동하는 대화적 실천들을 인식하고 이해하기 위한 개념적, 경험적 기초를 제공해 준다. 특히 4장은 이렇게 이루어지는 존재하는 대화적 실천들을 검토하고 있다. 이 책에서 제시된 연구는 특히 문학에 관한 학습자의 학습, 교사-학습자의 상호작용의 특성이 교실담화의 성격과 맺고 있는 관계

편찬 체제

를 검증하고 있다. 이들 문제를 사회문화적 이론 중 대화적 관점을 통해 살펴보고 평가함으로써 『언어교육과 대화적 교수법』은 Wertsch(1990)가 말한 그대로 어떻게 "담화의 형식들이 생각의 발전이 일어나게 만드는 내재적인 틀을 제공하는 방식과 마주치게 하는가"하는 문제를 탐구하고 있다.

체계적으로 가설들을 검증하는 일의 중요성은 사례 연구, 질적, 민족지적 탐구와 대조된다.

서론

최근의 교육개혁 운동 속에 미국의 학교교육을 다시 설계하고자 하는 수많은 제안과 검증이 진행되고 있다. 협동학습이나 소규모 모둠활동처럼 교실을 대안적으로 배치해보고자 하는 것을 포함하여 성취기준의 상향 조정, 교사의 능력 평가, 새로운 교육과정들, 성과급의 지불, 교사교육의 변화 등등이 그 예들이다. 이러한 재설계를 위한 대안으로 지금 면밀하게 검토되고 있는 학교교육의 한 양상은 단연 학습자의 학습을 증진시키는 교육적 상호작용의 유형들이다. 이 연구들 중 몇몇은 소규모 모둠활동이나 학습자들이 함께 활동하는 것을 포함하는 협동학습, 지속적인 토의 혹은 "교수법적 대화", 그리고 학생들이 서로에게 읽기를 가르치는 상호교수법 등과 같은 비관습적인 교수법의 형식들에 주의를 기울이고 있다. 학습에 미치는 교실담화의 역할에 특히 초점을 맞추고 있는 연구들은 지속적이고 지배적인 교수법의 양식인 암송에 대해 거듭 비판적인 문제 제기를 하고 있다. 쓰기교육에 관한 연구에서 연구자들은 어떻게 다른 유형의 상호작용이 쓰기의 발달에 영향을 미칠 수 있는지를 이해하기 위하여 교사-학습자의 협력과 반응 그룹들의 잠재력을 면밀하게 살펴보고 있다.

언어교수법에서 이와 같은 관심의 많은 부분들은 1960년대 영국의 언어예술교과에서 James Britton과 Nancy Martin이 제안한 교육개혁의 연장선 위에 놓여 있다. Britton과 Martin은 언어예술의 교수법은 언어와 쓰기에 관한 지식을 가르치는 것이 아니라 쓰기와 말하기 모두를 포함하는 언어 사용의 맥락 속에 모든 학습자의 학습을 설정해야 한다고 주장하였다. 유용한 학습의 과제들은 학습자들이 쓰기를 배울 수 있게 도울 뿐만 아니다. 마찬가지로 학습자들은 "배움을 위한 쓰기"를 가능하게 만들 것이다.(Martin, D'arcy, Newton & Parker, 1976) 미국에서 앎의 방식으로서의 쓰기 - 더 적절하게 말하면 앎을 형성하는 방식으로서의 쓰기-에 관한 이러한 생각은 오늘날 우리가 알고 있듯 '교육과정을 가로지르는 쓰기' 운동을 형성하는 데 기여하였다. 배움을 위한 쓰기에 덧붙여 Britton은 '배움을 위한 쓰기'에 비해 미국의 교육과정 개혁에 영향을 덜 미치기는 했지만 '배움을 위한 말하기'(Britton, 1969)라는 개념 역시 정교화하였다. "모든 것들이 둥둥 떠다니는 바다"를 언급하면서 Britton은 능동적인 토의, 실질적인 교사-학습자의 상호작용, 모둠활동 등이 어떠한 교실 맥락에서나 가장 본질적인 부분들이 되어야 함을 주장했다. Martin과 Britton은 학습자들의 능동적인 언어과정들과 내적으로 결합된 학습이란 관점을 정교화하였다.

가장 최근의 연구들이 이들 주제들에 착목하고 있지만, 특히 학습에 영향을 미치는 교실 환경과 교사-학습자, 또래 관계 등에 더욱 주목하고 있다. 교사-학습자와 또래의 상호작용에 대한 이러한 새로운 초점화는 언어와 학습, 특히 언어를 교사에게서 학습자로 옮겨가는 지식의 일방적인 전승 모형이 아니라 지식을 구성하고 협상해가는 역동적인 사회적, 인식소적 과정으로 언어를 바라보는 새로운 언어와 학습의 개념과도 일치한다. 대화이자 사회문화적 과정으로 담화를 보는 러시아의 Lev Vygotsky와 Mikhail Bakhtin의 작업은 이들 새로운 개념 속에서 배태된 것이었다. 예컨대 Vygotsky의 사회문화적 연구들은 사고와 쓰기의 발전을 규정하는 데에 있어 사회적 상호작용의 중심적인 역할을 규명하고 있다. Bakhtin의 대화적 연구들은 어떤 주어진 상황에서 담화의 의미가 필자와 독자를 포함하여 대화 참여자들의 상호작용에 의해 역동적으로 구조화되는 기호학적 과정을 밝히고 있다.

『언어교육과 대화적 교수법』은 8학년과 9학년의 문학교실에서 학습에 미치는 교실과 다른 교수법적 담화의 역할을 검토하고자 한다. 이 연구는 위스콘신 대학교의 '효율적인 중등교육 센터'의 기금 지원으로 수행되었다. 미국 학교교육의 교수법이 천편일률적일 뿐만 아니라 무기력하고, 피상적이며, 도전을 비껴간다는 것에 대한 광범위한, 근래의 비판에 직면하였기에 필자와 동료들은 쓰기와 읽기의 과제들뿐만 아니라 교실담화의 특성이 문학 성취도에 미치는 영향에 초점을 맞추어보고자 선택하였다. 우리의 계획은 미국 중서부의 도시, 근교, 교외 등에 흩어져 있는 수십 곳의 중등학교(공립학교와 교구에 딸린 사립학교를 포함)에서 2년 동안 수행되었다. 모두 합해서 112개의 8학년, 9학년 국어교실이 교실담화와 학습에 미치는 효과라는 이 거대하고 지속적인 연구에 참여해 주었다. 더욱이 1,100명이 넘는 학습자들과 교사들이 매년 참여하였다. 우리는 450개의 수업 사례들에 관한 자료를 관찰하였고 수집하였다. 성취도에 따라 낮은, 보통의, 특별한 등급의 수업들 사이에 드러나는 교수법의 차이점에 특별히 관심을 기울이기도 하였다.

사회문화적 기초와 담화의 특성에 관한 점증하는 동의에도 불구하고, 우리는 대부분의 학교교육이 여전히 전승과 암송의 의사소통 모형에 바탕을 두고 이루어지고 있음을 발견하였다. 교사들은 말하고 학습자들은 듣는다. 우리의 연구 계획은 특히 교실담화의 성격에 따라, 교사-학습자의 상호작용의 특성에 따라 문학에 관한 학습자의 학습이 어떻게 관련되어 있는지를 특히 주목하였다. 사회문화적 이론의 대화적인 렌즈를 통해 이들 주제를 검토하고 평가함으로써 우리의 연구는 Wertsch(1991)가 제시한대로 "공식적인 학교교육은 개념의 발달이 일어나게 만드는 내재적인 모형을 제공하고 있다. 이 공식적인 학교교육이…… 어떻게 담화의 형식들과 마주치고 있는가"(p.116)를 규명하고자 하였다.

Martin Nystrand

1장
대화적 교수법 : 암송이 대화가 될 때
Martin Nystrand

린제이Lindsay 선생님은 9학년 학급의 학생 중 한 사람인 존이 읽는 속도에 맞게 받아 적으려 애쓰면서 칠판에 필기를 하고 있다. 존은 이제 막 Mildred Taylor의 『Roll of Thunder, Hear My Cry (천둥아, 내 외침을 들어라!, 내인생의책, 2004)』의 한 장의 요약한 줄거리를 소리 내어 읽은 참이다.

"쉽지가 않네요. [칠판에] 모두 받아 적는 것이. 내 생각에는 불매운동에 관한 부분을 놓친 것 같은데."

선생님이 칠판에 쓴 것을 읽으며 말한다.

"'불매운동을 조직하려고 노력한다.' 존? 네가 말한 내용을 제대로 옮겨 적은 것 같니?"

"이 아이들이 귀찮은 존재들이라고 생각하지 않는 사람에 관한 부분은 어디 있어요?"

존이 대답한다.

"그래, 맞아. 이름이 뭐였지? 너희들, 기억나?"

선생님이 말한다. 존은 기억이 나지 않는다는 듯 머리를 흔든다.

호명을 기다리지도 않고 또 다른 학생인 앨리씨아가 대답한다.

"터너 아니에요?"

학급 아이들을 둘러보며 선생님이 말한다.

"터너가 맞아?"

"네, 맞아요."

몇몇 학생들이 대답한다.

선생님이 계속 말한다.

"좋았어. 그래서 터너는 백인의 도움에 반항을 했네. 왜? 그런데도 왜 터너는 그 끔찍한 가게에서 물건을 계속 사려고 했지?"

존이 재빨리 대답한다.

"그 가게가 물건을 살 수 있는 유일한 가게였거든요. 나머지 가게들은 다 백인들 가게였기 때문에."

선생님이 반대한다.

"그래? 그렇지만 월스토어도 역시 백인 가게였잖아."

또 다른 학생 톰이 존을 보면서 묻는다.

"홀링스 씨의 가게? 그 가게라고?"

존이 대답한다.

"아냐. 여기엔 이유가 있어. 사람들은 면화가 들어오기 전에는 임금을 받지 못했어. 하지만 그해 내내 사람들은 여전히 음식이며, 옷이며, 씨앗이며, 그런 종류의 물건들을 사야만 했어. 그런데 농장주들은 그 가게에서만 그들이 산 것에 대해 서명을 해줘. 그해 내내 외상으로 물건들을 계속 살 수 있도록."

선생님이 칠판에 쓴 것을 크게 소리 내어 읽으며 말했다.

"그래. 외상으로 물건을 살 수밖에 없었다. 그리고 이 가게는 그에게 외상을 주는 유일한 가게였다."

또 다른 학생 펠리체가 말한다.

"막 생각난 건데요. 그 가게가 가장 가까운 가게였어요."

이제는 칠판에서 눈을 떼지 않은 채 선생님은 칠판에 쓴 내용을 계속 구체화하면서 대답한다.

"좋아. 가장 가까운 가게였다고. 가게는 이 지역의 가운데쯤에 있는 것 같다. 수많은 소작인들은 현금으로 지불할 수 없었고, 그 가게에서 외상으로 살 수밖에 없었어. 다른 가게에서는 외상을 얻기가 아주 힘들었기 때문이지. 그래서 그녀가 불매운동을 조직하기가 어려워질 거라는 건 분명해 보이네. 게다가 그녀도 외상 거래를 할 수밖에 없으니까."

선생님은 또 다른 학생에게 고개를 끄덕이며 말한다.

"네 생각은 어때?"

토의는 계속 이어진다.

2년에 걸쳐 동료들과 함께 필자는 수백 곳의 8학년, 9학년 문학 수업을 참관하였다. 이 교실담화의 간략한 발췌는 현재 이루어지고 있는 교육의 가장 중요한 특징들 - 학생들이 문학을 한층 깊이 이해하도록 돕고, 그것을 기억하고, 다시 자신들의 경험과 연결할 수 있도록 돕는 교육, (그리고 대부분의 문학교육에서 가장 중요한) 누가, 언제, 무엇을, 왜 등과 같은 정보나 문자 그대로의 이해를 넘어 작품에 미적으로 반응하게 만드는 것 - 을 보여주고 있다.(더 상세한 것은 2장을 참조) 이 교실에서 학습자들은 단순히 '과제'를 해치우기보다 참여하고 있다. 대부분의 교실과 달리 이 교실은 정보의 전승과 암기에 치중하지 않는다. 교사의 역할은 얼마나 많은 학습자들이 알고 있는지를 묻거나 학습자들이 아직 이해하지 못한 쟁점을 복습하게 하는 것이 아니다. 이 수업은 교실에서 교사와 학습자들이 함께 얼굴을 맞댄 가운데 일어나는 일들을 알려주고 있다.

이 교실에서는 전통적인 교사와 학습자의 역할이 역전되었다. 중요한 점들에 관해 학습자들에게 퀴즈를 내거나 강의를 하기보다 오히려 이 교사는 학습자들이 제시하는 생각들을 기록하고 있다. 이 수업에서는 잘못 말했다고 해서 벌점을 주지 않는다. 잘 모르는 척하며 교사는 학습자가 인물의 이름을 말함으로써 자신을 도와주도록 만든다. 이 수업에서는 교사와 다를 바 없이 학습자들도 핵심적인 질문들을 하며, 주요한 쟁점을 설명하는 사람도 교사가 아니라 학습자였다.

대부분의 교육은 이미 알려진 것이나 알고 있는 것을 다룬다. 사실상 학습과 수업은 전형적으로 이미 알려진 것을 제대로 기억하고 있는가를 다룬다. 그러나 이 수업은 한 걸음 더 나아간다. 여기에서 교육은 궁극적으로 아직 이해되지 않은 것을 이해하고자 협동적으로 작업한다. 분명 이 교사는 학습자들을 진지하게 대하며, 학습자들 또한 그 사실을 잘 알고 있다. 이러한 방식의 교육은 수업계획서에 있는 내용만으로는 적절하게 묘사하기 어렵다. 이러한 방식의 교육과 학습을 포착하기 위해서는 교사와 학습자 사이에, 교사와 학습자들 속에서 일어나는 사려 깊은 상호작용을 포함하여 이해가 진행되는 서사를 구조화할 것을 요구한다.

우리가 알고 있듯, 이러한 종류의 교육은 미국의 학교교육에서는 보기 드물다. 현재의 교육과정과 교수법에 관한 사고를 장악하고 있는 수사적이고 개념적인 장치는 교육이 개선되어 가고 있다는 것을 믿게끔 유혹한다. 사회문화적 이론을 주창하는 대단한 주장과 이름들이 모든 주요한 세미나에서 활기차게 등장하고 있다. 총체적 언어와 워크샵을 통한 접근은 과거 어느 때보다도 발표나 논문, 저서의 주제로 인기를 끌고 있다. 그러나 사회 문화적 기초와 문해력의 성격, 교실담화 등에 관한 명백하게 대두하는 새로운 관점에도 불구하고 우리가 살펴본 대부분의 학교들은 교실에서 암송을 통해 정보를 일방적으로 전승하는 방식으로 조직되어 있다. 교사들은 말하고 학습자들은 듣는다. 그리고 학력이 뒤처진 학급일수록 이러한 경향은 더욱 잘 들어맞는다.

미국의 고등학교들 역시 대부분 "잘 짜여져 있으나 생기가 없다."(Goodlad, 1984; Powell, Farrar, & Cohen, 1986; Sizer, 1984) 교사들은 논쟁적인 화제들을 회피하려고 하며, 복합적인 쟁점들을 헤아릴 수 없이 많은 학습지들과 지속적인 암송으로 걸러진 잘게 쪼개진 정보들로 단순화하고 있다. 이들 교사들은 지루하게 그러나 꾸준히 진도를 나가는 것으로 통제를 유지한다. 반응을 보면 학습자들은 맡겨진 활동을 해내고 있는 듯하다. 그러나 학습에 어떤 열의도 보여주지 않으며, 그들의 활동은 피상적이며 무관심으로 일관하고 있으며 재빨리 잊혀진다. 우리가 참관한 수업에서 1/4 남짓 되는 학습자들만이 질문과 대답으로 이루어진 암송에 참여하였으며, 위에서 살펴본 방식의 실제적인 토의가 일어나는 것은 고작해야 평균적으로 하루에 1분을 넘지 못하였다. 2장에서 다시 살펴보겠지만 대다수의 수업에서는 그조차 없었다. 더욱이 거의 모든 교사들의 질문은 학습자들에게 자신들이 생각하는 것을 명확하게 하고 정교화하고 검증하고 수정하는 것이 아니라 다른 누군가가 생각한 것을 상기할 것을 요구하였다. 한 사례를 살펴보자.

다음 수업에서 슈미트Schmidt 선생님은 자신의 9학년 학습자들이 구성, 배경 그리고 서사에 관한 몇몇 기초적인 이해하도록 『일리아드(Iliad)』에 나타난 중요한 점들을 설명하고 있다.

슈미트 선생님이 묻는다.

"시인에 따르면 『Iliad(일리아드)』의 주제는 뭘까?"

매리가 손을 치켜든다. 선생님이 호명하자 대답한다.

"아킬레스의 분노요."

그러나 이 대답은 선생님이 기대한 대답이 아니었다. 잠시 뜸을 들인 다음 한층 한정된 질문을 한다.

"우리가 이야기를 막 읽었을 때 1권의 1부에서 행동이 일어나는 장소는 어디였지?"

이번에 매리는 손을 들지 않았다. 조금 지나자 조슈아가 대답한다.

"아케아의 배 위?"

그러나 이 역시 선생님이 기대한 답이 아니었다.

"그래? 그런데 그들은 자신들의 배에 있지 않았어. 그림을 그려 보일 테니 잘 봐."

코린은 자신이 알고 있는 것이 정답이라고 생각했다.

"해변가에서 일어나지 않았나요?"

그녀가 묻는다.

"그래, 해변가가 맞아."

선생님이 말한다.

"모든 일이 일어나는 곳을 그림으로 그려 보일 수 있단다."

그는 칠판에 그림을 그리기 시작한다.

"잘 기억해. 트로이는 터키의 해변 지역에 있어. 그 당시에는 소아시아라고 불렸지. 그리고 이 장면을 떠올려보자. 모든 배들이 여기 정박해 있어. 수천 척의 배들을 출항시킨 헬렌의 얼굴. 그리고 병사들은 여기 해안가에 있지. 이곳이 트로이 평야야. 트로이는 아주 잘 짜여진 거대한 성채야. 여기에 커다란 입구가 있어. 그리고 이곳에서 어느 정도 떨어진 곳은 넓은 들판이야. 문에서 여기까지는 상당히 멀리 떨어져 있어. 성벽이 도시 전체를 둘러싸고 있어. 그리고 성채 안에는 농장을 비롯해서 없는 게 없어. 도시의 사람들은 외부의 도움 없이도 아주 오랫동안 견딜 수가 있어. 그리고 그 당시 트로이 사람들은 아케아가 하는 전투에 같이 참여하고 있었지. 저물어서야 집으로 돌아왔지. 밤에는 싸울 수가 없었고. 너무 어두워 아무것도 보이지 않았거든. 어쩌면 같은 편에게 죽을 수도 있었어. 구분되기 어려웠으니까. 그리고 아주 종종 트로이 사람들은 싸우기 위해 밖으로 나가고 싶지 않았다. 아주 오랫동안. 그런데 전쟁은 얼마나 오래 지속되었을까?"

한나가 말한다.

"10년이요."

선생님이 한나의 말을 받아 "10년이라." 중얼거리며 이어간다.

"너흰 이해해야 해. 전쟁은 낮 동안에만 일어났어."

언어교육과 대화적 교수법

그리고는 칠판에 몇 가지를 더 그려 넣었다.

"이 그림이 실제 보이는 것을 적절하게 잘 표현한 거야."

선생님은 자신이 그린 지도를 가리키며 말한다.

"지금 이 도시는 어마어마하게 커. 우리가 생각하는, 지금 우리가 살고 있는 도시보다 훨씬 커. 아마 도시를 몇 개 합친 것만 할 거야."

라마가 묻는다.

"그럼 성채가 그 주변을 완벽하게 둘러싼 거예요?"

"그렇지."

선생님이 대답한다.

그러자 조수아가 묻는다.

"아일랜드에도 그런 성채를 세우지 않았나요?"

선생님이 대꾸한다.

"아일랜드? 그건 잘 모르겠는데."

선생님은 다시 학급 아이들을 둘러보며 계속 설명한다.

"그래, 이제 다른 질문들을 살펴보자. 싸우게 된 이유는 뭐지? 이제 아킬레스와 브리세이스, 아가멤논과 크라이세스, 그리고 크라이세스의 딸 크라이세이스 등이 등장해. 어떻게 아가멤논은 아버지에게로 돌아갈 때 일종의 전리품으로 크라이세이스를 대신하여 브리세이스를 아킬레스에게서 데리고 와 버렸지. 아가멤논과 아킬레스 사이의 싸움의 결과는 어땠니?"

한나가 손을 들었고, 선생님이 호명한다.

"그는 전쟁에 더 이상 참여하지 않았어요."

그녀가 말한다.

다시 한번 선생님이 한나의 말을 반복한다.

"그가 전쟁에 더 이상 참여하지 않을 거라고?"

그리고 계속 이어간다.

"그리스의 전쟁과 전리품에 관한 일반적인 관례는 뭐였지?"

손을 들지 않고 토마스가 말하기 시작한다.

"그들이 얻는 전리품은……."

그러나 선생님이 끝내기도 전에 끼어든다.

"아킬레스의 유산은 뭐지?"

그리고 또 묻는다.

"그 힘을 어떻게 사용하고 있지?"

대답이 없다. 선생님이 다시 시도한다.

"아킬레스는 자신의 어머니가 여신이라는 힘을 어떻게 사용하지?"

또다시 학생들 사이에는 답이 없다. 잠시 후에 선생님이 계속 묻는다.

"『일리아드』에서 신과 인간의 관계는 어땠어?"

이번에는 조수아가 대답한다.

"보통 신들은 인간들에게 무엇이든 할 수 있는 힘을 가지고 있어요."

"그래, 맞아."

선생님이 인정한다.

"그리고 또? 이 관계에서 다른 것들은 없어?"

매리가 손을 든다.

언어교육과 대화적 교수법

"사람들은 기도를 할 때 제물을 바쳐요."

"그래, 맞다."

선생님은 수업이 더 진전되었음을 가리키면서 말한다.

"거의 인과관계에 가깝다고 할 수 있어. 내가 너를 위해 이렇게 하면, 너도 나를 위해 무언가를 해 줄 것이라 기대하는 거지. 그밖에 또 뭐가 있을까? 신들은 인간의 문제에 개입하니?"

"예, 개입해요."

한나와 라마가 동시에 대답한다.

"더 구체적으로. 들 수 있는 예는 없니?"

선생님이 묻는다.

이러한 암송에서 가장 충격적인 것은 교사가 담화를 통제하는 정도이다. 보통 '암송'이란 용어가 이전에 학습한 내용을 학습자들이 말로 답하는 것을 가리킨다 할지라도 이 발췌된 내용은 암송이 실제적으로 교사에 의해 이루어지고 있음을 여실하게 입증해주고 있다. 여기에서 오고가는 말들 속에서 교사의 계속되는 질문에 학습자들은 간헐적으로 한두 마디로 반응할 뿐이다. 학습자들의 역할은 경미하며, 더러 보조할 따름이다. 학습자들은 자신들의 반응이 수용될지조차 분명하게 알지 못한 채 거듭 망설이고 있다. 그들은 자신의 생각을 진전시키지도 않으며 대부분 추측만 할 따름이다. 이 수업은 견고하게 짜여진 수업이다. 교사는 고도로 잘 짜여진 일련의 화제와 질문들을 바탕으로 수업하고 있다는 것이 우리가 받은 인상이다. 교사는 특정한 순서에 따라 특정한 지점들을 언급하고 있다. 아마도 학습자들에게 평가를 준비시키려는 것으로 보인다. 교사는 과거에도 이렇게 했을 것이며, 미래에도 다시 이렇게 할 것이다. 학급의 구성원이 어떻게 달라질지라도 정해진 틀은 거의 변함이 없을 것이다. 여기에서는 교사와 학습자의 상호작용도 최소화되어 있다.

슈미트의 수업은 이 에피소드 다음에 곧 한층 해석적인 것으로 진전되었다. 수업이 끝난 후 그는 학급이 더 한층 흥미로운 질문들로 이루어진 지적인 토의에 참여할 수 있도록 '흩어진 사실들을 정리하는' 방식으로 이처럼 『일리아드』의 세부적인 내용에 대해 의도적으로 질문을 한 것이라고 설명하였다. 그가 이끌어 간 토의는 '1권에서 나타나는 올림푸스 산 위에서 삶'에 대한 도입이었다. 사실 수많은 교사들이 이와 같은 방식으로 암송을 활용한다. 그리고 2장에서도 보겠지만 수많은 교실의 담화는 암송과 강의의 흐름으로 이루어진다. 물론 때로는 한층 개방적인 토의가 포함되기는 할 것이다. 그러나 대부분은 그렇지 않았으며, 토의는 우리가 방문한 수많은 학급에서 거의 보기가 드물었다.

지금까지 암송은 미국의 중등학교에서 주도적인 교실담화의 양식이었다. 거의 한 세기 동안 별문제 없이 학교교육의 독특한 일부로 존재해 왔다. 1908년 이루어진 미국과 유럽의 교육을 대비하는 연구에서 Burstall(1909, p.156)은 유럽의 교사들이 주로 "수업에서 새로운 지식을 형성하기 위하여" 강의를 활용하는 반면 미국의 교사들은 교재에 더 많이 초점을 두고, "교재를 [학습자들이] 스스로 공부했는지를 확인한다는 목표를 검증하는 모임의 회장"으로 생각하는 듯하다고 했다. 미국의 교사들은 수업에 참여하는 기회를 모든 학습자들에게 잠재적으로 부여한다는 이유로 강의보다 암송이 훨씬 더 "민주적"이라는 신념에 자부심을 지니고 있기까지 하다.

앞의 실례에서 알 수 있듯 이러한 참여는 주의 깊게 제한된 참여일 뿐이다. 교사는 학습자들이 얼마나 많이 아는지 혹은 모르는지를 평가하기 위하여, 제시된 활동의 완성을 확인하기 위하여, 핵심을 강조하기 위하여 전형적으로 아무런 관련이 없는 일련의 질문들을 한다. 학습자들의 반응들은 종종 축약된 것이며 잠정적인 것이다. 학습자들은 스스로 생각하는 것이 아니라 교사나 다른 누군가가 생각하고 있는 것을 파악하기 위하여 자주 질문으로 질문에 답을 하기도 한다. 학습지나 퀴즈 문제와 함께 암송의 본질적인 목표는 학습자에게 정보를 전달하는 것이며, 설명해주는 것이다. 따라서 교사는 학습자들이 오답을 말했을 때를 제외하고는 학습자들의 대답에 뒤따르는 질문을 하지 않는다. 모든 질문의 20% 정도는 단지 '예/아니오'로 답하는 질문이었을 뿐이다.(Tharp & Gallimore, 1988, p.14)[1] 암송이 시작되면 기억과 추론이 사고를 대체해 버린다.

수업이 이렇게 맥 빠지게 된 원인은 종종 동기 부여나 방법, 교육과정의 문제 등으로 설명되고는 한다. 물론 많은 부분 의심할 것도 없이 그러할 것이다. 그러나 지금 너무 오랫동안 교육과정과 교수법, 교실에서의 정신적인 삶 등에 관한 논쟁들이 무엇이 더 나은 것인가에 관한 논쟁으로 극단화되었다. 교사의 통제와 학습자의 통제,

---

1) 변한 것은 거의 없다. 무작위로 선정한 20곳의 영어 수업 교실을 대상으로 한 연구에서 Colvin(1931)은 그 가운데 25%의 교실이 예/아니오의 대답들을 요구하고 있음을 발견하였다. 암송에 관한 실험연구에 대한 검토는 Duffy(1981); Durkin(1978-79); Hoetker & Ahlbrand(1969); Sarason(1983) 등을 참조할 것.

직접 교수법과 협동 학습 등이 그러하다. 사실상 오랜 연구와 논쟁의 전통은 교육과정과 교수법을 이해하는 적합한 이론적인 중심축으로 교사와 학습자를 대립적으로 설정한다. 그 결과 교사냐 학습자냐보다 한층 기본적인 것이 그들 사이의 관계임을 우리가 이해하지 못하도록 가로막고 있다. 생기 잃은 교수법과 맥 빠진 학습자의 참여와 사고는 교육적 담화 - 학습자들과 교사들, 또래 친구들, 텍스트들과의 상호작용을 규정하는 언어의 유형들 - 에 내재된 근본적인 문제로 간주되어야 한다. 교육은 교사가 대부분의 내용과 범위, 방향을 이미 결정하고 있을 때 "잘 짜여져 있으나 생기가 없"게 된다.

여기에 비할 바는 아니지만 린제이의 교실과 같은 중등학교 교실들 또한 존재한다. 교사들은 학습자들이 더 많이 탐구하게 만들며, 더 많은 실제적인 상호작용을 하도록 이끈다. 그리고 주고받는 말역시 암송보다는 훨씬 더 대화나 토의에 가깝다.(Nystrand & Gamoran, 1991a, 1991b) 이들 교실에서 교사들은 학습자들의 반응에 연속적인 질문을 던짐으로써 특정한 학습자의 생각들을 확인한다. 이 과정을 Collins(1982)는 "이어가기uptake"라고 부른다. 이러한 주고받는 말들 속에서 교사의 질문들만이 아니라 학습자의 반응들이 함께 대화의 과정을 형성한다. 따라서 이들 교실에서 담화는 예측하기가 더어렵고 반복되지도 않는다. 교사들은 학습자들이 말한 것을 선택하고, 정교화하며, 다시 질문하는 가운데 교사와 학습자 모두에 의해 –특성, 범위, 그리고 방향 등에 관해 - "협상이 이루어지며", 함께 결정되기 때문이다.(Nystrand, 1990a, 1991a) 그와 같은 상호작용들은 종종 학습자들이 알고 있는지 모르는지를 알기 위한 질문이 아니라, 정보를 얻기 위해 묻게 되는 질문들인 '실제적인authentic' 질문들을 통해 형성된다. 즉 실제적인 질문들은 "이미 정해진" 답이 없는 질문들이다.(Nystrand & Gamoran, 1991a) 이들 질문들은 학습자의 의견과 생각들에 대한 교사의 관심을 표현한다. 따라서 암송을 "평가하는 질문들"과 대조적으로 실제적인 질문들은 교사가 기억하는 것만이 아니라 생각하는 것을 더 한층 중시하도록 만든다. 이러한 대화를 Tharp와 Gallimore(1988)는 "교육적 대화들"이라고 부르며, Newmann(1991)은 "실제의 대화들"이라고 지칭하며, 학습자들을 참여하게 만든다고 한다. 왜냐하면 이 질문들이 학습과 교육에 기여하는 학습자들의 중요성을 정당화하기 때문이다. 이와 같은 교육의 목적은 정보의 전승이 아니라 해석과 이해의 협동적인 상호 구성에 있다. 이러한 유형의 교실담화 속에서 교사들은 학습자들을 진지하게 받아들인다.(Gamoran & Nystrand, 1992)

물론 교육은 종종 이들 두 극단적인 것, 한편으로는 암송과 다른 한편으로는 토의, 그 사이의 어딘가에 존재한다. 더 한층 해석적으로 토의를 진행할 수 있도록 화제나 쟁점의 기초를 마련하기 위한 방식으로 정보의 본질적인 지점들을 설명해 주는 것은 교사들에게는 흔한 일이다. 기초가 필요하다면 토의는 때때로 설명으로 "전환"될 수 있다. 마찬가지로 교육적인 참여를 학습자들이 얼마나 많이 능동적으로 말하는가 혹은 주어진 과제를 해결하기 위해 얼마나 많은 시간을 들이는가, 즉 학습자 참여를 측정하기 위해 가장 빈번하게 사용되는 과제에 들인 시간으로 규정하지 않도록 유의해야 한다. 그와 같은 말이나 시간의 유용성은 대화나 과제의 성격이 고려될 때

에야만 적절하게 평가될 수 있다. 한편으로 강의 역시 학습자가 반응하거나 기대할 때, 그리고/혹은 호기심과 중요한 질문들을 학습자들에게 유발할 때에는 유용할 수 있다. 반면에 아주 생동하는 토의들조차 실제로는 자유로운 형식이 아니라 암송과 다를 바 없이 '정해진' 답과 감추어진 주제, 예정된 결론으로 조율될 수 있다. 최종적인 분석에서 이 모든 어려움들은 효과적인 교실담화의 핵심적인 자질들이 질문의 유형 혹은 교실담화의 장르(강의, 토의 등[2])와 같은 독특한 언어적 형식들을 구분하는 것으로만 규정될 수 없음을 명확하게 보여준다. 교육적 담화의 효율성은 궁극적으로 교사와 학습자의 상호작용의 자질과 함께 학습자들로 하여금 생각하고 해석하고 새로운 이해를 생성하기를 요구하는 도전적이며 진지한 인식적 역할들을 학습자들에게 어느 정도 부여하는가 하는 문제인 것이다.

대화주의 : 몇 가지 전제들

20세기 초 러시아의 학자인 Mikhail Bakhtin의 연구는 어떻게 언어적 상호작용들이 대화 참여자들의 이해와 사고를 형성하는가를 이해하는 데에 유용하다. Bakhtin은 철학자이며 문학이론가이다. 그의 연구는 최근 언어, 문해력, 작문, 문학과 그 밖의 수많은 영역들의 연구자들에게 거대한 관심의 초점이 되었다. Volosinov를 포함하여 동료들과 함께 만든 'Bakthin 학파'는 어떻게 대화가 언어와 사고를 형성하는가에 초점을 두었으며, 그에 의해 영감을 얻은 관점(여전히 발

---

2) Wells(1993)는 담화의 확장에 의해 수행되는 기능이 주로 특정한 과업이란 목표에 의해 설정되며 장르와는 간접적으로만 연관을 맺고 있다고 주장한다.

전해가고 있는 중이지만)은 대화주의[3]로 불리게 되었다. Bakhtin은 특히 발화에 관심을 기울였다. 왜냐하면 사람들이 이전의 발화에 반응함과 동시에 앞으로의 반응을 기대함을 보았기 때문이다. 이러한 관점에 따르면 담화는 한 화자의 "반응의 위치"는 다른 화자와의 연관된, "발화 공동체의 연결" 속에서 끊임없이 짜여진다. Bakhtin에게는 책과 같은 긴 텍스트조차 궁극적으로는 항상 온갖 종류의 다른 목소리인 다른 텍스트들을 포함하고 있는 확장된 대화의 일부분이다. 달리 말하면 Bakhtin의 발화는 우리가 지금 대화의 교환이라고 부르는 것(Goodwin, 1981; Sacks, Schegloff & Jefferson, 1974)과 흡사하다.

다시 말해 발화 – 일상적인 대화에서의 짧은(한 단어로 된) 응답에서 긴 소설이나 과학논문에 이르기까지 - 에는 절대적인 시작과 절대적인 끝이 있다. 그러나 그 시작에 앞서 다른 발화들이 존재하며, 그 끝 역시 다른 반응하는 발화들이 뒤따른다.(Bakhtin, 1986, p.72)

그러나 담화는 화자들이 차례로 말을 주고받기 때문이 아니라 대화 참여자들 사이에, 자아와 타자 사이에 한 목소리가 다른 목소리를 "물리치는" 긴장, 심지어 갈등에 의해 지속적으로 구조화되기 때문에 대화적이다. Bakhtin에게는 모든 담화를 형성하고 따라서 역동적이며 사회인지적 사건으로서 이해의 핵심에 놓여 있는 것 역시 정확히 이러한 긴장 – 자아와 타자 사이의 이러한 관계, 경쟁하는 목소리들 사이의 상대적인 시각과 투쟁의 이러한 결합 – 이다.

---

3) 대화주의에 관한 문헌 검토는 Nystrand, Greene, & Wiemelt(1993)에서 찾아볼 수 있다.

따라서 담화와 학습에 관한 대화적 시각은 이 전제로부터 시작된다. 담화는 본질적으로 각각 특정한 사회적 역할을 수행하는 대화 참여자들 사이의 상호작용에 의해 구조화된다. 교육적 담화는 교실의 참여 구조와 권위 관계들(Gutierrez, 1992, 1993; Schultz, Erickson & Florio, 1982)에 의해, 교사와 학습자들 사이의 상호성의 정도(Nystrand & Gamoran, 1991a)에 따라 형성된다. 이것이 곧 "존? 네가 말한 내용을 제대로 옮겨적은 것 같니?"라고 린제이가 말할 때가 슈미트가 "시인에 따르면『일리아드』의 주제는 뭘까?"라고 물을 때 제기하는 것보다 훨씬 더 미묘하고 성찰적인 것을 촉발하고 있는 까닭이다. 슈미트의 "표정 없는" 시험 문제는 수업에 참여하는 학습자 누구에게도 반향을 미치지 못하며, 학습자들의 머뭇거리는 반응으로 확인되듯 수업에 대한 피상적인 참여는 의심할 것 없이 이 수업 속에 내재된 전제인 문학의 내용은 "텍스트 속에" 자율적으로 존재하며, "그것"을 정확하게 해독하는 것을 제외한 학습자들의 노력과는 어떠한 관련도 없다. 대조적으로 린제이의 질문은 한 특정한 학습자의 사고에 초점을 기울이고 있지만 그의 참여는 또래 집단 모두에게로 퍼져 나가며, 그들은 자신들의 생각으로 왜 터너가 "그 끔찍한 가게"에서 계속 물건을 사야 하는지를 파악하도록 만들어가고 있다. 그녀의 수업은 다른 전제 위에서 작동한다. (a) 문학의 내용은 자율적으로 존재하지 않으며 텍스트와 능동적으로 마주치는 독자들에 의해 구성되어야 한다. (b) 이해는 의미를 향한 갈등에 의해 초점화된다. 슈미트는 텍스트를 설명한다. 반면 린제이는 학습자들이 문학작품을 어떻게 읽고 해석할 것인가 하는 방법으로 이끈다.

　　　　　　　　　　　　　　　　언어교육과 대화적 교수법

Lotman(1988)에 따르면 모든 언어는 대화적으로도 "단성적으로" 도 다루어질 수 있다. 발화가 단성적으로 암송으로 다루어질 때 초점 은 "정보의 정확한 전승"에 놓이게 되며, 토의와 같이 대화적으로 다 루어질 때 발화는 "사고의 장치"로 활용된다. Wertsch와 Toma(1990)는 여기에서 핵심적인 교육적 쟁점은 언어가 본질적으로 대화적인지 단성적인지가 아니라 교사들이 원래의 텍스트들, 학습자들의 발화 들, 자신들의 진술 등을 "사고의 장치"로 다루는가 혹은 정보를 전승 하는 수단으로 다루는가에 달려 있다고 주장한다. 달리 말하면, 중요 한 것은 교사들이 어떻게 교육을 조직하는가 하는 것이다. Barnes (1976; Barnes & Shemilt, 1974)에 따르면 슈미트처럼 전승을 지향하는 교 사들은 자신들의 기능을 학습자들에게 정보를 제공하는 것으로 간 주하는 반면 린제이처럼 해석을 지향하는 교사들은 자신들의 기능 을 정답과 오답을 넘어 학습자를 자극하는 것, 특히 교실을 넘어서는 학습자들의 경험을 향해 신호를 보내는 것으로 간주한다. Wells(1993) 는 "텍스트 창조의 과정에서 교사들과 학습자들에 의한 참여의 평 등"(p.33)이란 측면에서 쟁점을 규정한다.

우리의 질문, 반응, 부여하는 과제 등을 통해 우리가 교사로서 설 정한 역할들과 학습자들에게 취하는 상호작용들은 말할 것도 없이 우리 수업의 의미를 찾아가는 가능성과 학습의 맥락을 만들어 간다. 이는 사회적 조직화의 실제이다. 우리가 교육에 참여하는 교사이든 학습자이든, 아이에게 책을 읽어주는 부모, 서로 게임을 배우고 가 르치는 아이들, 경찰에 저지당하는 운전자들, 친밀감을 공유하는 연인들 등 우리가 이들 역할 속에서 말하고 생각하는 것이 무엇이든지 간에 그것은 담화의 사회적 조직과 각각의 대화 참여자들의 역할에 의해 유의미하게 형성된다. Bakhtin/Medvedev는 다음과 같이 기술했다,

주어진 발화는 [대화 참여자들]의 조직된 상호관련성을 벗어나서는 이해될 수 없다. …… 문제의 핵심은 화자의 주관적인 의식 속에 존재하지 않는다 …… 혹은 [화자가] 생각하고, 경험하고 혹은 원하는 것에 따라서가 아니라, 이들 상호관련성의 객관적인 사회적 논리가 그들에게 요구하는 것 속에 존재한다. 최종적인 심급에서 이러한 논리가 사람들의 경험 그 자체(사람들의 "내적 발화")를 규정한다.(p.153; 강조는 인용자)

이는 곧 우리의 삶에서 의미 있는 타자들과의 관계 – 우리가 어떻게 우리 자신과 타자들과 우리 주변의 세계를 이해하는가 - 가 우리의 의식을 형성한다[4]는 것이다. 심지어 우리의 가장 사적인 사고들 – 의식의 흐름, 우리 자신에게 하는 은밀한 대화들, 밤에 잠들지 못하게 만드는 것들 등 – 은 궁극적으로 타자들과의 대화를 되돌아보는 것이거나 사전 연습하는 것이다. Sperling(1991)은 "우리가 구성하는 과정들의 인지적 드라마는 종종 떠다니는 타자의 그림자들로 북적거린다."(p.159)라고 유려하게 썼다.

따라서 대화주의는 상호작용의 이론 그 이상이다. 왜냐하면 대화

---

4) Volosinov(1973)는 다음과 같이 쓰고 있다. "직접적인 사회적 상황과 폭 넓은 사회적 환경 – 그리고 달리 말하면 그 속에서 - 이 전적으로 발화의 구조를 결정한다."(p.86) 그리고 "어떤 발화를, 어떤 경험을 조직화는 중심은 발화 속이 아니라 발화의 밖 – 개별적 존재를 둘러싸고 있는 사회적 환경 속 – 에 존재한다."(p.93)

언어교육과 대화적 교수법

주의는 이해, 의미, 해석의 토대로서 인간의 상호작용에 관한 통찰을 제공하기 때문에 교육자들에게 특별한 의미를 지닌다. Bakhtin과 Volosinov의 특별한 점은 사람들이 어떻게 서로 상호작용하는가를 어떻게 사태를 파악하게 되는가와 관련시킴으로써 사회적 상호작용의 개념으로부터 인식론을 이끌어내는 방식에 있다. Bakhtin은 우리가 개별적 발화에 부여하는 의미는 항상 다른 발화들에 대한 기대와 반응 속에서 드러난다고 믿었다. 발화들은 질문과 대답이 서로 상호적으로 반영하는 방식과 아주 밀접하게 서로 관련되어 있다. Wertsch(1985)가 설명하듯, "[Bakhtin]의 '옆눈으로 슬쩍 본 단어'의 실제적인 의미는 항상 응답하고, 기대하고, 심지어 무시하려고 애쓰는 목소리에 의해 부분적으로 결정된다."(p.65) 교육에 대한 대화적 시각은 개인들의 학습과 이해의 발달 속에 작동하는 서로 교차하는 다중적인 목소리들의 역할을 강조한다.

담화의 사회적 이론들은 종종 집단의 개별적인 구성원들의 행위를 묶어주고 가르치는 안정적이고 공유되는 의미를 강조한다. 학습은 빈번하게 초심자들에게 이들 공유된 가치와 신념들을 사회화하는 것이라는 이론들에 의해 규정된다. Bakhtin의 담화에 관한 설명은 두 사람 혹은 더 많은 대화 참여자들의 상호작용 속에서 의미가 펼쳐지는 역동적인 과정에 초점을 맞춤으로써 상호작용과 갈등의 역

할을 강조한다는 점에서 이들 이론들과 구별된다.[5]

상호성의 사회적 논리와 발화의 우발성

Bakhtin의 사회적 논리의 핵심에는 역할의 상호성이 있다. 즉 교사와 학습자(부모와 자식, 작가와 독자, 경찰과 속도광, 사랑하는 사람과 사랑받는 사람 등)의 역할들은 각각 그리고 서로 타자의 역할들을 수반하며, 결과적으로 한 역할이 다른 역할의 의미와 소통의 매개변수를 결정한다.[6] 사회적 현상학자인 Alfred Schutz(1967)는 "내게 당연하게 여겨지는 세계의 특정한 측면이 너에게도 역시 당연하게 여겨지고, 더나아가 '우리 모두'에게 당연하게 여겨진다고 생각되는"(Schutz, 1967, p.12) 것이 상호성이라고 설명함으로써 상호성을 초월적인 사회적 사실로 간주한다. 이는 편지를 보내거나(Schutz, 1967), 글을 쓰거나(Nystrand, 1986), 글을 읽거나(Tierney, 1983; Tierney & LaZansky, 1980), 학습과

---

5) 일반적으로 사회적 구성주의는 문학에서 말하는 "해석 공동체"(Fish, 1980), 쓰기에서 말하는 "담화 공동체"(Faigley, 1985)를 포함하여, 공유된 의미가 신념, 행위, 특정한 집단 구성원들의 담화를 형성하는 방식을 검증한다. 이들 관점에 따르면 각각의 공동체들은 그들 구성원 화자들의 담화를 규정하며, 결국 그 구성원들의 이데올로기를 "반영하고" "입증한다." 이러한 담화의 설명은 "정상 과학"에 관한 Kuhn(1970)의 설명을 떠올리게 한다. Kuhn은 과학자들의 행위는 과학적 공동체의 채택된 "패러다임", 곧 확립된 사회적 관습과 규범을 반영한다는 것이다. 문해력에 관한 사회적 구성주의의 관점에 바탕을 둔 연구는 기초적인 글쓰기(대학글쓰기 교육의 교정)에 관한 Bartholomae(1985)과 Shaughnessy(1977)를 들 수 있다. 다른 자료들은 Bizzell (1982), Brodkey(1988), Bruffee(1984, 1986), Rafoth and Rubin(1989)과 Rorty(1979) 등을 포함시키고 있다.
    사회적 상호작용주의는 서로와의 상호작용 속에서 개인들의 의미와 담화를 형성할 때 차이, 갈등 그리고 투쟁 등("위계화, 다양성과 임의성" [Bakhtin, 1981, p.272])에 의해 수행되는 역할을 검증한다. 이와 관련된 연구는 Brandt(1990), Dyson(1993), Nystrand(1986), Rommetveit(1974, 1992)와 Tierney(1983) 등을 들 수 있다.
    사회적 구성과 사회적 상호작용에 곤한 한층 포괄적인 대조들은 Nystrand(1990b, 1992; Nystrand, Greene, & Wiemelt, 1993)을 참조하라.
6) Bakhtin/Medvedev(1985)은 "[구체적인 발화]는 의사소통이 상호 행위와 그 자체의 반응을 향해 정향되어 있다."(p.120)고 쓰고 있다.

인지 발달(Bruner, 1966; Vygotsky, 1978; Wertsch, 1979, 1985) 등과 같이 겉으로 보아 개인적인 행위들이 그럼에도 불구하고 왜 사회적인지에 대한 이유를 밝혀준다. 각각은 상호적인 타자들(편지를 쓰는 사람과 우편배달부, 작가와 독자, 독자와 작가, 학습자와 교사 등)의 적절하고 이어지는 행위들을 전제하기 때문이다. Brandt(1990)는 "문해력은 언어만으로 진행해가는 학습의 문제가 아니라 타자와 함께해야만 진행해 갈 수 있는 학습의 문제"(p.6)라고 말한다.

　이러한 측면에서 우리가 우리의 경험을 생각하는 것과 이해하는 방법은 항상 타자에게 우리가 어떻게 반응할 것인지 그리고 동시에 그들의 어떤 반응을 기대하는지에 달려 있다.[7] Volosinov(1973)는,

> 　단어는 양방향의 활동이다. 그 단어가 누구의 단어인가와 그것이 누구를 향해 의미를 전달하는가, 두 측면에 의해 동시에 결정된다. 단어의 의미는 정확하게 화자와 청자, 발신자와 수신자 사이의 상호적 관계의 산물이다. …… 나는 타자의 관점, 내가 속한 공동체의 관점으로부터 나 자신의 언어적 형태를 부여받는다. 단어는 나와 타자 사이에 던져진 가교이다. …… 단어는 수신자와 발신자 모두에 의해 공유되는 영역이다.(p.86; 강조는 원문)

담화를 보는 이러한 개념은 발화가 화자의 독자적인 사고의 표현

---

7) Bakhtin과 Volosinov는 의식이 자아와 타자 — "중심과 중심이 아닌 모든 것 사이의 상이한 관계"(Holoquist, 1990, p.18) — 사이의 지속적인 투쟁과 긴장에 의해 구성된다고 주장한다. 따라서 그들의 관점에 따르면 우리가 경험에 부여하는 의미와 경험을 통해 얻는 이해에 갈등이 필수적인지를 설명한다는 것이다. "사회적 상호작용의 과정에서 조직화된 집단에 의해 창조되는 기호의 자료 속에서 의식이 형태와 존재를 얻게 된다."고 Volosinov(1973)는 주장한다.

이라는 상식적 관점이나, 사고로 시작하여 단어와 언어적 발성으로 종결되는 것이라는 설명과는 근본적으로 다르다. 오히려 타자의 발화에 반응함과 동시에 기대하기 때문에 발화는 서로에 대해 "연쇄적으로 우발적인" 그 무엇[8]이다. Bakhtin이 주장하듯 사고는 단순히 표현, 전승, 수용에 있어 능동적인 화자/작가에게서 수동적인 청자/독자를 향한, 단어 속에 싸인, 단어를 걸친 것이 결코 아니다. 오히려 이해는 "작가와 독자 사이의 독특한 상호작용, 두 의식들의 활동"(Bakhtin/Medvedev, 1985, p.128) 속에서 진전되고 함께 구성된다.

따라서 학습은 학습자들의 상호작용과 더불어 교사와 또래집단과 텍스트에 기대하는 반응에 의해 유의미하게 형성되는 것이므로 핵심적인 쟁점은 학습을 위한 다른 유형의 교육적 담화가 갖는 대화적 잠재력에 있다. 그리고 모든 교육은 동등하게 대화적인가라는 쟁점도 다르지 않다. 예컨대 암송에서 교사의 목소리가 매우 지배적이란 점에서 그와 같은 교육이 대화적이라기보다 훨씬 더 "독백적"이라고 주장할 수 있게 만든다. 암송에서 교사들은 종종 특정한 내용을 학습자들이 모두 익혔다고 만족하는 순간 갑작스럽게 화제를 변경하고는 한다. 그리고 학습자의 반응에 이어 학습자의 생각을 정교화하려 하기보다 대부분 평가하려고 든다. 대조적으로 토의는 견고하게 연결된 논평과 반응을 특성으로 삼는다.

---

8) 담화의 상호작용적인 성격은 대화 참여자들이 상호작용에 실패할 때, 오해 속에서 대화를 이어 갈 때조차 명확하다. 대화 참여자들이 서로를 오해할 때, 그들은 서로 어긋나는 담화의 어떤 지점에서 오해의 원천을 적절하게 수정하기 위해, 예컨대 청자가 "뭐라고?"라고 묻는 경우에서처럼 되짚어 보아야 한다. 화자들이 보통 "뭐라고?"에 대해 쉽게 설명하는 것은 ─ 통상적으로 불명확한 점을 먼저 묻지 않고("뭐라고?"라니?) ─ 화자들이 청자들이 이미 알고 있는 것이란 관점에서 자신들의 발화를 항상 점검하고 있음을 의미한다.

언어교육과 대화적 교수법

그러나 과연 우리는 어떤 교육이 다른 교육보다 더 대화적이라고 타당성 있게 주장할 수 있는가? 결국 대화주의의 근본적인 전제는 모든 언어가 대화적이며, 심지어 우리가 독백적이라고 지칭하는 것조차 대화적이 아닌가? 심지어 암송에서도 교사의 질문에 대해 학생들은 응답하지 않았던가? 이것은 상호작용이 아닌가? 이 쟁점을 Bakhtin은 처음으로 자신의 권위적이고 공식적인 담화에서 주장하였다. 1930년대에 작가 동맹이 모든 소비에트의 작가들은 "고정된 형식"의, "당파적인" 사회주의-리얼리즘 소설을 창작해야만 한다고 선언하였을 때 Bakhtin은 『대화적 상상력』을 출간하였다. 여기에서 Bakhtin은 소설이 개념적으로는 고정된 형식을 가질 수 없다고 주장하였다. 왜냐하면 소설은 그가 "이종언어"(수많은 목소리들)라고 지칭한 것을 입증하는 철저하게 경쟁적인 목소리들로 이루어진 소설가들의 교향악이기 때문이다. 한층 일반적으로 그는 주어진 시기와 장소의 언어와 담화는 지속적으로 안정성과 변화의 상호작용하는 힘들에 의해 다른 방향으로 견인되고 형성되는 것이라고 주장하였다. 한편에는 안정성과 정전화 – 문법적인 규칙, 용법, "공식적인 장르들", "정확한" 언어, 우위를 점한 이데올로기들 등 - 라는 "구심적인" 힘들이 존재한다. 다른 한편에 삶, 경험 그리고 언어의 자연스러운 다원성 등의 "원심적인" 힘들이 존재한다. 따라서 확립된 공적인 "권위적인 담화"는 개인의 "내면적으로 설득적인 담화"와 영원히, 그들이 서로에 대해 저항하고 전복하는 변화의 정도에 따라 갈등을 불러일으킨다. Bakhtin은 언어와 문학의 역사가 안정성과 정전의 이해 관계 속에서 이종언어의 힘에 저항하고 검열하고 억압하는 일상적인 노력으로 가득 찬 것이라고 주장하였다. 예컨대 그는 러시아 정교회가 "단일한 진리의 언어"[9]를 부과하고자 노력하였다고 인용하고 있다. 그와 같은 권위적이고 공식적인 담화는 집단과 개인 사이의 모든 차별성과 경쟁적인 목소리들을 진압하고자 함으로써 의사소통에 독백적으로 반기를 든다. Bakhtin은 이렇게 쓰고 있다.

> 극단적인 독백주의는 자신 이외의 동등한 권리와 책임을 지닌 또 다른 의식의 존재 자체를 부인한다. …… 타자의 반응에 귀 먼 최종적인 독백은 타자의 의식을 기대하지도 않으며 결정적인 힘으로 인정하지도 않는다. …… 독백은 궁극적인 언어인 척한다.(pp.292-293; 강조는 원문)

Holoquist(1990)은 그와 같은 담화를 "전체주의적", 곧 "대중들을 자폐화하는 것"이라고 규정하였다. 그러나 이처럼 인위적인 독백주의를 유지하고자 하는 노력들은 담화가 본질적으로 대화적이기에 실패를 피할 수가 없다고 Bakhtin은 주장하였다.[10]

---

9) Clark and Holquist(1984)는 그 역시 공산주의 정당을 의미했다고 설득력 있게 주장하고 있다.
10) Klancher(1989)는 설명한다. "Bakhtin의 결정적인 출발점 - 통일적인 추상적 구조라기보다 실제적인 언어의 다양성 — 이 이들 언어들의 통일성이 '독백적'임을 주장하는 모든 노력들을 논박하도록 이끈다. 학교, 국가, 교회 등의 제도들이 문학 비평가, 정치가, 사제 들을 통해 복화술처럼 문화의 목소리, 권위의 목소리, 신의 목소리를 강화해 나간다는 것이다. 사실상 '대화적'과 '독백적'이란 그의 용어야말로 언어 자체의 내재된 속성이라기보다 언어의 사용을 기술하는 것이다."(p.85)

독백주의를 향한 투쟁

소설과 다를 바 없이 교실담화는 비록 그렇게 조직되고 다루어질 수도 있었겠지만 결코 실제적으로 독백적일 수는 없다. 교사들은 예컨대 물어야 할 질문과 수용하는 대답, 그리고 질문을 던지는 순서 등을 모두 "규정"할 때 독백주의에 빠지기 쉽다. 게다가 교사들은 다룰 화제를 승인하고 "벗어난 화제"를 무시함(Eder, 1982; Gutierrez, 인쇄물)으로써 토의를 통제한다. 암송은 Mehan(1979)이 IRE이라 지칭한, 곧 교사의 도입(질문·Initiation), 학습자의 반응·(Response) 그리고 교사의 평가(Evaluation)라는 교육적 절차에 따라 견고하게 구조화되어 있다. 학습자의 발언과 생각에 반응하기보다 학습자의 대답을 평가함으로써 "지속되는 교환 속에서 청중의 참여라는 본질을 통제하거나 축소함"(Drew & Heritage, 1992, p.27)으로써 교사들은 효과적으로 대화를 방해한다. Friere(1970)가 주장하듯 이러한 "은행 저축식" 교육 방법을 통해 교사들은 "필수적인" 내용들 모두, "올바른" 대답 모두를 "학습자들에게 채워 넣고자" 한다. 그리고 이러한 내용은 권위적인 교실담화를 규정하는 것이다. 물론 모든 공식적인 담화와 마찬가지로 그와 같은 교육은 다양한 정도로 권위에 지속적으로 저항하는 교실의 내재적인 "다성성"을 침묵에 빠뜨리는 데에 실패하기 마련이다. Dyson(1989)이 입증하듯 학습자들의 비공식적인 목소리들이 시선과 노트들을 통해 스스로를 주장하며, Daiute(1993)가 입증하듯 학습자들은 자신들이 배운 것을 소화하기 위하여 "내적으로 설득적인" 서사들을 빈번하게 구성한다. Kachur와 Prendergast(3장 참조)는 흔히들 규정하는 "과제에서 벗어난" 학습자들의 행동을 권위적인 공식적 교실담화의 전복으로 다루고 있다. 그와 같은 교실에서의 대화는 교육이 1930년대 소비에트 작가동맹이나 러시아 정교회에 관한 Bahktin의 사례들이 보여주는 경우와 같이 독백적으로 조직되는 사실에도 불구하고 유지되고 있다.

작문을 가르치는 교사들은 쓰인 텍스트가 필자와 작가 모두로부터 분리된 의미를 가진 "자율적인" 문서라는 생각을 불러일으킬 정도로 독백주의를 거듭 가르치고 있다. 역사적으로 교사들은 을 문장을 "완벽한 생각"의 진술로 규정하고, 필자(나)와 독자(당신) 모두에 대한 언급과 무관한 객관적인(제3자의) 진술을 확산시킴으로써 이 작업을 수행해 왔다. 『발화에서 텍스트로: 발화와 글에서 언어에 관한 편견』이란 영향력 있는 저술에서 David Olson(1977)은 쓰인 텍스트들의 의미는 말로 한 발화와 달리 전적으로 필자와 독자 모두로부터 자율적인 텍스트 속에 존재한다고 주장함으로써 이러한 오류를 영속화하였다. 그는 텍스트가 "뽀빠이와 같다"고 주장하였다. 그들은 "더도 덜도 아닌 자신들이 말하는 것을 정확하게 의미하고 또 의미하는 것을 말한다"(Olson, 1981, p.108; 강조는 원문)고 주장하였다. 텍스트의 의미에 관한 엄격한 구성주의적 관점을 옹호하면서 그는 발화와 달리 텍스트가 내재적으로 "명확하기" 때문에 독자는 능동적으로 해석하는 것이 아니라 텍스트를 수동적으로만 "해독"해야 한다는 주장을 이어가고 있다. 만약 독자들이 텍스트에 의미를 부여하기 위하여 선행 지식이나 개인적인 경험을 허용한다면 "우리는 텍스트를 잘못 읽도록 독자를 …… 이끄는 것이다."(Olson, 1977, p.272)

의미 형성에서 수행하는 역할로부터 독자 – 물론 교실에서의 독자는 학습자를 의미한다 - 를 배제함으로써 텍스트의 의미를 통제하고자 하는 이러한 시도는 극단적인 독백주의를 대표한다. 물론 그 타당성에 관해서는 지난 20년 동안 충분하게 반박되어온 전제이기도 했다. 예컨대 오늘날 읽기 과정은 텍스트에서 단서를 얻어 독자들이 능동적으로 의미를 구성하는 것(Smith, 1971)으로 일반적으로 이해되고 있다. 선행 지식을 비판적이고 전략적으로 사용하지 않고 읽어나가는 독자는 기초적인 오독이나 문화적 문해력의 결핍(Hirsch, 1987), 혹은 둘 다를 지닌 것으로 간주된다. 쓰기에 관한 연구(Nystrand, 1987)에서 우리는 텍스트의 명확함과 상세함은 전적으로 의미의 완벽함과는 무관하다는 것을 안다. 이는 암호와도 같은 '멈춤'과 '비상구' 등과 같은 표지판들이 고통스러울 만큼 상세한 국세청의 문서들과 보험회사의 약관에 비할 때 일반적으로 더욱 명확하다. 더욱이 쓰기와 말하기 모두 의미는 사용의 맥락에 동등하게 또 비판적으로 의존하고 있다. 이는 단지 출입문 옆에만 적혀 있어 쉽게 파악할 수 있는 '비상구' 표시에만 해당되지 않는다. 특정한 논쟁적 맥락이나 탐구를 위한 논의의 장이란 맥락에서 읽을 때에만 완벽하게 이해할 수 있는 논문에도 마찬가지로 해당된다. 필자가 이미 주장하였듯 텍스트는 그 자체가 모든 것을 말하고 있기 때문에 명확한 것이 아니라 말해야 할 것과 추론할 수 있는 것 사이에서 조심스럽게 균형을 잡고자하기 때문이다. 작가의 문제는 "단지 명확하게 쓰는 것이 아니라, 무엇을 명확하게 써야 할 것인가를 아는 것이다.(Nystrand, 1986, p.81) Brandt(1990)는 어떻게 텍스트가 읽기에 관한 것이면서 동시에 내용에 관한 것인가를 보여준다. "텍스트는 쓰기와 읽기 활동이 진전됨에 따라 끊임없이 말을 한다. …… 텍스트들이 언급하는 것은 명확한 메시지가 아니라 상호주관적인 이해가 점차 완수되는 함축적인 과정이다."(p.4) 실제로 Olson(1991)조차 텍스트의 자율성에 관한 자신의 이론을 더 이상 옹호하기를 포기하였다. 최근 그는 다음과 같이 주장하고 있다.

> 그렇다면 결론적으로 텍스트의 의미는 실제로 자율적인가? 나는 그렇지 않다고 인정할 수밖에 없다. 텍스트는 항상 재해석에 열려 있다. …… 텍스트의 의미는 변화하는 맥락에 따라 달라질 뿐만 아니라 문화적 관습들이 변화함에 따라 텍스트 혹은 문장의 의미는 변화한다. 따라서 텍스트에 절대적인 의미란 존재하지 않는다. 단편적인 표현일 뿐인 텍스트 조차도 단 하나의 진정한 의도는 존재하지 않는다.(p.19)

설사 모든 담화가 범주적으로 대화적이라는 것 – 대화뿐만 아니라 쓰기 역시 - 이 연구자들 사이의 새로운 합의라 할지라도 그 메시지가 학교에서는 대체로 실종되어버렸다. Cazden(1988)은 학교는 지속적으로 탈맥락화된 기능의 연습에 골몰하고 있으며, 학습자들은 어떤 실제적인 의사소통적인 맥락과 동떨어진 쓰기 과제와 씨름하고 있다고 주장한다. 담화에 관해 우리가 도달한 듯한 결론과 학교교육에 관해 우리가 도달해 있는 결론 사이의 이러한 불일치를 어떻게 설명할 수 있을까? Cazden이 주장하듯 이 역설을 이해하는 유일한 방법은 텍스트의 자율성론을 만연한 신화로 보는 것이다. 여기에서 만연한 신화란 모호한 타당성을 계속 주장하고 "명확함이란 총칭적 기능들의 실천을 향한 연습을 정당화하고"(p.120) 지속하는 것을 말한다. 간략히 말하자면 모든 담화가 본질적으로 대화적일지라도 마치 그것이 독백적인 것처럼 다루어질 수 있다 – 그것도 아주 일반적으로 - 는 것이다. 이렇게 하여 수많은 교사들이 교실에서 독백주의 – 그것이 암송이든 텍스트의 자율성론이든 - 를 고수하고 있는 것이다.

독백적으로 조직화된 수업에서 드러나는 주된 실패는 교사들이 공적인 교실 공간 어디에서도 학습자의 목소리들을 허용하지 않는다 – Dyson(1993, p.19)이 표현한대로 학교라는 "공식적인 세계"에서 "'비공식적인 세계'를 위한 충분한 공간"이 존재하지 않는다 - 는 사실이다. 교사들은 학습자들에게 적절한 시점에, 우발적인 방법으로 반응하는 것을 하지 않음으로써 수많은 "교육의 계기들"을 놓치고 만다. Rosen(1992)이 주장하듯 "교재, 학습지, 사전, 지침서 등에 담긴 말들을 단순히 복제하는 것에 저항함으로써 학습자들이 자신의 의미를 발화하고, 발전시키고, 정교화하며, 진전시키기 위한 …… 어려운 싸움에 참여하도록 격려하고, 우리 학습자들의 들리지 않는 목소리들로 권위주의적인 목소리를 전복시킬 필요성에 관해 거듭 반복적으로 주장할 필요가 있다."(p.127 Cazden에서 재인용) 예컨대 독백적으로 조직된 수업에서는 교재와 교사의 목소리가 주된 목소리로 존재하는 반면, 대화적으로 조직된 수업에서는 교사들이 비공식적인 학습자의 목소리들을 위한 공적인 공간을 마련해 준다. 결과적으로 대화적인 담화는 더 한층 균형이 잡혀 있기에 교사의 목소리는 중요하기는 하나 단지 수많은 목소리들 가운데 하나의 목소리일 뿐이다.

대화적 수업의 개념에서 기초적인 쟁점은 학습자의 목소리들을 위한 공적인 교실 공간의 영역에 관한 것과 어떻게 다양한 교사의 역할들과 행동들이 학습자의 학습을 증대시키고 제약하고 또는 해석적인 역할에 영향을 주는가 하는 것들이다. 핵심적인 질문들은 다음과 같다.

- 교실담화는 주어진 수업에서 지식으로 간주되는 것을 어떻게 정의하고 있는가?
- 교실담화의 공적인 설정이 어떻게 기억과 사고와 같은 인식적인 역할들을 확립하고 지속해 나가는가, 그리고 결과적으로 학습에 어떻게 영향을 미치는가?
- 학습자들은 어떻게 이들 역할을 수행하는가?
- 교사가 학습자들과 함께 촉발하고 지속해 나가는 이해의 연쇄들을 특징짓는 것은 무엇인가?
- 교사는 학생들의 학습을 증대시키기 위해 교실담화를 어떻게 조직할 수 있는가?

이들 질문들은 이 장과 다음 장들의 연구가 중점적인 초점으로 설정하고 있는 문제들이다.

교실의 규약들과 학습의 조건들
수업의 조직화를 검토하면서 우리는 교육적인 "규약들" - Powell, Farrar와 Cohen(1985)이 교사와 학습자 사이의 "협정들"이라고 지칭하였고, Gutierrez(1991)가 "수업의 짜여진 절차들insrtuctional scripts"

이라 부르는 것 – 이 아주 다양하며, 그 성격이 학습자의 학습에 중요한 영향을 미친다는 것을 발견하였다. Gutierrez(1992)가 보여주고 있듯이 이들 수업의 설계들은 담화의 유형들, 참여의 규칙들, 교실 상호작용의 성격 등을 결정한다. Powell, Farrar와 Cohen(1985)이 말해주듯, 아주 많은 교실에서 교사들은 본질적으로 너무 많은 것을 요구하지 않을 것에 동의하고 있으며, 학습자들은 어느 정도 순응할 것에 동의하고 있다. 우리가 살펴보았듯(Nystrand & Gamoran, 1991a) 그와 같은 수업들은 전형적으로 정보의 정확한 전승과 회상에 골몰하고 있으며, 대부분 강의, 암송, 학습지, 학습 문제들, 간단한 평가들 등을 특징으로 삼고 있다. 암송에서 교사는 이미 정해진 질문, 정보, 그리고 개념들의 체크리스트에 따라, 학습자들이 말하는 것의 본질에 반응하기보다 이미 짜여진 평가 문제의 목록에 충실하게 따른다. 학습자들은 전형적으로 짧고 종종 잠정적인 대답들을 제시한다. (Nystrand, 1991a)

학생들이 중요한 내용을 기억하고 있는지 점검하는 교사들의 목록에 따라 화제는 갑작스럽게 이것에서 저것으로 옮겨간다. 결과적으로 담화는 종종 변동이 심하며 일관성을 놓치게 된다.(Nystrand, 1991a) 교실담화는 "빈칸 채우기와 질문에 대한 짧은 대답들"(Nystrand 1991b, p.7)을 말로 옮긴 것일 뿐이다. Carlsen(1991)은 교사들이 예컨대 빠르게 진행하는 질문을 통해 "목표에 짜 맞춘" 토의를 이어가는 가운데 질문의 속도와 이어지는 질문을 하기 전에 기다리는 시간을 조정함으로써 담화의 화제와 학습자의 참여를 통제한다는 것을 규명하였다. 이들 교실에서의 참여 구조는 교사와 교재를 통해 완벽하게 지배되기 때문에 일방적이며 독백적이다. 학습자들은 교사의 질문에 반응하지만 교사들은 언제나 그렇지는 않더라도 다음 질문으로 옮겨가는 것으로 반응한다. 실제로 암송의 구조 자체가 "지속되는 교환 속에서 청중의 참여라는 본질을 통제하거나 축소함"(Drew & Heritage, 1992, p.27)으로써 효과적으로 대화를 방해한다. Heath(1978)와 다른 연구자들이 주목하듯 학습자의 참여는 주로 절차적이 되고 만다.(Bloome, Puro & Theodorou, 1989; Moll, 1990; Nystrand & Gamoran, 1991a)

교육적 상황 속에서만 존재하는 - 중산층 가정에서 부모와 아이의 상호작용을 포함하여(Heath, 1983) - 이 독특한 3부분으로 이루어진 교환에 내재된 규약은 몇몇 핵심적인 조항들로 이루어져 있다. 첫 번째는 지식이 주어진 것이며, 그 원천은 결코 학습자가 아니라 교사와 교재에 있다. 교사는 모든 대답들을 점검하고 규정한다. 교사는 토의의 모든 화제들을 제시하고, 알아야 할(기억해야 할 것으로 규정된) 가치가 있는 것이 무엇인지를 결정한다. 지식은 고정되고 객관적이며 자율적인 것으로, 학습자들에게는 주어지고 전승되고 수용되어야 할 것으로 다루어진다. 이는 곧 Rommetveit(1974)가 수업에 앞서 학습자들과는 무관하게 이끌어낸, 수업 계획서와 교육과정 안내 속에 전형적으로 정리된, "안정적인 개념들과 참조물들"이라고 규정하는 것이다. 이와 같은 규약들의 관점에서 학습자의 인식적 역할은 어떤 새로운 지식을 생성하거나 (정해진 옳은 대답들과 동떨어진) 사태를 파악하는 것이 아니라 다른 사람들, 특히 교사들과 교재들이 말한 것을 기억하는 것으로 제한된다.

만약 학습자들이 실제적으로 참여하고자 한다면 교실에서의 상호작용의 절차에 순응하는 것 이상을 해야만 한다. Freire(1970)가 주장하듯, 이는 학습자들이 비판적인 사고를 통해 자신들의 경험과 연결시킬 수 있는 문제를 교사들이 제기할 때, 대화적인 측면에서 학습을 자신의 삶에서 나오는 발화와 직조하듯 엮어나갈 때 가장 성공적으로 일어난다. 결과는 "실제적인 참여"이며, 학문적인 내용과 쟁점들에 관한 지속적인 개입과 참여로 나타난다. 이러한 참여로 특징지을 수 있는 교실에서 교사와 학습자들은 깊이 있게 쟁점을 탐구한다. 암송은 린제이의 수업 속 대화와 같은 것이 된다. 대화적 수업에서 특히 토의의 본질과 관련하여 교사와 학습자들 사이의 주고-받음이 더 많이 존재한다. 이것이 상호성이다. 학습자들은 질문에 대답할 뿐만 아니라 쟁점을 형성하고 토의에 기여하기도 한다. Britton(1970)이 쓰고 있듯 "바람직한 대화에서 참여자들은 자신의 말에서, …… 다른 사람들이 하는 말에서 그리고 무엇보다도 각자 서로를 인정해야 가능해지는 상호작용으로 도움을 얻는다."(p.173) 암송과 비교할 때 대화적 교수법은 교사와 학습자가 동등하게 이해를 진전시켜 나가는 토의에 아이디어를 제공함으로써 교사의 질문은 줄어들고 대화의 교환은 늘어난다. 암송과 달리 대화적 교수법은 토의의 실제적인 수행과 방향, 그리고 범위 등이 교사뿐만 아니라 학습자가 함께 기여하는 것과 특히 그들의 상호작용에 달려 있기 때문에 덜 규정적이다. 결과적으로 대화적 교수법은 암송보다 훨씬 더 일관되며, 훨씬 더 지속적이며 깊이가 있으며, 훨씬 더 주제

에 충실하다.[11]

이들 교실 속 담화 규약의 조건들은 새로운 문제들을 부각시키는 사고와 노력들을 담고 있다. 새로운 문제는 교사들이 생각해보지 않았던 것일 수도 있고 문제를 해결하는 데 있어 학습자들이 지식의 원천일 수도 있다. 지식은 생성되며, 구성되고, 실제로 타자와의 협동 속에서 공동으로 구축되는 것이다. 학습자들은 단순히 기억하는 것이 아니라 탐구해 나간다. 교사의 역할은 토의를 조정하고 지휘하는 것, 그리고 학습자들의 반응이 담고 있는 함의를 검증, 예측, 분석하는 것이다. 암송에서 지식이 이미 규정된 것과 달리 토의가 진행되는 동안의 지식은, 개인적인 지식이 가치를 부여받고 이에 따른 학습자의 주도권을 증진시키는 과정이다.

이것은 암송이 결코 상호작용적이지 않다는 것을 말하는 것은 아니다. 앞서 언급하였듯이 교사는 질문을 하고 학습자들은 반응한다. 그리고 교사는 종종 그 반응들을 평가한다.(Lemke, 1988; Wells, 1993 참조) 그와 같은 상호작용들이 전적으로 상호성이 결여되어 있다고 주장하는 것은 아니다. 한층 유용한 규정은 절차적 전개와 실제적 참여로 구분한 Heath(1978)의 논의이다. 절차적 전개에서 상호성은 교실의 규칙들과 규정들에 제한되며, 학습자들은 고르지 못한 담화와 잠정적이며 뚝뚝 마디진 반응에 의해 특징지을 수 있는 교육을 받으며, 주로 "수업을 받는" 존재가 되는 듯하다. 교사와 학습자 사이, 또래 집단들 사이의 대화와 같은 교환들로 이루어진, 실제적인 토의의

---

11) James Britton(1969, 1970)은 대화참여자들이 대부분 자신들의 대화가 감정 표현일 때 통찰들을 발견한다고 주장하였다.

언어교육과 대화적 교수법

참여와 비교할 때 암송의 상호작용은 피상적이며 절차적이다. 단순히 학교의 지침을 따라가면서 학습자들은 학습한 것을 빠르게 잊어버린다. 만약 우리가 대화적으로 조직된 수업을 독백적으로 조직된 수업보다 어딘가 훨씬 상호작용적인 것이라고 구분한다면 상호작용은 활동의 연쇄나 절차 이상의 것을 의미해야만 한다. 또한 교사와 학습자의 그와 같은 상호작용은 대화참여자들 각각의 목표와 시각들을 결합(통합)하고, 재조합할 수 있어야 하고 공유된 지식의 변형에 영향을 미쳐야만 한다.(Nystrand, 1990b) 여기에서의 초점은 학습자들이 알지 못하는 것을 채워넣는 것이라기보다 알고 있는 것에서 시작하여 아는 것을 확장해 가는 것이다. 이러한 측면에서 암송은 대화성의 검증을 통과하지 못한다. 왜냐하면 암송은 교사와 학습자가 능동적으로 공유하는 지식에 기반을 두지 않고 학습자의 기존 지식의 상태를 평가하는 것에 기반을 두고 있기 때문이다. 토의는 담화를 생성하는 반면 암송은 수행을 이끌어낸다.

대화식 토론은 상호성, 규약, 그리고 상호주관성에 대한 강조로 인해서 문제가 없는 담화의 평등주의로 오해받기 쉽다. 대화참여자들이 협력과 상호성 그리고 수월한 동의를 마음껏 즐기기 위해 각자의 차이는 내려놓고 '나도 좋고 너도 좋은' 행복하고 희망적인 세계인 것으로 생각한다. 그러나 Bakhtin은 반응을 끌어내는 것은 조화가 아니라 갈등이라고 일깨운다. 즉 다수의 경쟁하는 목소리의 투쟁이 모든 담화의 양보할 수 없는 사회적 사실[12]이라는 것이다. 바로 이

---

12) "위계화, 다양성과 임의성 [곧 이종언어]는 언어의 삶에서 정태적인 변이일 뿐만 아니라(주의!) 그 역동성을 보장하는 것이기도 하다."(Bakhtin, 1981, p.272)

런 이유에서 독백적으로 조직된 수업은 참여적이지 않고 과업에서 소외된 학생들을 양산하게 될 위험을 무릅쓰고 다양성을 억압하는 방안을 강구하는 것이다. 교사로서 우리는 우리가 이미 답을 알고 있는 것을 학생들에게 설명하도록 요구하는 과업의 피할 수 없는 결과를 알고 있다. 교사가 이미 알고 있는 것을 묻는다는 것을 대화의 방식에 예민한 학생들도 알고 있다. 완벽하게 공유된 이해는 진정한 담화에 대한 요구를 봉쇄한다. 이것이 바로 정확하게 표현하자면 생명이 없는, 진정성이 없는 담화이며 가장 효율적이지 않은 교실수업을 특징짓는 것이다.

Bakhtin(1981)의 관점에서 대화적으로 조직된 교육은 이상적으로는 상이한 계급, 인종, 연령, 성차 등의 목소리들을 포함하여 다양한 가치, 신념, 시각들을 대변하는 교사-학습자의 목소리들을 수용하고 빈번하게 통합함으로써 학습자의 반응을 위한 공적인 공간을 제공한다. 대화적으로 조직된 교육은 그와 같은 다원주의와 이종언어로 채워지며, 사회적 상호성의 정도는 명확하게 교육과 학습 모두를 형성한다. 슈미트 수업의 암송처럼 독백적으로 조직된 교육은 대화적 연속체의 낮은 위치를 점유하는 반면 린제이와 같은 토의와 대화 같은 담화는 연속선 상의 높은 지점에 위치한다. 암송은 전형적으로 교사에 의해 규정되어 있기에 담화의 실체에 영향을 미치지 못하며 피상적이고 절차적인 상호작용을 포함한다. 대화적으로 조직된 수업은 교사-학습자의 상호작용이 담화의 실체로 확장하며, 따라서 교사, 학습자, 수업의 교재 모두에 의해 제공되는 다양한 시각들은 학급 구성원들이 집단적으로 협상해 가는 공유된 이해에 영향을 미친

다. 표 1.1은 독백적으로 조직된 수업과 대화적으로 조직된 수업의
차이를 요약적으로 제시한 것이다

표1.1 독백적으로 조직된 수업과 대화적으로 조직된 수업의 핵심적인 특성들

	독백적으로 조직된 수업	대화적으로 조직된 수업
패러다임	암송	토의
의사소통의 모형	지식의 전승	이해의 전승
인식론	객관주의: 주어진 것으로서의 지식	대화주의: 여러 의견의 상호작용으로 표출된 지식
가치있는 지식의 원천	교사, 교재의 권위, 학습자 배제	학습자의 해석과 개인적 경험을 포함
결	뚝뚝 끊김	일관됨

담화가 학습을 형성하는 법

어떻게 교사-학습자의 상호작용이 학습자의 학습과 관련되는지
를 한층 더 면밀하게 검토하기 위하여 이 장의 서두에서 거론한 수
업 담화의 사례들로 되돌아가 보자. 주어진 담화는 첫 번째 대화 참
여자가 상호 참조의 틀을 제시함으로써 시작된다. 그렇게 함으로써
최초의 참여자는 담화의 화제뿐만 아니라 다른 참여자들과의 관계,
그리고 대화의 영역을 설정하고자 한다.[13] 예컨대 린제이의 최초의
질문, "존? 네가 말한 내용을 제대로 옮겨 적은 것 같니?"는 담화의
화제로서 존의 해석을 설정하며, 문학 텍스트를 해석하는 절차에서

---

13) 이 정식화는 방향(대화 참여자 사이의 관계:tenor), 영역(담화의 화제:field), 그리고 양상(채
널[즉 문어인지 구어인지]과 장르)의 독특한 조합인 Halliday(1978)의 언어사용역(register)
개념을 따른다.

자신의 역할을 지도자로 설정한다. 슈미트의 처음 질문, "시인에 따르면 『일리아드(Iliad)』의 주제는 뭘까?"는 담화의 화제로서 『일리아드』에 관한 기초적인 정보를 설정하며, 자신의 역할을 전문적인 검토자로 설정한다.

이들 수업들의 담화 특성은 이어지는 질문에 대한 학습자들의 반응과 그 반응에 다시금 교사들이 반응하는 식으로 전개된다. 린제이의 수업에서 학습자의 이해는 정교화되고 구체화된다. 슈미트의 수업에서 암송이 갖는 독백적 성격은 그와 같은 발전을 배제한다. 학습자의 아이디어는 정교화되지 않는다. 학습자들은 그의 질문에 반응하지만 그는 그들이 말하는 것에 후속되는 질문을 하지 않는다. 실제로 매리가 『일리아드』가 "아킬레스의 두려움"에 관한 것이라고 대답했을 때 그는 해석적인 어떤 것을 회피하기 위해 자신의 질문을 다른 방식으로 제시함으로써 반응한다. 그는 "1권의 1부에서 행동이 일어나는 장소는 어디였지?"라고 묻고 있다. 그러나 Bakhtin이 입증하였듯이 이해는 반응이 연속적으로 그리고 우발적으로 일어날 때 – 교사에 따른 학습자들의 반응뿐만 아니라 학습자들에 따른 교사의 반응 - 에야만 발전할 수 있다. 암송에서는 너무 빈번하게 교사가 학습자가 자신이 알고 있는 것을 입증하자마자 다음 질문으로 옮겨가곤 한다. 이는 독백적인 교육이 일관되게 아이디어의 발전을 단절시키는 방식들 중의 하나(Nystrand, 1991c)이다. 이해의 깊이는 교사가 아니라 학습자의 해석틀의 정교화를 요구하며, 바로 그와 같은 발달을 증진시키는 것이 대화적 교육의 중요한 목표이다. 교사들이 실제적인 질문을 할 때 – 개인적인 해석들을 장려할 때 – 학습자

언어교육과 대화적 교수법

들이 가진 아이디어의 검증, 정교화, 그리고 수정하는 무대를 개방하는 것이다. 교사들이 학습자들로 하여금 용어와 가치를 바탕으로 문학작품을 읽게 할 때 읽기 역시 실제적이 되며, 학습자들 아이디어의 검증, 정교화, 그리고 수정을 지지하는 것이다. Smith의 관점 (1971)에 따르면 이해는 교사들이 학습자들의 개인적인 지식의 창고에서 끌어와 작업하는 것을 격려할 때 강화된다고 한다. 그렇게 함으로써 학습자들은 텍스트의 정보를 한층 쉽게 예측할 수 있게 된다. 특히 문학작품은 Rosenblatt(1938)이 입증하듯 그와 같은 가능성을 제공한다. 문학은 잠재적으로 독자의 세계와 텍스트의 세계 사이의 상호작용의 완벽함과 자질을 강화하기 때문이다.(Langer, 1995 참조)

이 장의 도입부 첫 번째 사례에서 린제이는 수업의 대화적 성격을 명확하게 설정한다. 그녀는 한층 일반적인 형식인 학습자들이 자신의 노트에 받아 적고자 하는 요점을 필기하기보다 학생에게서 필기할 내용을 받아 적음으로써 이 작업을 수행한다. 존의 생각에 관한 그녀의 반응은 정확하게 학습자들의 정교화를 허용하는 것이다. 학습자들이 얼마나 많이 알고 있는가를 평가하는 전형적인 암송과 달리 수업은 특정한 인물의 동기에 관한 학습자들의 탐구를 교사가 안내하는 가운데 토의에 한층 충실하다. 따라서 여기에서 존의 반응에 관한 교사의 평가는 고차원적이며 학습자 중심적이다. 린제이가 "쉽지가 않네요. [칠판에] 모두 받아 적는 것이. 내 생각에는 불매운동에 관한 부분을 놓친 것 같은데. …… 존? 네가 말한 내용을 제대로 옮겨 적은 것 같니?"라고 말할 때 명확하다. 여기에서 교사의 평가는 존의 생각에 대한 수업의 조력자로서 행동할 때에 함축되어 있다. 그녀가 칠판에 받아쓰는 것이 존 생각을 정당화하고 있고, 그 것을 토의의 장으로 밀어 넣고 있기 때문에 고차원적이다. 고차원적 인 평가들은 종종 실제적인 질문들을 뒤따르게 한다. 고차원적인 평가와 실제적인 질문들은 모두 교사들이 대화적으로 학습자의 아이디어를 무대로 불러들이는 사고의 장치들이다.

이러한 방식으로 린제이와 학습자들은 교사가 아니라 학습자가 확립한 화제 - "이 아이들이 암적인 존재라고 실제로는 생각하지 않는 인물" - 를 파악해 간다. 반 동료들의 도움으로 이 학생은 터너를 알아냈고, 그러자 교사는 "그 끔찍한 가게에서 물건을 계속 사려고 했지?"란 질문으로 터너의 동기를 살피는 것으로 이동한다. 존이 먼저 "그 가게가 물건을 살 수 있는 유일한 가게였거든요. 나머지 가게들은 다 백인들 가게였기 때문에."라고 먼저 주장하자 교사는 "그렇지만 월스토어도 역시 백인 가게였잖아."라고 하며 반대한다. 부가적인 주장들을 검토한 다음 학급은 마침내 이 사건의 확장된 의미에 도달한다.

교사들은 자신들이 알고 있는 중요한 함축들을 정교화하는 것으로 학습자의 반응에 대응한다. 때로는 어떤 교사들은 이들 정교화들 가운데 몇 가지를 학습자들이 놓쳐서는 안 되는 이미 규정된 수업지도안에서의 중요한 요점들을 교훈적이거나 교육적인 명료화 – 작은 잘 짜여진 조각들 -로 전환시켜 낸다. 다른 교사들은 학습자들이 열어놓은 탐구의 연장선상에서 더 한층 진지한 탐색을 한다. 후자의 경우 우리는 교사의 평가가 고차적인 수준이라고 말할 수 있다. 이 범주에 속하는 교사는 학습자가 새로운 이해를 형성할 때 학습자의 반응이 지닌 중요성을 주목하고 학습자가 말한 것 대문에 상호작용의 과정이 다소 변화되기도 한다. 학습자가 토의에 어떤 식으로든 화제를 변경하여 새로운 무언가를 기여하고 교사로부터 인정을 받는다면 그 평가는 고차원적이다. 특히 고차원적인 평가는 두 부분으로 이루어진다.

1. 반응에 대한 교사의 확인(예컨대 린제이의 말, "쉽지가 않네요. [칠판에] 모두 받아 적는 것이. 내 생각에는 불매운동에 관한 부분을 놓친 것 같은데.")
2. 정교화(혹은 상세한 설명) 혹은 이어지는 질문("존? 네가 말한 내용을 제대로 옮겨적은 것 같니?") 등의 형식으로 보통 이루어지는, 학습자의 반응을 수업 담화 속으로 교사가 통합해내는 것.

평가의 수준을 높이기 위해서는 평가가 "좋아", "좋은 생각이군" 혹은 학습자의 대답을 단순 반복하는 그 이상이 되어야만 한다. 교사는 학습자의 기여를 더 한층 끌어내야 하며, 이어지는 토의 과정에 영향을 미치는 방식으로 그 대답을 정당화해야 한다. 교사의 평가가 고차원적인 수준일 때 학습자는 존이 하듯이 진정으로 "무대에 올라서는 것이다. 따라서 고차원적인 수준의 평가는 실제적인 질문과 마찬가지로 직접적으로 교사-학습자의 상호작용의 대화성에 영향을 미친다.

암송과 달리 대화적 교육은 수업의 상호작용을 통해 추출되는 상호 이해를 촉발시킨다. 이들 토의들은 주어진 수업에서 교사와 학습자의 뒤섞임이라는 독특한 관점과 신념을 반영함으로써 종종 독창적이 된다. 이는 다음의 수업에서 이처럼 "열렬한" 토의가 동일하게 반복될 수 없다는 것을 발견하고 놀라거나 혼란스러워 하는 까닭이기도 하다.[14] 비록 그와 같은 토의들은 때때로 가르치는 방법으로서는 대단히 비효율적인 듯이 – 결국 린제이가 왜 터너가 같은 끔찍한 가게에서 계속 물건을 샀는지 그 이유를 그저 재빨리 설명할 수 없었듯이 - 보일 수도 있다. 그러나 대화적 교육은 그와 같은 상호작용을 학습에 본질적인 선결 조건으로 다룬다.

　Mark Twain의 『허클베리 핀의 모험』을 다룬 다음 9학년 국어 수업을 전사한 것은 대화적 교수법의 또 다른 예를 제공해 준다. 이 복습하는 수업에서 터너Turner 선생님은 학습자의 반응을 소설 속 인종주의에 관한 일련의 질문으로 이끌어낸다.

"허클베리 핀의 일들을 기억해서 생각해 볼 수 있을까? 그러니까 너희에게 인종주의적이라고 느끼게 하는 점 말이야."
　터너 선생님이 묻는다.
　선생님이 타샤를 지목하고, 타샤가 말한다.
　"왓슨 양이 …… 그녀는 항상 그 아이를 "왓슨 양의 깜둥이"라고 불러요."
　"좋아, 짐은 어때?"
　터너가 말한다.
　"그래요, 그들은 노예를 사고팔아요. …… 또 한 곳에서 '깜둥이를

---

14) "어떤 기호의 이해[즉 학습]은 내적이든 외적이든 기호가 보완되는 상황과 불가분리하게 결합되어 발생한다. …… 그는 항상 사회적 상황이다."(Volosinov, 1973, p.37; 강조는 원문)

가져 와길들여'라고 말했어요."

"좋아"

짐이 이어가는 중간에 터너가 말한다.

"그리고 그건 강아지에게 '이리와, 굿 보이.'라고 말하는 것과 비슷해요."

"그래 맞아."

터너는 트웨인의 말을 다시 환기시키며 말한다.

"'우리는 깜둥이를 가져와서 기도하는 사람들이 되게 길들였다.' 그래. 이건 아마도 첫 페이지에 있지. 좋아, 샘 생각은?"

"'이 깜둥이들'이라고 말할 때 [트웨인]은 역사적으로 정확하게 말한 것 아닌가요?"

샘이 묻는다.

"오, 그래. 정말 그렇지."

터너가 대답한다.

샘이 재빨리 다시 묻는다.

"그런데 그걸 왜 인종주의자라고 해요?"

잠깐 멈춘 다음 터너가 말한다.

"그래, 이건 말이야. 첫날 내가 이끌어내려고 했던 것과 비슷해. 트웨인은 말 그대로 그 사회를 반영하고자 했어. 특히 미주리 주의 ……그 당대의... 사회상을 …… 그러나 트웨인은 다소 말을 빈정거리는 투로 사용하고 있어. 내가 의미하는 것은, 그래 샘이 옳아. 그는 역사적으로 정확하려고 했어. 그렇지만 그는 역시 쟁점을 만들어내려고 하기도 했어. 그러니까, 그렇게 물건처럼 말하는 다른 사람들에 대해. 그게 너희들에게 어떤 느낌을 불러일으키는지. 난 그 모든 것에 대해 너희의 솔직한 반응이 무엇인지를 묻는 거란다. 린다?"

"부끄러웠어요."

린다가 말한다.

"어떤 점에서?"

터너가 묻는다.

"그것은 …… 예외적인 것이라고 다 그런 것은 아니라고 믿고 싶었어요."

터너가 덧붙일 말이 있는 듯한 캐씨에게 고개를 끄덕인다.

"모두가 그것이 어디서나 찾아낼 수 있는 역사적인 것이라고 주장해요. …… '깜둥이', 이제 막 들은 그 말 …… 그리고 사람들은 항상 생각해요 …… 그것이 정말 역사적인 것이라고."

"오 그래. 우리는 더 이상 그렇게 하지 않는 것처럼."

터너가 제안한다.

"예, 우리는 원시적이 아니니까요."

캐씨가 계속 이어간다.

"그러니까 제가 의미하는 것은 모든 사람이 언제나 그렇게 하는 것은 아니라는 거예요. 그래요, 모두가 그렇지는 않아요. 그렇지만 사람들은, 사람들은 그렇게 해요 …… 사람들은 자신들이 흑인이기 때문에 아파트 건물 속으로도 들어갈 수 없어요."

"오호, 그래."

터너가 말한다.

"그들은 흑인이기 때문에 특정한 가게도 갈 수 없어요."

짐에 이어서 말한다.

"아니면 흑인이기 때문에 체포되기도 해요. …… 그래요, 정말이에요. 사람들은 항상 그것이 얼마나 역사적인가를 말하면서, 지금 여기에서는 그렇지 않다고 해요."

9학년 문학 수업에서 발췌한 모든 것에서 우리는 교사들이 가르치는 작품의 중요하나 어려운 측면들을 학습자들이 이해할 수 있도록 돕고자 한다는 것을 확인할 수 있었다. 『들어라, 천둥의 외침을』에서 린제이는 인물의 동기에 관해 가르치고, 슈미트는 학습자들에게 아케아-트로이 전쟁의 세부 사항들과 『일리아드』에서 신과 인간의 관계에 관해 가르치며, 그리고 터너는 『허클베리 핀의 모험』에서 인종주의에 초점을 맞춘다. 각자의 수업은 학습자들에게 기억을 이끌어낸다.

그러나 이를 제외하면 린제이와 터너의 수업은 슈미트의 수업과 중요한 지점에서 차이가 난다. 슈미트의 시험 문제와 달리 두 여선생님들의 질문은 종종 실제적이다. 슈미트의 첫 번째 질문이 "시인에 따르면 『일리아드』의 주제는 뭘까?"인데 반해 린제이의 첫 번째 질문은 인물의 동기에 관한 존의 해석이었으며, 터너의 첫 번째 질문은 "허클베리 핀의 일들을 기억해서 생각해 볼 수 있을까? 그러니까 너희에게 인종주의적이라고 느끼게 하는 점 말이야."이다. 마지막 경우 교사는 담화의 화제(허클베리 핀의 인종주의)를 설정한다. 그리고 학습자들이 자신의 용어로 그것을 다루기를 촉구한다. 따라서 화제는 교사의 것인 반면 많은 정교화들은 학습자들의 것이 되었다.

뒤의 두 교사들이 학습자들과 성취하고 있는 공유된 이해들은 교실 수업의 이어지는 담화 속에서 타협이 이루어진다. 이 대화적 상호 구성의 과정은 슈미트의 학습자들과 달리 린제이와 터너의 학습자들이 아주 능동적이라는 사실로 인해 명확하게 입증된다. 슈미트의 수업에서 학습자들의 반응은 평균적으로 그 길이에 있어 5단어들일 뿐인 데 반해 터너 수업의 평균적인 반응들은 거의 17단어에 가깝다.[15] 슈미트는 거의 모든 질문에 따라 화제를 옮겨가는 데 반해 다른 교사들은 몇몇 학습자들의 반응을 따라가며 화제를 지속해 나간다. 따라서 뒤의 두 수업에서 화제는 복수의 정교화를 수용한다. 슈미트 수업의 뚝뚝 끊어지는 속성과 비교했을 때 다른 두 수업들은 훨씬 더 일관되어 있다.

슈미트의 질문들은 Lotman(1988)이 『일리아드』의 "단성적인(?)" 기능이라 지칭하는 것을 강조한다. 따라서 그의 주된 관심사는 학습자들에게 기억할 필요가 있는 기초적인 정보를 검토하게 만드는 것이다. 대조적으로 다른 두 수업들은 한층 더 개념적인 지향(린제이의 경우 인물의 동기에, 터너의 경우는 인종주의에 초점을 둠으로써)을 보이며, 이것이 곧 린제이와 터너가 학습자의 반응들과 언급들을 Lotman(1988)의 용어에 따르면 "사고의 장치들"로서 차례로 다룸으로써 그들 질문의 대화적 기능뿐만 아니라 학습자의 반응 역시 강조하는 까닭이다. 슈미트는 말 그대로 학습자를 "사실들"에 묶어둠으로써 견고한 통제를 유지해 나간다. 대조적으로 다른 두 교사들은 이끌어내고 검

---

15) 여섯 군데의 다른 수업에서 36시간의 교육을 분석하면서 Corey(1940)sms 학습자의 평균 발화가 11단어의 길이임을 발견하였다. (Hoetker & Ahlbrand, 1969, p.159에서 인용)

언어교육과 대화적 교수법

증하는 방식으로 세심하게 진행 – 사실 이것이 정확히 터너의 중심적인 목표이다. - 함으로써 학습자의 반응들을 유지시켜 나가며, 궁극적으로 소설에 관한 학급의 이해를 상호 구축해 간다. 받아들이고 해독하고 저장해야 할 정보에 초점을 맞추는 대신 린제이와 터너는 "학습자들의…… 발화들과 자신의 발화들을 통합함으로써, [학습자들 발화에] 질문하고 확장함으로써 [학습자들이 말하는 것]을 향한 능동적인 입장을 취하고 있다."(Wertsch & Toma, 1990, p.13) 예컨대 존이 "이 아이들이 암적인 존재라고 실제로는 생각하지 않는 인물에 관한 부분은 어디 있어요?"라고 물을 때 린제이는 이 질문을 학급 전체로 되돌려준다.("그래, 맞아. 이름이 뭐였지? 너희들, 기억나?") 터너는 "트웨인이 '이 깜둥뚱이들'이라고 말할 때 역사적으로 정확한 것"이 아니냐는 질문을 받았을 때, "그래, 이건 말이야. 첫날 내가 이끌어내려고 했던 것과 비슷해. 트웨인은 말 그대로 그 사회를 반영하고자 했어."라고 말하고 있다. 슈미트가 학습자들의 반응을 통합하여 넓게 펼쳐 놓는 반면 린제이와 터너는 더욱 깊이 이끌어가고 있다.

물론 두 수업의 토의가 전적으로 자유롭게 진행되고 교사에 의해 안내되지 않는다고 말할 수는 없다. 교사들은 모두 교실 대화를 특정한 방향으로 움직이게 만든다. 그럼에도 불구하고 터너가 이전 수업에서 형성했던 논점("이건 말이야. 첫날 내가 이끌어내려고 했던 것과 비슷해.")을 언급할 때조차 정보를 전승하는 목적(이 수업은 시험을 보기 위한 재검토로 보이지 않는다)이라기보다 『허클베리 핀의 모험』에 나타나는 인종주의를 탐구하고 정교화하려는 것으로 보인다.

슈미트의 수업에서 학생들은 교사가 가르쳐야 할 내용을 전달하도록 신호에 따라 주기적으로 응답하는 역할이 전부인 반면 다른 두 교사의 수업에서 교사들은 전개되는 담화의 주된 흐름 속으로 학습자들이 정교화하도록 이끌어나가고 안내한다. 슈미트 수업의 초점은 전달하고자 준비한 일련의 핵심적인 내용들이며, 다른 수업들의 초점은 텍스트를 해석하고 그것에 의미를 부여하는 과정이다. 슈미트에게 텍스트의 의미는 고정된 것이며, 한 시간의 수업에 앞서 이미 존재한다. Volosiniov(1976)의 용어에 따르면 교사의 관점에서는 주요한 과제를 수행하는 학습자들과는 무관한 "완결된" 것이다., 좀 더 정확하게 표현하면 학습자가 할 일은 교사가 설명하는 것을 받아들이거나 파악하는 것일 따름이다. Bakhtin(1984)은 특히 이와 같은 담화를 "교육적 담화"라고 지칭하고 있다.

독백주의의 환경 속에서 …… 의식의 고유한 상호작용은 불가능하다. 따라서 진정한 대화 역시 마찬가지로 불가능하다. 본질적으로 관념론은 의식들 사이의 단일한 인지적 상호작용의 형태만을 알고 있다. 알고 있고 소유하고 있는 누군가가 진리를 모르거나 잘못 알고 있는 누군가에게 가르친다고 생각한다. 곧 이는 교사와 학생의 상호작용이며, 따라서 교육적 담화라고 부를 수 있다.(p.81)

인식론적으로 이러한 교육적 담화의 지식은 주어진 것 – 완벽하게 객관적이고, 인식 주체들(학습자들)과 분리되어 존재하며 수업에 앞서 존재하는 것 –으로 다루어진다.[16] 대조적으로 린제이와 터너는 읽기를 의미 형성의 사건으로 간주한다. 여기에서 학습자들은 단순히 텍스트의 의미를 발견할 뿐만 아니라 그들 자신의 개인적 경험과 기대지평이란 빛을 통해 해석해야만 한다. 그들은 학습자들이 정답을 알게 하는 방법으로서가 아니라 해석의 과정 속에서 학습자들을 가르치고 시험해보는 방식으로서 교실의 상호작용을 능숙하게 활용한다. 이들 수업에서 교육은, Bruner(1981)가 기술한대로, 실제적인 의미가 추상적인 개념이나 사전적 정의를 통해서가 아니라 오히려 "누군가의 마지막 연결 고리가 현재 화자"(p.170)의 참조틀이 되는 연속적인 전개를 통해 이루어진다는 전제에 기초를 두고 있다. 여기에서 지식은 부분적으로 Polanyi(1958)가 개인적이라고 지칭한 것으로, 가치 있는 신념들과 진실들에 대한 투자와 헌신을 포함한다. 여기에서 텍스트의 의미는 아직 "완결되지" 않은 것으로 진행된다. 문제를 제기함으로써 이들 교사들은 해석의 과정들을 용이하게 하는 조산부처럼 행동한다. 어떤 학생이 상당히 망설이면서 "모두가 그것이 어디서나 찾아낼 수 있는 역사적인 것이라고 주장해요. …… '깜둥이', 이제 막 들은 그 말 …… 그리고 사람들은 항상 생각해요 …… 그것이 정말 역사적인 것이라고." 말하자 교사는 "좋아, 오 그래. 우리는 더 이상 그렇게 하면 안 되겠구나."라며 달리 말해보도록 한다. 그러자 학생은 계속해서, "예, 좋아요. 우리는 원시적이 아니니까요. 그러니까 제가 의미하는 것은 모든 사람이 언제나

---

16) Popper(1972)는 물리적 세계에 관한 1세계의 지식, 경험과 사고에 관한 2세계의 지식과 구분하여 이를 3세계의 지식이라고 지칭하고 있다.

그렇게 하는 것은 아니라는 거예요. 그래요, 모두가 그렇지는 않아요. 그렇지만 사람들은, 사람들은 그렇게 해요 …… 사람들은 자신들이 흑인이기 때문에 아파트 건물 속으로도 들어갈 수 없어요."라고 이어간다. 이 지점에서 담화는 완벽하게 대화적이 된다.

이들 독백적인 수업과 대화적인 수업의 대조는 교환이 이루어지는 담화 구조 속에서 참여자들의 역할을 검토할 때 훨씬 더 명확해진다. 예컨대 담화의 화제를 누가 도입하는지 또는 무슨 말을 나누는지, 그리고 그 정교화를 어떻게 지속해 나가는지를 교사와 학습자들 각각의 역할을 통해 살펴보자. 슈미트의 수업은 교사가 화제와 정교화 모두에 대해 책임을 지는 것으로 보아 본질적으로 독백적이다. 학습자의 언급은 대체로 주변적이 된다. 반면에 위에서 언급하였듯이 다른 두 교사는 훨씬 더 대화적이다. 학습자들이 언급한 내용의 커다란 부분을 공유하면서 정교화하고 교사와 학습자들은 담화에 대한 통제를 공유하고 있다. 교사의 질문과 언급은 빈번하게 학습자의 반응에 의존하며, 그 반대의 경우도 다르지 않다. 특정한 학습자들이 말한 것이 슈미트의 수업 과정 영향을 미치는 경우는 거의 없거나 매우 적은 데 반해 다른 두 교사의 모습은 학습자들이 수업에서 말한 것에 상당 부분 의존하고 있다.

간략히 말해 슈미트의 수업은 교사와 학습자 각자의 역할이란 점에서 전적으로 다른 교사들의 수업과 판이하다. 수업에서 교사는 모든 실질적인 논점들을 이끌어간다. 반면에 학습자들의 역할은 암송의 절차적 요구에 제한된다. 요청받았을 때야만 정답을 내놓으려고 노력한다. 대조적으로 다른 두 수업에서 학습자들은 자신의 경험과 읽은 내용에 기초하여 사려 깊은 대답을 제공할 것을 요구받는다. 만약 암송이 학습자들이 알지 못하는 것을 규명하고 잘 모르는 것을 수정하는 것으로 조직된다면 대화적 교육은 학습자들이 알거나 직관하고 있는 것(예컨대 인종주의에 대한 자신들의 이해)으로 시작하고 이러한 이해를 점진적으로 변경/확장해 간다. Bakhtin(1984)은 이렇게 쓰고 있다.

> 진리를 추구하는 대화적 수단들은 이미 만들어져 있는 진리를 소유하는 척 하는 공식적인 독백주의와 대립된다.…… 진리는 개별적인 인간의 두뇌 속에서 태어나거나 발견되는 것이 아니다. 진리는 그것을 찾는 사람들 사이에서 사람들의 대화적 상호작용의 과정 속에서 집단적으로 태어나는 것이다.(p.110, 강조는 원문)

독백적으로 조직화된 교육은 정보를 전승하고자 하는 데 반해 대화적인 교육은 지식을 형성 – 성찰과 대화를 통해 이해를 변형 - 해나가고자 한다.(Bickard, 1987)

Gutierrez(1991, 1992, 1993)는 "수업의 짜여진 절차들"이라고 지칭하는 교사-학습자 상호작용의 이들 상이한 유형들이 상이한 교육적 맥락들에 의미 있는 영향을 미친다고 규정하고 있다. 그 맥락들은 (a) 수업 참여의 규칙과 권리, (b) 교사들과 학습자들의 사회적 위계와 관계, 그리고 (c) 인식론, 곧 지식이 "이미 존재하며" 교사에 의해 전달전승되는가 혹은 교실의 상호작용을 통해 역동적으로 상호 구성되는가에 따른 인식론 등이다. Gutierrez(1993)는 독백적 암송과 대화적 교환 각각의 특징들을 요약하고 있다. 그녀는 이를 "반응적-협동적으로 짜여진 절차"라 부르며, 이는 다음과 같다.

암송

Gutierrez(1993)은 암송의 특징을 다음과 같이 요약하고 있다.

- 교실 대화는 엄격한 IRE 담화 유형을 따르고 있다.
- 교사는 학습자들 가운데 화자를 선택한다.
- 교사는 학습자들의 자기-선택들을 인정하지 않거나 거의 인정하지 않는다.
- 교사가 하위 주제를 시작한다.
- 교사는 학습자들이 다른 하위 주제를 소개하고자 하는 시도를 무시하거나 좌절시킨다.
- 학습자의 반응은 아주 짧은 경향(한 단어/구절)이 있다. 교사는 반응의 정교화를 장려하지 않는다. 그리고 학습자들의 반응들을 교사는 최소한으로 확장한다.
- 교사는 일반적으로 오직 하나의 정답만이 존재하는 시험 문제 같은 질문을 시작한다. 그리고 의도된 목표가 교사의 질문에 대해 특정한 "올바른" 답들을 내놓도록 하는 것임을 명시한다.(표 1)

대화적 교환

Gutierrez(1993)은 대화적 교환 혹은 그녀의 용어로 하면 "반응적-협동적으로 짜여진 절차"의 다음 자질들을 논의한다.(pp.12-14)

언어교육과 대화적 교수법

- 교사의 도입과 평가 사이에 존재하는 학습자의 많은 반응들로 활동과 담화의 경계들은 유의미하게 느슨해진다. 학습자의 반응들은 때때로 이전 반응들 위에 (연속하여) 수립되며 공유된 지식의 구성에 기여한다.
- 교사는 활동의 틀을 정하고 용이하게 하며 언제 어느 때이든 반응할 수 있지만 발화와 개입을 최소한으로 유지한다.
- 학습자들에 관한 선택을 교사는 최소한으로 한다. 학습자들은 스스로를 선택하거나 다른 학습자를 선택한다.
- 교사와 학습자들은 토의의 하위 주제들을 협상한다.
- 교사는 공유된 지식을 발전시키는 암묵적 목표를 설정하지만 여전히 올바른 정보를 위한 선호를 담고 있다.
- 교사와 학습자들은 특정한 정답이 없거나 학습자들의 이전의 반응들로부터 구성된 질문을 위해 질문을 제기한다.
- 교사는 때로는 학습자들의 화제 확장뿐만 아니라 수업의 진행 속에 확장된 화제를 교사 자신과 다른 학습자들이 통합하는 것을 인정한다.

　이러한 방식으로 교사-학습자의 상호작용을 보는 것은 학령 전 아동의 언어와 인지적 발달이 가족의 언어와 사회적 환경에 의해 규정된다는 이미 확립된 결과에 기초한다. 예를 들어 학령 전 (초기) 문해력에 관한 연구에서 많은 연구들은 부유한 가정의 담화 환경이 문해력 기능들의 발달에 미치는 간접적인 효과를 기록해 왔다. 이들 연구들은 영유아의 초기 문해력에서 잠자리에서 들려주는 이야기의 역할Heath, 1980), 학령 전 아동들이 쓰기와 읽기에 대해관심을 갖게 되는 맥락(Bissex, 1980; Gundlach, 1982; Scollon & Scollon, 1979; Teale & Sulzby, 1986 등), 인쇄물을 활용하여 아동에게 전승하는 부모들의 전통과 메시지들(Wertsch & Hickmann, 1987) 등을 검토해 왔다. 학교 자체에서도 일부 학습자들이 학교의 학문적 삶에 의해 소외될 때 학습이 쉽게 훼손된다는 것을 알고 있다. 예컨대 교사들이 종종 비표준적인 흑인 언어(BEV: Black English Vernacular) - 오류로 가득 찬 "비문법적인"(Labov, 1972) 것 - 라고 결론을 내리는 도시 흑인 학습자들의 처지를 생각해 보자. 이 학습자들은 지적이지도 않고 동기도 없으며 따라서 결과적으로 교정 수업과 직업 트랙에 불합리하게 배치된다. 또 멕시코계 이민자들(멕시코에서 태어나 지금은 미국에서 살고 있는 이민자들)이 미국 중산층의 학문의 본질적 특성인 설명적 언어 형식을 마주치고 수용할 때 겪는 특별한 어려움들(Farr & Elias, 1988)을 고려해 보자. 이들 수많은 연구들은 개별적인 아이들의 쓰기 발달의 경로를 이해하고 쫓아가기 위해서는 글자체의 진화들, 규범들, 텍스트의 자질들을 살피는 것으로는 충분하지 않다는 것을 인정하고 있다. 이들을 넘어 연구자들은 학습의 사회적 맥락 속에서 다른 학습자들과의 상호작용을 한층 더 포괄적으로 초점화해야만 한다. 그것만이 이들의 읽기와 쓰기, 그리고 결과적으로 문해력에 본질적인 가치와 기대치를 증진시킨다는 것을 인정해야만 한다.

왜 상호작용적인 담화가 학습을 증진시키는가?

그렇다면 왜 대화적으로 조직화된 교육이 학습을 촉진하는가?

첫째 교실담화의 성격과 어조 모두는 학습에 관한 중요한 기대치를 설정한다. 예를 들면 교실담화의 장르로서 지속적인 교실 토의는 학습자들을 중요한 지식의 원천으로 정당화하며, 따라서 암송과는 전혀 다른 인지적 양식모형들(단순한 기억만이 아니라 사고)을 자극한다. 게다가 교사들이 학습자들이 생각하고 있는 것(그들의 과제를 해왔는지를 단순히 알기 위해서가 아니라)에 관해 질문할 때, 그들의 이전 대답들에 관해 질문할 때 생각하는 사람들로서 학습자를 진지하게 다룸으로써, 즉 학습자들이 생각하는 것이 중요하며 검토할 가치가 있는 것임을 적시함으로써, 학습에 대한 근본적인 기대치를 증진시킨다. 따라서 교실담화의 자질은 중요하다. 왜냐하면 그것이 학습을 위한 적합한 환경을 확립하고 학습자들의 사고에 관한 교사들의 기대치를 전달해 주기 때문이다.

또한 바람직한 담화는 학습자들을 자신의 학습에 참여하게 독려함으로써 학습을 용이하게 만든다. 교사들이 학습자들에게 생각을 설명하도록 요구할 때, 곧 학습자들에게 다른 누군가의 생각을 보고하는 것이 아니라 학습자 자신을 정보의 주요한 원천으로 취급할 때, 그들은 학습자들에게 학습자 자신의 참조를 속에서 사태를 다룰 수 있는 기회를 제공하는 것이다. 인지심리학은 학습자들이 자신들이 이미 알고 있는 것과 배워야만 하는 것을 관련시킬 수 있을 때 학습이 촉진된다고 오래 전부터 주장해 왔다.(Miller, 1956; Wittrock, 1990) 그에 따르자면 효과적인 교육은 학습자들로 하여금 자신들이 이미 알고 있는 것을 가장 잘 활용할 수 있도록 돕는 것이라는 결론을 내릴 수 있다. 이는 단순히 학습자들이 교육이 일관될 때 가장 잘 배운다고 말하는 다른 표현일 뿐이다. 인지적으로 이러한 일관성은 정보가 "주제화되는" 정도를 증대시키고 그에 따라 정보가 "덩이로 묶이는 것"을 촉진시키기 때문에 학습자들에게 유익하다.(Miller, 1956) 정보가 주제화되는 것과 덩이로 묶이는 것은 서로 관계가 없는 것처럼 취급되어 왔다. Wittrock(1990; Wittrock & Alesandrini, 1990)은 학습자들이 새로운 정보를 습득하는 것이 자신들의 개인적 경험과 관련시킬 수 있을 때, 특히 자신들의 언어로 그렇게 할 때 강화된다는 것을 입증하고 있다. Pressley와 동료들은(Pressley, Wood, Woloshyn, Martin, King, & Menke, 1992)는 이해와 기억을 유지하는 것 역시 스스로 생성해낸 정교화의 기회를 통해 증진된다고 하였다. 토의와 상호작용적인 담화는 학습자들로부터 상대적으로 지속적인 반응을 이끌어내기 때문에 학습을 증진시킨다. 학습자들이 다양한 정보의 단편들을 의미의 일관된 그물망으로 짜나가도록 도움으로써 대화적으로 조직화된 교육은 기억의 보유와 정보의 인지적 조작과 연결된 깊이 있는 처리를 증진시킨다.

우리는 교육적 담화 – 쓰기, 읽기, 교실담화 - 를 새로운 것과 낡은 것 사이의 대화를 생성하는 정도에 따라 유용하게 범주화할 수 있다. 즉 교육적 담화는 학습자들이 아직 모르는 것(그들이 배워야만 하는 새로운 정보와 기능들)을 익숙한 것 – 자신들의 비공식적인 세계, 경험, 그리고 가치들 - 의 관점에서 소화해 나가도록 촉진한다. 특정한 유형과 자질의 교실 대화와 쓰기 과제들(예컨대 토의, 실제적인 질문들, 일지 쓰기, 초고 쓰기, "학습 일지" 등 4장에서 살펴볼 것들)이 학습자들로 하여금 새로운 정보를 맥락화하고 동화해 나가도록 하기 위해서는 다른 것들(대부분 목표의 도달 여부를 검증하기 위해 사용되는 시험들과 에세이들 등)보다 훨씬 더 많은 기회와 유연성을 제공해 준다. 따라서 이들 특정한 유형의 교육적 담화는 잠재적으로 참여적이다.

요약하자면 어떻게 학습자들이 생각하고 – 사실상 그들이 실제로 학교에서 생각할 필요의 정도에 따라 - 결과적으로 그들이 무엇을 배울 수 있는지는 교사들이 그들 학습자들의 반응들에 어떻게 반응하는가에 많은 부분 달려 있다. 이것이 교실담화가 학습자의 학습을 형성하는 가장 근본적인 방식이다. 특정한 담화의 양식 혹은 장르는 대화참여자들의 특정한 인식적 역할을 생성하며, 다시금 이들의 역할들은 학습자들의 사고를 생성하고 제약하며 위력을 부여한다. 중요한 것은 학습자의 학습의 질이 교실 대화의 자질과 면밀하게 연결되어 있다는 점이다. 만약 우리가 우리 교실의 담화 구조와 학습자의 학습이 맺고 있는 관계를 이해하고자 한다면 우리는 Cazden(1988)이 "학습의 언어"라고 지칭하는 것을 구성하는 상호작용과 대화의 교환들을 면밀하게 살펴보아야만 한다. 우리가 얻는 통찰들이 우리 교육의 학습 잠재력을 강화해 나갈 것이다. 다음 장들은 학습자의 학습에 미치는 교실과 학교 담화의 역할에 초점을 두고 학습에 관해 독백적으로 그리고 대화적으로 조직화된 교육의 효과들을 대조함으로서 경험적인 측면에서 이들 생각들을 검토해 나갈 것이다.

2장

큰 그림 : 수많은 언어[1] 수업에서 언어와 학습
Martin Nystrand and Adam Gamoran[2]

어떻게 사회적 과정들이 교실 상황에서 학생의 학습에 영향을 미치는지를 이해하기 위한 바람직한 모델은 지금 거의 존재하지 않는다. 앞으로의 연구가 학습의 사회적 맥락을 제대로 다루기 위해서는 학습에 미치는 교사-학생과 또래들의 상호작용에 초점을 맞추어야만 한다는 것은 널리 퍼진 인식이다. 그러나 대부분 교육을 보는 관점은 학습을 교사들이 학생들을 위해 계획하고 제공한 것의 결과물로 바라본다. 즉 교사가 학생에게 수행한 것으로 본다. 이러한 접근의 추종자들은 교육을 교사와 텍스트에서 학생들에게로 가는 일방적인 지식의 전승으로 본다. 그리고 전형적으로 학생들의 지식을 교육과정의 목적과 목표와 얼마나 일치하는가에 따라 평가한다.

그러나 중등학교 국어수업에 관한 연구에서 우리가 염두에 둔 것은 교사가 "학생들에게 수행한 것"이 아니라 교사들과 학생들이 함께 수행한 것이다. 즉 Michaels(1987)이 "일상적인 '교육과정'의 실천"(p.323)이라고 지칭하는 것이다. 이러한 의미에서 교사와 학생들은 – 이상적이거나 의도된 교육과정(예컨대 교육과정 해설서에 쓰인 교육

---

1) 언어로 번역하였으나 맥락상 국어 곧 모국어 수업임.
2) 이 장의 일부인 "소규모 집단"은 M. Nystrand, A. Gamoran, and M. J. Heck의 논문 "Using Small Groups for Response to and Thinking about Literature"(English Journal, January 1993.)에서 편집상의 수정을 거쳐 재수록되었다. ⓒ1993 by the National Council of Teachers of English. 재수록 허락을 받음.

과정)과는 반대로 - 실제적인 교육과정을 협상해 간다. 피상적으로 이러한 협상은 교실 대화라는 주고-받는 과정(Flanders, 1970) 속에 드러난다. 그러나 이와 같은 표면상의 상호작용은 분명히 교사와 학생들 사이에서 일어나는 – 어떤 경우에는 일어나지 않을 수도 있는 - 인지적 상호작용보다 교육적으로 의미가 더 크지는 않다. 이러한 방식으로 마음들이 만날 때 학급 구성원들 사이에서 일련의 공유된 주제의 이해를 낳는다. 그리고 교육의 과정은 주어진 하루 동안을 살펴보든 아니면 1년에 걸친 학년 전체를 검토하든 어떻게 교실 대화와 활동들이 이들 이해들을 변경하고 확장하는가라는 측면에서 분석될 수 있다. 이러한 의미에서 대화적 교육은 교사와 학생들 사이의, 교사와 학생들에 의한 의미의 협상이다.

우리는 2년에 걸쳐 수백 곳의 8학년, 9학년 수업을 관찰하였다. 모든 관찰을 통해 우리는 결코 "완벽한 대화적 수업"을 발견할 수는 없었다. 사실상 그와 같이 완벽한 수업은 현실 세계에서는 존재하지 않는다. 그럼에도 우리는 성취도와 학습에 미치는 대화적 실천의 일반적인 효과들을 검증하기 위해 대규모의 경험적 연구를 실시하였다. 우리 연구의 범위를 대규모의 다양한 수업, 학교, 그리고 공동체 속의 많은 학생들의 사례로 확대하였을 때 그와 같은 실천들의 가설을 체계적으로 시험해 볼 수 있게 해 주었다.

이 장에서 우리는 이러한 연구에서 이끌어낸 발견과 세부적인 사항들을 보고하고자 한다. 중등학교 국어 수업에서 이루어지는 전반적인 교실담화의 초상을 그려 보이고, 교실 대화와 학생의 학습에 관한 몇몇 중요한 질문들을 규명하는 데에 도움을 주고자 한다.

- 8학년, 9학년 국어와 언어 수업에서 일반적인 교육적 담화의 면모는 어떠한가?
- 얼마나 많은 교육이 암송에 치중하는가? 얼마나 많은 교육이 토의와 소집단 활동으로 이루어져 있는가?
- 얼마나 많은 교육이 대화적으로 혹은 독백적으로 조직화되어 있는가?
- 중등학교와 고등학교의 교실담화는 어떻게 변화하는가? 능력에 따라, 주제에 따라, 그리고 대도시와 근교, 지방의 학교에 따라 어떻게 달라지는가?
- 이들 실천들이 문학에 관한 학생의 학습에 어떻게 영향을 미치는가? 어떤 상호작용이 적절하며 또 생산적인가?

교실 상호작용이 학습에 미치는 효과의 탐구에 대규모의 데이터 분석이 수행할 수 있는 역할을 입증하고 있는 우리의 연구는, 일반적으로 학생들은 독백적인 것보다 대화적으로 조직화된 교실에서 훨씬 더 많은 것을 배운다는 것을 보여주었다. 전체적인 연구의 개관은 표 2.1을 보라.

교실담화 연구 : 디자인과 방법론

교실담화의 이해를 가능한 한 포괄적으로 발전시키기 위해 우리의 연구는 분리된 그러나 연관된 세 가지 탐색들로 이루어졌다.

1. **설문 조사와 면담.** 먼저 우리는 다양한 교실 실천들을 수행하는 교사들과 학생들 모두를 질문지를 사용하여 조사함으로써 교실담화에 관한 실천들과 태도들을 규정하고자 하였다. 그리고 우리는 교사들의 교수 방법론과 교수의 맥락들을 알기 위해 교사들을 면담하였다.

2. **수업 관찰.** 직접적인 관찰을 통해 암송, 토의, 모둠 활동 등을 포함하여 교실담화의 다양한 유형들에 교사들이 얼마나 시간을 할당하는지를 조사하였다. 우리는 교사들과 학생들 모두에 의해 제기된 질문의 특성에 초점을 맞춤으로써 교사-학생의 상호작용의 특성을 측정하기 위한 데이터를 수집하였다.

3. **가설의 검증.** 통계적 기법을 활용함으로써 우리는 교실 실천들의 일반적인 효과들과 학생의 성취도에 미치는 교수법의 조직화를 검토하였다.

도표 2.1A. 연구의 개요 - 디자인

이 연구의 목표는 암송과 토의의 인식론을 대조하는 가운데 학생의 학습에 미치는 교육적 조직화의 효과를 탐구하는 것이었다. 이 작업은 2년간의 연구(1987-1989)를 통해 8군데의 중서부 대도시, 위성도시, 지방 도시를 배경으로 한 16개의 중학교와 고등예비학교, 9개의 고등학교에서 수행되었다. 58개의 8학년, 54개의 9학년 언어와 국어수업에서 연인원 매년 1,100명 이상의 학생들이 참여하였다. 각각의 교실을 봄 학기에 2번, 가을 학기에 2번 등 4차례에 걸쳐 참관하여, 매년 200개가 넘는 수업을 참관 데이터로 제공받았다.

성취 수준별 반 편성

이 연구는 중학교와 고등학교를 모두 포괄하였으며, 고등학교에서의 배치고사와 능력별 편성의 기제와 효과들을 이해하기 위하여 고등학교로 옮겨가는 학생들을 추적해 나갔다. 이 연구는 학력 수준이 높은 학급과 낮은 학급에서 교육과 학습이 어떻게 체계적으로 대조되는지를 살피기 위하여 고안되었다.

교육적 담화

교육적 담화는 두 가지 방식으로 연구되었다. 첫 번째 참관자들은 다양한 활동들, 예컨대 질문-대답, 토의, 소집단 활동, 개별 활동, 그 밖의 활동들 등에 할당한 수업 시간을 결정하기 위하여 교육적 활동들의 시간을 측정하였다. 게다가 참관자들은 대화적 교육의 영역들을 살피기 위하여 교사와 학생의 질문들 모두를 기록하였고 부호화하였다. 여기에는 (1)실제성(질문이 '이미 규정된' 답을 가지고 있는가 아닌가에 따라), (2) 이어가기(앞에서 나온 대답을 뒤따르는 질문에 통합시키는 것), (3)평가의 수준(교사가 담화의 화제를 변경하고자 하는 학생의 반응을 허용하는 정도) 등이 포함된다. 23,000개 이상의 질문들이 부호화되었다. 참관 데이터는 교사와 학생의 질문 조사 자료와 학년 말 교사와의 면담 내용에 의해 보완되었다.

학습

문학에 관한 학습은 그해 동안 배운 몇몇 문학작품에 기반한 내용을 봄 학기에 지필 평가를 통해 평가하였다. 평가는 학생들이 기억하는 각각의 작품에 등장하는 주요 인물들의 이름을 대거나 기술하는 것부터 더욱 상세한 질문들을 점차 늘려가는 것을 포함하였다. 이 밖에 작품의 결말을 간략하게 설명하거나 작품의 주제와 갈등 양상, 그리고 이러한 주제와 갈등이 결말과 어떻게 관련되는가 등을 설명하는 것을 포함하였다. 비록 선정되고 학습된 작품에 따라 평가의 세부 사항들은 다양했지만 모든 학생들은 동일한 일반적인 질문들에 답변하였다. 9학년 평가에서 학생들은 읽은 작품 가운데 자신들이 존경하는 인물에 관해, 그리고 존경하는 이유를 설명하는 간략한 에세이를 썼다.

도표 2.1B. 연구의 개요 - 결과들

개관

교실담화는 압도적으로 독백적이었다. 교사들이 강의를 하지 않을 때 학생들은 주로 질문에 답을 하거나 학습지를 완성하고 있었다. 교사가 거의 모든 질문들을 제기하였으며, 실제적인 질문들은 거의 없었고, 학생의 반응들을 채택하는 교사들도 거의 없었다. 평균적으로 토의는 8학년의 경우 50초를 지속하기 어려웠으며, 9학년은 15초를 넘기지 못했다. 8학년의 소집단 활동에서만 매일 30초 남짓, 9학년에서 매일 2분 남짓 토의가 지속되었다.

절차적 변인들

이 연구는 과제를 하며 보낸 시간에 대한 미미한 효과를 발견하였고, 수업에서 질문을 하는 것의 효과는 없었으며, 암송 동안에 이루어지는 활동 수준에 대해서는 부정적인 효과를 발견하였다.

대화적 교육

연구의 결과들은 토의, 실제적인 질문들, 이어가기, 그리고 높은 수준의 교사 평가에 투여된 시간을 보여줌으로써 대화적 교육이 성취도에 강력한 긍정적인 효과를 미친다는 사실을 지

언어교육과 대화적 교수법

지해 주었다. 8학년의 토의는 특히 커다란 효과를 드러내었다.

내용의 중요성

내용을 통제할 수 있었을 때만 9학년 연구의 결과들은 8학년의 결과들과 일관되게 나타났다. 문학과 무관한 토의와 실제적인 질문들은 학습에 부정적인 영향을 미쳤다.

집단 활동

집단 활동은 단순히 공부할 문제들에 답하거나 정보를 조작하기보다 교사들이 실제적인 질문들을 던지고 답이 열려 있는 문제를 해결하고, 결론을 생성하도록 격려함과 동시에 명확하게 규정된 목표와 과제를 제시하는 정도에 따라 성공 여부가 결정되었다. 연구 대상 수업에서 대부분의 소집단 활동은 사실상 "집단적으로 자리에 앉아서 하는 활동"이었으며, 그것은 학습에 부정적인 효과를 미쳤다.

성취 수준별 수업

학력이 높은 학급보다 낮은 학급에서 교육은 훨씬 더 단편적이고 인위적이었으며, 독백적이었다. 8학년의 경우 교사들은 학력이 높은 학급보다 40% 이상 강의에 치중하였으며, 토의 시간 역시 반도 미치지 못하였다. 9학년의 경우 낮은 성취 수준 반은 앉아서 하는 활동이 거의 4배나 빈번하였다.

연구 지역과 참여자들

우리 연구는 2년 동안 이루어졌다. 8학년 수업은 1987년, 1988년 동안에, 9학년 수업은 1988년, 1989년 동안에 관찰한 것이다. 우리는 공립학교와 교구학교를 따지지 않고 대도시, 위성도시, 지방도시를 모두 포함하여 8개 중서부 지역에서 데이터를 수집하였다. 이가운데 6지역은 공립학군이었으며, 다른 두 곳은 대도시와 위성도시 지역의 중학교를 졸업하고 졸업생 대부분이 그대로 같은 고등학교에 진학하게 되는 가톨릭 고등학교들이였다. 9학년 수업은 '영어'로 지칭된 것과 달리 8학년들의 수업은 언어, 영어, 읽기, 의사소통, 문학 등 다양한 명칭으로 불리었다. 그 가운데 우리는 대부분 읽기에 초점을 맞추고 있는 8학년 수업을 선정하였다. <표 2.1>은 연구에 참여한 학교의 유형과 지역을 보여준다.

표 2.1. 학교 표집의 특성

학교 지역 유형	학교 수		
	전체	중학교	고등학교
교구 사립	8	6	2
공립	17	10	7
소도시/농촌	6	3	3
도시근교	3	2	1
도시	8	5	3

각 학교에서 우리는 네 개의 영어 수업들을 관찰하였다. 규모가 작은 학교들에서는 모든 영어 수업을 관찰하였으며, 큰 학교에서는

언어교육과 대화적 교수법

학교에서 정한 상이한 성취 수준별 학급(우등생 학급 평범한 학급, 기초적인 학급 등)의 대표적인 사례들을 선택하였다. 16개 중학교와 예비고등학교의 8학년 58개 학급과 9개 고등학교의 9학년(이 학생들은 8학년의 연구에서 중학교나 예비고등학교에서 진학한 경우였다) 54개 학급에서 451시간의 수업을 관찰하였다. 매년 1,100명에서 1,200명 남짓 되는 학생들이 참여하였다. 해당되는 학생들 가운데 10%남짓 되는 학생들은 중간에 결석을 하거나 혹은 처음부터 참가를 거절하여 빠지게 되었다. 참가한 학생들 중 1/3은 두 해 모두 참여하였다. <표 2.2>는 이들 자료를 요약하고 있다.

표 2.2 연구의 범위

특성	8학년	9학년
학생 수	1,041	1,100
학급 수	58	54
학급에 따른 참관 시수	4	4
참관 시수	227	224
부호화된 질문의 수	12,033	11,043

참관 절차

각각의 학급은 훈련받은 참관자들이 가을 학기에 2번, 봄 학기에 2번씩 각각 4번씩 방문하였다.[3] 이 기준 속에서 교사들과 참관자들은 서로 편리한 시간에 약속을 잡았다. 방문할 때마다 관찰자는 상

---

3) 여러 가지 이유로 5군데의 8학년 수업은 세 차례만 참관을 하였다.

이한 교육적 활동들에 투여한 시간들을 기록하였으며, 독백적인 교육과 대화적 교육으로 대조되는 일련의 변인에 맞게 모든 교사와 학생의 질문을 부호화하였다.(부호화는 아래에서 설명하였다.)

담화의 에피소드들과 단편들

각 수업 단위에서 얻은 자료는 에피소드들과 단편들에 따라 조직화되었다. 담화의 에피소드는 특정한 학습 목표나 목적을 중심으로 한 일관된 교실 활동으로 규정하였다. 새로운 에피소드는 교사가 새로운 목표를 제시할 때를 표지로 삼았다. 새로운 단락의 시작과 마찬가지로 그와 같은 목표의 변환은 보통 교사가 새로운 화제를 도입할 때 명확하게 드러났다. 보통 하나의 에피소드는 두세 가지 활동으로 이루어졌다. 예컨대 교사는 특정한 학습목표를 말한 후, 질문-대답 시간을 가진 후 짧게 강의를 하고 나서 과제를 부여하는 것으로 끝낼 수 있다. 이와 같은 일이 일어날 때, 에피소드를 단편들로 구분하였는데, 이 단편은 에피소드의 다른 활동과 구분되는 에피소드의 일관된 부분으로 규정할 수 있다. 교육적 활동들은 몇 분, 몇 초 동안 지속되었는지에 따라 다음과 같이 분류하였다.

1. 학급 경영 활동들
   학급의 절차들
   지시 사항들
   훈육
2. 직접적인 교수

언어교육과 대화적 교수법

강의, 동영상

질문-대답

토의

학생의 발표

학생의 소리 내어 읽기

3. 자리에 앉아서 하는 활동

교사의 감독 아래 도움을 받는 활동

교사의 감독 아래 교사의 관찰을 받는 활동

감독을 받지 않는 활동

소그룹 활동

4. 시험과 퀴즈

교사가 한 가지 일을 하고 있으나(예컨대 강의) 몇몇 학생들이 다른 일을 하도록 허용되었을 때(예컨대 교사가 학급의 일부 학생들에게는 강의를 하고 다른 학생들에게는 개별화된 학습을 하도록 할 때), 혹은 교사가 일부 학생들이 강의와 관련이 없는 활동을 하는 것을 제지하지 않을 때 우리는 대부분의 학생들이 했던 활동을 대상으로 분류하였다. 참관자들은 각 에피소드들을 간략하게 기술하였고, 교사와 학생들 모두에 의해 제기된 모든 질문을 녹음하고 부호화하였다.

우리는 토의를 적어도 30초 이상, 3명의 학생들과 교사 사이에서, 혹은 학생들끼리 정보를 자유롭게 교환하는 활동으로 규정하였다. 일반적으로 토의는 질문과 대답을 주고받을 때 (질문이라기보다) 관찰의 의견을 제시하는 가운데 이루어졌다. 보통의 도입-반응-평가(IRE)

라는 암송의 구조를 방해하거나 위반함으로써 이루어지는 이들 토의들은 몇몇 질문들을 포함하며, 그 몇 질문("그건 무슨 뜻으로 말한 거니?")은 전형적으로 생각이나 정보를 명확하게 만드는 유형이었다.

질문들

Bakhtin의 담화 개념은 단순히 질문과 질문의 바로 앞뒤로 이어지는 발화 그 이상의 것들을 포괄한다. 1장에서 보았듯 Bakhtin의 발화의 연쇄는 학교 밖에서의 학생들의 경험과 관련된 것을 포함하여 마음의 틀과 핵심적인 신념들 역시 포함하기도 한다. 대화 분석은 개별적인 수업들의 전사에 대한 면밀한 분석과 다른 형식의 질적 분석, 특히 Dyson이 『아동의 글쓰기 학습의 사회적 세계들(1993)』에서 강조한 것과 같은 종류의 것들을 통해 가장 직접적으로 수행된다. 비록 우리의 연구 역시 그와 같은 분석(3장 참조)을 하긴 하였으나 우리 연구의 주요한 초점은 일반적으로 교사와 학생의 질문에 특별한 초점을 기울이는 교실담화의 포괄적인 분석이었다. 우리는 몇 가지 이유로 이렇게 작업하였다. 첫째 우리는 수백 개의 교육적 에피소드들과 수업들을 검토하여 교육의 일반적인 측면들을 포착하고자 하였다. 우리는 질문-대답의 교환에 초점을 맞추었다. 왜냐하면 질문과 대답의 교환들이 그와 같은 일반적인 분석을 위한 효과적인 방법을 제공하기 때문이며, 우리가 연구한 8학년 수업의 30%, 9학년 수업의 42%를 차지함으로써 교육의 중핵을 이루고 있기 때문이다. 교사와 학생들 사이의 질문-대답의 교환들은 대부분 학생들의 교육에서 명백하게 지배적이었다. 공식적이고 권위적인

언어교육과 대화적 교수법

교실담화에서 학생의 목소리들을 수용하고 배제하는 데에 있어서 핵심적인 역할을 수행하며, 미국 교실에서 학생들에게 인식적 역할들을 할당하는 중점적인 교육적 메커니즘이기도 하다. 이렇듯 질문-대답의 교환은 교사-학생의 상호작용이 대화적일 수 있는 정도를 유의미하게 규정한다.

질문들 가운데 두 가지 자질들이 특히 우리의 관심을 끌었다. 실제성(교사의 질문이 '이미 정해진' 답을 가지고 있는가 없는가 하는)과 이어가기(앞 질문에 대한 대답을 뒤따르는 질문에서 통합)가 그것이다. 각각은 교실담화에서 학생들의 목소리가 도드라지는데 결정적인 변인으로 영향을 미치며, 교실담화의 지평이 얼마나 질문-대답의 연속을 넘어 학생의 참여를 중심에 두고 학생의 경험을 이끌어내는가 하는 정도를 반영한다. 이들 자료들이 실제적인 교사-학생의 상호작용들이 지닌 역동성을 상세하게 보여줄 수는 없을지라도 그럼에도 불구하고 교사가 수업에서 질문을 던질 때 학생들의 목소리에 얼마나 개방적인가 하는 정도를 알려주는 강력한 지표를 제공해 준다.

물론 질문들이 모든 것이 아니며, 우리가 발견하였듯 실제적인 질문들이 반드시 학습을 생성해낸다는 것도 아니다. 그럼에도 불구하고 교사들의 질문이 학습에 영향을 미치는 교실담화의 특성을 형성하는 역할을 결코 과소평가해서는 안 된다. 질문은 대답을 가정한다. 협상과 마찬가지로 질문-대답의 연속은 교사-학생의 상호작용의 중요한 자질들을 드러내며, 따라서 교육의 성격을 드러낸다. 질문의 출처, 실제성과 이어가기정도, 질문이 이끌어내는 인지적 수준의 활동 등을 결정함으로써 교실에서 교사-학생의 상호작용과 대화에 관해 많은 것들을 알 수 있다. 심지어 교사의 질문하는 속도 또한 많은 것을 드러낸다. Carlsen(1991)은 교사가 느린 속도로 질문하는 것과 기다려주는 시간의 연장이 더 많은 수의 학생 반응과 상관관계가 있다는 것을 제시하는 연구들을 인용하였다. 또한 그것이 더 한 층 복잡하고 고차원적인 사고가 담긴 학생의 반응들을 지속시켜 가기도 한다(Fagan, Hassler & Szalbl, 1981)고 보고하였다.

연구의 초기 단계에서 우리는 교사의 질문들 대다수가 (a) 평가를 위한 질문들, (b) 반응을 요구하는 질문들, (c) 이어가기를 포함하지 않는 질문들, (d) 이미 알고 있는 사실의 보고를 이끌어내는 질문 등임을 알게 되었다. 사실상 이는 독백적 교실담화의 면모 그 자체이며, 우리는 곧 불행하게도 그와 같은 질문들을 정상적인 교사의 질문으로 기술하기 시작하였다. 1장에서 설명한 슈미트의 수업에서 제시된 다음의 질문들이 그 사례들이다.

- 시인에 따르면 『일리아드』의 주제는 뭘까?
- 우리가 이야기를 막 읽었을 때 1권의 1부에서 행동이 일어나는 장소는 어디였지?
- 아가멤논과 아킬레스 사이의 싸움의 결과는 뭐였니?

우리는 교육과 교실담화의 특성을 이끌어내기 위하여 질문에 관한 조사 자료를 활용하였다. 23,000개 이상의 질문을 부호화하였고, 각각의 질문을 질문이 제기된 시점의 전체 수업이란 맥락 속에서 검토하였다.[4] 9학년의 수업은 녹음기로 녹음하였다. 교실의 활동을 어떻게 해석하고 어떻게 질문을 부호화할지 명확하지 않을 때마다 참관자들은 수업이 끝난 후 교사와 협의하였다. 질문은 다음과 같이 부호화하였다.

- 출처 : 교사 혹은 학생
- 반응 : 예 혹은 아니오
- 실제성 : 이미 정해진 답이 있는가의 여부
- 이어가기 : 앞에서 나온 대답을 뒤따르는 질문에 통합
- 인지적 수준 : 질문에 의해 형성된 인지적 요구의 유형
- 평가 수준 : 교사가 학생의 반응에 가치를 부여하고 정교화하는지의 여부

부호화의 신뢰성은 예시가 되는 질문들을 짝을 이뤄 읽는 것에 바탕을 두었다.[5]

---

4) 만약 교사들이 어떤 대답도 이끌어내지 못한 질문을 하였다면 우리는 이 질문을 좌초된 질문 (aborted question)으로 부호화하였다. 이는 교사가 한 질문이지만 학습자들이 대답하고 반응할 기회를 부여하지 않은 질문이 수정된 질문과 구분하기 위한 것이다.
   우리는 교육과 무관한 질문들, 수사적인 질문들, 절차상의 질문들, 예컨대 "너의 질문에 대답해 볼래?", "질문 없어?" 등은 부호화하지 않았다. 그리고 담화 운영상의 질문들 역시 배제하였다. 예컨대 (a)담화가 쏟아질 때 정리하고자 하는 질문(예컨대 "뭐라고?" 혹은 "우리가 그 문제에 관해 전에 말했었지?", "우리가 이 텍스트의 어디를 얘기하고 있는 거지?" 등)이나 (b)담화의 화제를 시작할 때 하는 질문(예컨대 "어제 토의했던 것을 기억하니?" 등)이다.
5) 모든 부호화는 이중으로 재검토되었고, 적어도 코드화한 사람이 아닌 다른 한 사람이 확인하였다. 우리는 문제가 있을 때마다 녹음 자료를 통해 협의하였으며, 연구 과제의 진행자가 모든 전사된 질문들을 검증하였으며, 이들 녹음자료를 듣고 문제가 있는 부호화를 거듭 논의하였다. 600개의 질문 이상을 포함하는 12곳의 참관하여 이끌어낸 소규모의 사례들은 코드화의 신뢰성을 결정하기 위해 두 사람의 참관자들이 참관하였다. 신뢰도는 질문의 수준(모든 질문에 대한 동의의 비율)과 참관의 수준(12곳의 참관 결과들을 조사한 사람들 사이의 평균적인 상관도) 두 가지 모두를 전산화하였다.
   12곳의 참관 결과들의 하위분류에서 조사한 사람들은 619개의 질문 중 78%로 실제성에서 완벽하게 일치하였다. Pearson의 상관도는 참관의 수준에서 .938이었다. 이어가기의 경우 신뢰도를 위한 검증에서 사용된 619개의 질문 가운데 81.7%가 완벽하게 일치하였다. 조사한 사람들의 상관도는 .973이었다. 인지적 수준의 경우 신뢰도를 위한 검증에서 사용된 619개의 질문 가운데 79%가 완벽하게 일치하였다. 참관의 수준에서 조사한 사람들의 상관도는 .965였다.

9학년을 연구하는 동안 참관자들은 특히 수업 동안에 컴퓨터 프로그램인 Class 2.0을 활용[6]하여 조사 자료를 수집하였다. 이 프로그램은 질문의 부호화는 물론 참관자들이 메뉴를 선택하고 간략하게 기술하는 식으로 기록한 다양한 교육적 활동들의 배치와 시간 배분의 자료를 수집하는 데에도 도움이 되었다. 질문-대답이 교환되는 동안 5분마다, 자리에 앉아 강의를 듣는 동안 2분마다 프로그램은 참관자에게 명확하게 과제에서 벗어난[7] 학생들의 수, 능동적으로 참여하는 숫자, 심지어는 교실을 나고 드는 학생들의 숫자에 대한 정정 등을 기록하도록 신호를 보냈다.

질문-대답이 교환되는 동안 참관자는 수업 동안 이루어진 교사와 학생들의 질문을 기록하고 부호화하였다. 참관자들이 각각의 질문을 컴퓨터에 입력하면 프로그램은 부호화를 위한 신호를 보냈다. 그리고 조사자료의 수집이 끝나면 Class 2.0의 부속 프로그램인 Class-Edit 2.0이 각 파일의 검토, 편집, 부적절한 부호화를 위한 수정 등을 거쳐 각 에피소드의 기초적인 통계를 산출하였다. 이 절차들이 참관이 이루어지는 동안 교육활동에 지장을 주지 않는 최소한으로 진행되었기에 우리는 대체로 만족스러웠다.

---

6) Class 2.0과 Class-Edit 2.0, 그리고 부수되는 문서는 사용하고자 하는 누구나 사용할 수 있도록 허용되고 있다. 문서에는 부호화의 규정들 역시 모두 포함되어 있다. 자세한 사항은 다음의 메일로 문의할 것. M. Nystrand, University of Wisconsin-Madison, Wisconsin Center for Education Research, 1025 West Johnson Street, Madison, WI 53706; email

7) 교사의 기대라는 견지에서 학습자들의 질문은 과제에서 벗어난 것으로 산정되었다. 어떤 교실에서 교사들은 모든 학생들이 영상물을 보는 동안 관심을 집중할 것을 요구하였고, 반면 다른 교실에서는 영상물을 보거나 숙제를 하는 것이 허용되었다. 첫 번째 교실에서 숙제를 하는 학생들은 과제에서 벗어난 것으로 계산된 반면 두 번째 교실에서는 그렇게 계산하지 않았다.

실제성. 실제적인 질문들은 질문자가 이미 규정된 대답을 가지고 있지 않은 질문들이며 정보의 요청뿐만 아니라 대답이 정해지지 않은 개방적인 질문들 또한 포함한다. 대화적으로 실제적인 교사의 질문들은 교사의 관심이 학생들이 다른 누군가가 생각하거나 말한 것을 보고할 수 있는가에 있는 것이 아니라 학생 자신들이 생각하고 알고 있는 것에 있음을 알려준다. 실제적인 질문들은 학생들이 토의를 어떤 방식으로든 변화시키거나 변경할 수 있는 새로운 무엇인가를 덧붙일 수 있도록 초대한다.

대조적으로 평가를 위한 질문들은 학생들에게 토의의 흐름에 대한 어떠한 통제권도 허용하지 않는다. 실제적인 질문들은 수용 가능한 수많은 결정되지 않은 대답들을 허용하고 학생들의 생각에 무대를 개방하며, 대화적으로 진행하기 때문이다. 이와 달리 평가 질문은 하나의 가능한 정답만을 허용하며 따라서 독백적이다.(Lotman의 용어에 따르면 단성적이다; 1장 참조)

우리는 참관을 시작하기 전에 질문의 실제성을 결정하기가 너무 복잡하거나 신뢰할 수 없지 않을까 염려했다. 왜냐하면 그와 같은 결정은 교사의 의도에 관한 평가를 요구하기 때문이다. 실제성은 말로만 결정될 수 없는 것이다. 예컨대 "1928년 월드 시리즈에서는 누가 이겼지?"라는 질문은 평가를 위한 질문일 수도, 또는 실제적인 질문일 수도 있다. 이는 ⒜ 질문자가 답을 알고 있으며 질문을 받은 사람 역시 알고 있는지를 알아보고 싶다고 한다면 이 경우 질문은 평가를 위한 질문이 된다. 그러나 ⒝ 질문자가 알고 있지 못하며, 알고 있는 누군가에게 질문으로 알고자 한다면 그 경우의 질문은 실제적이 된다.

우리가 발견한 것은 활동의 성격, 즉 교실담화의 장르야말로 실제성의 가장 신뢰할 만한 지표라는 사실이다. 따라서 교사들이 "좋아, 여러분. 연습 문제에 대한 답을 확인해 보자."라고 말하며 수업을 시작할 때 그 질문들은 불가피하게 평가용 질문임을 알 수 있었다. (비록 학생들의 대답으로 이어진 토의가 때때로 실제적일지라도.) 대조적으로 교사들이 예컨대 시 혹은 단편소설에 관해 개방적인 토의를 도입으로 학생들의 개인적인 경험들에 관해 질문할 때 이들 질문들은 실제적이었다. 1장에서 터너 선생님의 최초의 질문인 "허클베리 핀에서 이야기할 만한 것이 있을까? 말하자면 여러분이 느끼기에 인종주의로 보이는 것이라든가"는 그 예시일 것이다. 토의가 이루어지는 동안에 제기된 질문들, 예컨대 린제이의 수업에서 톰이 존에게 한 질문 "홀링스의 가게였나? 맞니?" 역시 실제적이다. 이들 질문들의 목적은 누군가의 지식을 평가하기 위해서가 아니라 실제로 알고자 하는 것을 묻는 사람과 정보를 교환하기 때문이다.

질문의 실제성이 불명확하거나 모호할 때 우리는 교사와 상의하였다. 사실(처음에는 우리 역시 놀랄 정도로) 실제성의 부호화는 일반적으로 아주 분명하다는 것이 입증되었다. 우리는 금세 대부분의 교실담화가 그다지 미묘하지 않다는 것을 알게 되었다. 교사가 묻는 질문의 대부분은 평가를 위한 질문인 반면 학생의 질문들은 놀랍게도 항상 실제적이다.(학생들이 교사의 역할을 할 때를 제외하고. 그때에는 학생들 역시 평가를 위한 질문을 한다!)

이어가기. 이어가기는 한 대화 참여자가, 예컨대 교사가 다른 누군가에게, 예컨대 학생에게 다른 사람이 이전에 말한 것에 관해 물을 때 일어난다.(Collins, 1982) 이어가기의 사례는 9학년『Iliad』수업에서 찾을 수 있다. 교사는 "그 사람들은 폴리페머스에게 어떤 일을 해야만 했지?" 한 학생이 "눈을 멀게 했어요." 라고 응답한다. 그러면 교사는 이어서 "그런데 어떻게 눈을 멀게 할 계획을 세우게 되었지?"라고 묻는다. 여기에서 이어가기는 학생의 반응 중 그를 "눈 멀게 한" 것을 집어내서 물을 때 발생한다. 이어가기는 대명사의 사용에 의해 나타난다. "그것이 어떻게 작동했지?", "무엇이 그것을 초래했니?", "이것에서 생겨난 도시는 무엇이지?" 이들 질문들 각각에서 이탤릭체의 대명사는 이전의 대답을 언급하고 있다.[8] 이어가기는 또한 생략으로 특징지을 수 있다. 예컨대 터너의 수업에서 린다가『허클베리 핀의 모험』에서 인종주의가 그녀를 "부끄럽게" 한다고 했을 때, 터너의 응답 중 "어떤 식으로?"는 이어가기를 보여준다. 왜냐하면 그녀의 질문은 린다의 대답을 담화의 일시적인 화제로만들기 때문이다.[9] 교사들은 학생의 반응에 뒤 이어 때마다 이어가기를 활용한다. 이해의 협상을 용이하게 만드는 본질적인 대화적 원천으로서 이어가기는 대화참여자들이 서로 적절하게 듣고 반응함으로써 토의에서 주도적인 역할을 수행한다.

---

8) 언어학자들은 그와 같은 표지들을 지시적 참조들이라고 부른다.
9) 이어가기로 규정할 수 있는 질문은 이전의 질문이 아니라 이전의 대답과 연결되어야만 한다. 따라서 우리는 질문들에 대한 교사들의 참조나 이전에 논의된 영상물이나 텍스트들에 관해 교사들이 이전에 한 주장들은 부호화하지 않았다. 반복적인 질문 역시 이어가기로 부호화하지 않았다.

인지적 수준. 우리의 연구는 또한 질문의 인지적 수준이 학생의 학습에 영향을 미치는지 여부를 평가하고자 하였다. 이런 식으로 우리는 고차원적인 사고를 강조하는 교육이 필수적으로 대화적인지 아닌지를 검증하였다. 따라서 우리는 질문이 "이전에 학습된 지식의 기계적인 적용을 통해"(Newmann, 1990, p.44; Polanyi(1958)의 기계적 수행과 발견적 활동의 구분 참조) 대답할 수 없는 정도에 따라 높이 평가함으로써 각각의 질문이 이끌어내고자 하는 인지적 기능의 수준을 부호화하였다. 실제성과 마찬가지로 질문의 인지적 수준도 말만으로 판단을 할 수는 없다. 예컨대 교사가 학생들이 정보를 교재에서 찾아내 읽는 식으로 질문에 답변하기를 기대하고 있다면 우리는 그 질문의 언어적 구조와 관계없이 보고로 질문을 부호화하였다. 따라서 왜-질문은 일반적으로는 분석을 이끌어내겠지만 만약 교사의 질문이 학급의 성찰이라기보다 교재의 분석에 관한 낭독에 초점이 있다면 보고를 이끌어내게 될 것이다. 따라서 "왜?"가 실제로 의미하는 것은 "교재에 따르면 왜 사건은 이런 식으로 일어난 거지? 기억할 수 있어?"이다. 어떤 질문의 인지적 수준에 영향을 미치는 요소들은 다음의 것들을 포함한다.

1. 질문의 원천. 사태를 파악해야 하는 사람에게서는 분석을 이끌어내는 같은 질문이 이미 알고 있고 설명할 필요만을 지닌 지식이 더 많은 다른 사람에게는 흔히들 보고를 이끌어낼 수 있다. 예컨대 "왜 오디세우스와 그의 부하들은 폴리페머스를 일부러 눈을 멀게 할 계획을 세웠지?"는 학생들에게 분석을 이끌어 낼

수 있지만(물론 학생들이 대답을 파악해야만 하고 단순히 교재에서 언급하고 있는 논점을 반복하지 않는다는 것을 가정할 때), 학생이 이미 답을 알고 있는 교사에게 질문한다면 보고를 이끌어내게 되기 쉽다. 이 판단이 불명확할 때 우리는 수업이 끝난 다음 그것에 대해 질문하였다.

2. (질문에 답하는 사람이 학생이건 교사이건) 그 사람의 경험, 능력, 그리고 사전 지식. 만약 학생의 대답이 판에 박힌 인지적 활동을 요구하는 듯할 때 우리는 질문을 보고를 이끌어내는 것으로 부호화하였다. 우리는 사전 지식을 "전날 밤의 과제를 하기 앞서" 알고 있는 것으로 규정하였다.[10]

3. 교육적 활동의 성격. 하나의 에피소드가 복습에 치중할 때 설혹 질문들이 고차원적인 질문과 같은 언어적 형식을 갖추고 있을지라도 반응에 대한 우리의 정상적인 기대는 보고이다.(공부한 문제를 물을 때, 예컨대 "상징과 이미지의 차이가 뭐지?"와 같은 질문이다.)

4. (질문에 의해 요구되는) 정보의 원천. 정보의 원천은 사전 경험, 교재, 그리고 이전 교사의 강의 등을 포함한다.

질문에 의해 이끌어내는 인지적 수준은 추상성의 정도에 따라 5단계의 척도로 평가되었으며 이는 Applebee(1981), Britton, Burgess, Martin, McLeon & Rosen(1975), 그리고 Moffett(1968)에서 이끌어냈다.

---

10) 만약 교사가 학습자들에게 전날 밤에 무엇을 읽었는지를 물었다면 우리는 정보의 원천을 텍스트로 부호화하였다. 반면 만약 교사들이 텍스트를 포함하여 이전에 배웠던 것에 관해 물었다면 우리는 정보의 원천을 사전 지식으로 부호화하였다. 우리는 사전 지식과 개인적 지식을 서로 구분하지는 않았다.

수준은 다음과 같다.

1. 진행중인 사건의 기록: 어떤 일이 일어나고 있어?
2. 기존 정보의 암송과 보고 : 무슨 일이 일어났지?
3. 일반화 : 무슨 일이지?
4. 분석 : 왜 이 일이 일어났을까?
5. 성찰 : 어떤 일이 일어날 수 있을까?

우리는 질문할 당시 학생들이 보고 느끼고 생각하고 있는 것에 관한 설명을 이끌어내는 질문이라면 기록으로 부호화하였다. 다음의 예시들 "그것에 관해 질문 있니?", "그것에 관해 [무엇을] 어떻게 생각하니?" 등이 포함된다. 만약 학생들이 이미 알고 있는 것이나 이전에 다른 누군가가 생각한 것이 아니라 스스로 생각하기를 요구하는 질문이라면 우리는 2보다 더 높은 인지적 수준으로 점수화하였다. 수준을 결정할 때 질문에 대한 학생의 대답이 일반화를 형성하는 것인지를 판단하였으며, 그 경우 우리는 3으로 평가하였다. 그리고 주장을 여러 요인으로 분해하는 경우에는 분석으로 부호화하였고, 4로 인지적 수준을 평가하였다. 일반화는 분해하기보다 아이디어를 형성하거나 귀납적 추론을 펼치기도 한다. 일반화는 다음과 같은 질문들을 제시한다. "어떤 일이 일어난 거지?", "일어난 일에 대한 내 생각은 무엇인가?" 등. 일반화는 정보의 재진술이 아니라 사실들을 함께 묶어낸다. 분석은 아이디어를 생성하기보다 연역적 추론, 개념, 착상, 그리고 주장들을 해부한다. 분석으로 평가되기 위해서 질문들은 알려진 정보의 재진술 그 이상을 요구해야만 한다. 질문들은 기존의 정보를 이끌어내면 낮은 수준으로, 새로운 정보를 이끌어내거나 사전 지식의 판에 박힌 적용을 통해 대답될 수 없다면 높은 수준(즉 일반화, 분석 혹은 성찰들을 이끌어내는 것으로)으로 평가되었다.[11]

만약 교재에서 교사의 질문에 대해 명확하게 진술되지 않았다면 우리는 대부분의 문학작품에 대한 질문을 일반화나 분석으로 판단하였다. 따라서 9학년의 『앵무새 죽이기』 수업에서 제시된 질문인 "톰은 어떻게 죽지?"는 소설에서 진술된 대답이기에 보고를 이끌어냈다. 대조적으로 "메이콤 시민들 대다수의 전반적인 반응은 어땠어?"라는 질문은 텍스트 여기저기에 흩어진 정보들을 연결하고 설명하기를 요구한다는 점에서 분석을 이끌어냈다. "x의 의미는 무엇인가?" 혹은 "x는 무엇인가?" 등과 같은 질문들이 (a)만약 교사의 의도가 암송을 통해 학생들이 알고 있는지를 파악하기 위한 것이라면 보고이거나 (b)그 x가 단어이며, 교사의 의도가 원래의 정의를 이끌어내고자 하는 것이라면 일반화로, (c)그 x가 책 속의 구절이며, 희곡의 한 행이나 상징 등등이며 예컨대 "x를 어떻게 설명할 수 있을까?"와 같은 경우처럼 교사가 학생들에게 텍스트의 일부(구절, 행, 상징)를 전체와 연결시키거나 설정하도록 요구하는 것이라면 분석으로 설

---

11) "그것이 중요하다고 생각하니?"와 같은 질문은 피상적으로 기억을 이끌어내는 것 같지만(즉 학습자가 질문한 그 시점에 생각하고 있는 것을 언급하는 것), 이 질문은 더 한층 전형적으로 무엇이 중요한가의 분석과 같은 고차원적인 인지적 작용을 이끌어내는 것이다. 따라서 이처럼 이미 공식화된 질문들(French & Maclure, 1981 참조)의 경우 우리는 이미 공식화된 표지("너 생각은~?")와 그 핵심적인 발화들(질문의 나머지: "그것이 중요하니?")을 구분하여 전자만을 부호화하고자 한다.

정했다. 이 경우들에서 우리는 의미의 암송을 보고로 부호화하였으며, 의미의 설명을 일반화와 분석으로 부호화하였다.

만연한 독백적 교육

연구의 결과는 대부분의 교실담화가 압도적으로 독백적이라는 사실이다. 이 점에서 우리의 연구는 미국 학교에서 암송이 역사적이며 광범위하게 만연하고 있다는 것을 입증하는 수많은 이전 연구와 다를 바가 없다. 사실상 1860년대 초반 Morrison은 "젊은 교사들은 빠른 질문하기와 대답을 확실하고 효과적인 교육으로 혼동하고 있다."(Hoetker & Ahlbrand, 1969, p.153에서 재인용)고 불평하였다. 1912년에는 Stevens 역시 암송의 광범위한 연습이 "교실을 지식을 얻고 활용하는 실험실이 아니라 지식을 늘어놓는 장소"(p.16)로 만들고 있다고 불평하였다. 1919년에 Colvin은 "[자신이 연구한 교사들의 질문 가운데] 약 5% 정도가 진정한 사고를 유발하는 질문들"(p.269)일 뿐이라고 평가하였다. 같은 시기에 Miller(1922)는 교사들이 "학생들이 자신의 자료를 사고하고 조직하는 동안 견지해야 하는 침묵조차 참지"(Hoetker & Ahlbrand, 1969, p.154에서 재인용)못하는 것에 관해 불만을 토로하였다. Thayer(1928)는 암송이 교사들로 하여금 상대적으로 소수의 지적 능력을 확인하는 것으로 대규모 아이들의 학습 여부를 측정할 수 있게 하는 진보적인 개혁이었다고 비꼬았다. Corey(1940), Bellack, Kliebard, Hyman, Smith(1966)과 Hoetker(1967) 모두는 교사들이 수업시간의 3분의 2시간 동안 말을 하며, 교사의 질문의 80% 이상이 암송의 형태 속에서 회상을 이끌어내고자 하는 것이었음을 알아냈다. 유사한 결과를 발견하는 최근 연구도 계속 이어지고 있다. Duffy(1981), Durkin(1978-79), Hoetker and Ahlbrand(1969), Goodlad(1984), Sarason(1983), 그리고 Tharp & Gallimore(1988) 등의 연구가 그것들이다.

수업 시간

우리 연구는 일반적으로 위와 같은 우울하게도 지속적인 결과들을 복제하고 있다. 암송과 강의가 아주 일반적이었기 때문이다. 교사들이 강의를 하지 않을 때에 학생들은 주로 질문에 답을 하거나 학습지를 풀었다. 사실상 평균적으로 8학년과 9학년 수업 모두에서 하루 동안의 수업 중 85%가 강의, 질문과 대답의 암송, 그리고 문제 풀이였다. 토의와 소모임 활동은 거의 드물었다. 평균적으로 8학년의 경우 수업 시간당 토의는 50초 정도 진행되었으며, 9학년의 경우 그보다 더 적은 15초 남짓 진행되었다.[12] 소모임 활동은 8학년의 경우 30초 남짓, 9학년의 경우 하루 동안 2분 조금 넘는 시간뿐이었다.[13]

8학년에서는 모든 학급의 3분의 2 이상이 적어도 매일 문제 풀이에 10분을 보내고 있었으며, 31%는 20분이나 그 이상의 시간을 할

---

12) 8학년 수업의 절반 이상(58.6%)이 토론에 거의 시간을 할애하지 않았다. 20.7%가 평균적으로 1분 혹은 그 이상이었으며, 58개의 수업 가운데 두 수업만이 7분 혹은 그 이상을 할애하였다. 9학년에서는 모든 수업의 61.1%가 전혀 토론이 없었으며, 매일 1분 이상 한 수업은 단지 5.6%뿐이었다. 평균 2분 이상 토론에 할애한 수업은 54개의 수업에서 단지 한 수업이 있을 뿐이었다.

13) 8학년에서 모든 수업의 91.4%가 소규모 집단 활동 토론에 시간을 할애하지 않았다. 58개의 수업 가운데 단지 5 수업만이 소규모 집단 활동을 포함하였으며, 시간 역시 평균 1.75~13.50분에 걸쳐 있었다. 9학년에서는 모든 수업의 63%가 소규모 집단 활동이 없었으며, 매일 5분 이상을 보내는 수업은 11.1%였다. 소규모 집단 활동에 10분 이상을 할애하는 수업은 단지 4개의 수업뿐이었다.

표 2.3 8학년 수업에서 여러 활동에 할당된 시간 (수업 당 평균 분)

	모든 학급		성취수준 하반		성취수준 상반		도시지역 학급		도시 근교 학급		농촌지역 학급	
강의	5.33	(7.23)	3.84	(2.91)	2.31	(1.94)	6.43	(9.19)	4.02	(2.77)	4.82	(3.28)
질문-대답	12.27	(6.76)	13.06	(6.48)	12.12	(7.75)	9.46	(5.97)	14.47	(5.78)	18.56	(5.60)
토의	0.86	(1.79)	0.84	(1.98)	1.97	(2.68)	0.75	(1.49)	0.84	(1.88)	1.69	(3.38)
학생_발표	0.36	(1.46)	0.00	(0.00)	0.77	(2.62)	0.30	(1.65)	0.58	(1.34)	0.03	(0.08)
학생_소리 내어읽기	2.76	(4.79)	3.83	(4.74)	2.52	(3.36)	3.11	(5.83)	2.48	(3.20)	2.46	(2.04)
개별활동												
교사의 도움	1.86	(4.76)	4.23	(8.34)	0.33	(0.55)	1.70	(2.87)	2.70	(7.44)	0.06	(0.19)
교사의 감독	15.18	(12.15)	11.67	(9.12)	15.44	(13.30)	18.71	(14.04)	11.15	(7.09)	8.58	(5.78)
교사의 감독없음	0.61	(3.51)	0.17	(0.58)	2.11	(7.38)	0.99	(4.63)	0.31	(0.41)	0.09	(0.19)
시험과 퀴즈	1.11	(2.35)	0.84	(3.27)	1.94	(3.07)	1.10	(2.76)	1.31	(1.92)	1.14	(1.98)
소집단활동	0.65	(2.50)	0.00	(0.00)	1.63	(3.94)	0.55	(2.45)	1.03	(2.95)	0.00	(0.00)
총 학급수	총 학급수=58		N=15		N=13		N=39		N=8		N=11	

*주의: 1. ( )안의 통계는 표준편차를 나타냄.
2. 시험이 예정된 날은 수업관련 일정을 잡지 않으려 노력했기 때문에 시험과 퀴즈에 할당된 시간은 실제보다 축소되어 측정됨.

언어교육과 대화적 교수법

애하고 있었다. 단지 한 학급만이 문제 풀이를 전혀 하지 않았다. 모든 수업의 절반 정도가 적어도 질의응답 활동으로 하루에 10분 이상을 보내고 있었으며, 17.2%는 20분 혹은 그 이상을 보내고 있었다. 두 학급을 제외하고는 모든 학급이 강의를 일상적으로 포함시키고 있었으며, 58 개의 수업 가운데 4개의 수업에서 교사들은 21분 혹은 그 이상의 강의를 매일 포함시켰다. 8학년 수업 활동의 전반적인 평균 시간이 표 2.3에 요약되어 있다.

9학년에서 강의로 보내는 시간은 매일 5분에서 8분 정도(전체 수업 시간의 26%)로 증가했고, 질의응답의 암송은 매일 12분에서 거의 18분에 이르기까지 증가했다. 강의는 워낙 널리 퍼져 있어서 모든 수업의 2% 미만의 경우는 전혀 없었고 전체 학급 수의 절반은 8분 혹은 그 이상의 강의를 매일 들어야 했다.(실제 한 수업은 하루에 평균 27분 이상을 강의로 보내고 있었다.) 모든 수업들은 질문과 대답의 암송을 포함하고 있었으며, 50%의 수업은 매일 적어도 16분을 그렇게 보내고 있었다. (두 수업은 매일 암송이 평균 30분 이상 걸리기도 했다.) 단지 두 수업만이 개별적인 활동이 전혀 없었으며, 모든 수업의 3분의 1이 매일 적어도 10분 이상을 문제 풀이 활동에 소비하였다. 우리가 참관한 수업에서 교실 수업 시간의 활용 결과는 전반적으로 교실담화의 명백히 독백적 특성을 입증해 주고 있다. 9학년에서 수업 시간의 활용을 위한 전반적인 수단들은 표 2.4에 요약되어 있다.

질문들
우리가 참관한 수업에서 드러난 교육적 질문들의 성격은 일관되

표 2.4 9학년 수업에서 여러 활동에 할당된 시간 (수업 당 평균 분)

	모든 학급	성취수준 하반	성취수준 상반	도시지역 학급	도시 근교 학급	농촌지역 학급
강의	8.42 (5.84)	8.58 (4.86)	9.04 (8.46)	8.53 (6.21)	7.46 (7.58)	8.58 (2.98)
질문-대답	17.58 (6.55)	15.62 (4.27)	22.17 (6.45)	18.11 (5.65)	15.32 (6.45)	17.57 (9.18)
토의	0.24 (0.50)	0.31 (0.51)	0.37 (0.75)	0.29 (0.56)	0.00 (0.00)	0.28 (0.47)
학생_발표	1.44 (2.69)	0.32 (0.49)	1.59 (3.33)	1.50 (2.32)	2.92 (4.84)	0.19 (0.42)
학생_소리 내어읽기	2.38 (3.15)	4.87 (4.96)	0.81 (1.36)	2.33 (3.05)	0.72 (1.33)	3.75 (3.93)
개별활동						
교사의 도움	1.99 (3.05)	2.97 (3.81)	0.92 (1.78)	1.69 (3.05)	1.29 (2.07)	3.47 (3.41)
교사의 감독	6.23 (5.54)	9.77 (6.13)	2.52 (2.11)	5.70 (5.39)	6.60 (6.34)	7.67 (5.68)
교사의 감독없음	0.11 (0.36)	0.03 (0.10)	0.07 (0.15)	0.05 (0.11)	0.04 (0.11)	0.35 (0.76)
시험과 퀴즈	1.28 (1.99)	0.55 (0.84)	1.40 (1.95)	1.29 (2.14)	2.76 (1.75)	0.15 (0.39)
소집단활동	2.25 (4.44)	1.00 (2.71)	2.71 (5.26)	2.19 (4.51)	4.41 (6.24)	0.88 (1.39)
	총 학급수 =54	N =9	N =13	N =35	N =8	N =11

언어교육과 대화적 교수법

게 독백적 조직이었다. 전부는 아닐지라도 일반적으로 학생들은 교사들에 의해 "채워져야 할" "텅 빈 꽃병"으로 간주되었다. 실제로 모든 수업에서 교사는 거의 모든 질문을 하였다. 문학에 관한 실제적인 질문들은 거의 없었으며, 학생들의 반응에 뒤따르는 질문도 마찬가지로 드물었다. 8학년 수업(표 2.5 참조)에서 평균적으로 약 35개의 질문들이 수업 시간 동안 이루어졌는데, 그 가운데 92%가 교사의 질문이었다. 그리고 교사의 질문 가운데 12%만이 실제적이었으며, 11%만이 이어가기를 보여주었다.[14] 9학년 수업(표 2.6 참조)에서 교사들은 수업 시간마다 평균 52개의 이상의 질문을 했는데 이는 8학년 수업보다 50% 정도 많은 것이다. 이 질문들 중 54%가 암송을 포함하고 있었다. 이러한 결과들은 교육 성취도의 국가 평가(National Assessment of Education Progrss: NAEP)의 결과를 설명하는 데에 도움을 준다. 수년 동안 미국의 학생들은 분석이나 비판적 사고보다 문자 그대로의 이해에 훨씬 더 능숙하다는것을 평가를 통해 입증해 주고 있다.(Applebee, Langer, Mullis, Latham & Genitile, 1994 참조)

8학년에서 실제적인 질문의 빈도가 매우 낮았던 데 반해 9학년에서는 두 배나 높게 그 비율이 늘어난 것은 놀라운 일이었다. 사실상 실제적인 질문들은 우리가 관찰한 9학년의 모든 수업에서 나났다. 절반 정도의 수업에서는 25% 이상의 비율로 일상적으로 나났다. 추가 분석에서 우리는 이와 같은 높은 증가가 비학문적인 화

---

14) 8학년 수업의 36.2%에서 교사들은 5% 혹은 그 미만으로 실제적인 질문을 하였다. 수업의 6.9%만이 교사의 실제적인 질문들을 30% 이상 포함하고 있었다. 50% 이상의 실제적인 질문들을 포함하고 있던 수업은 58개 가운데 1개의 수업이 있을 따름이었다. 20% 이상 포함된 수업은 8.6%였으며, 28% 이상 포함된 수업은 2개의 수업이었다.

제들에 대한 탐구에 실제적인 질문들을 활용한 탓에 기인하는 것임을 발견하였다. 이어가기 역시 8학년보다 9학년 수업에서는 많이 나타나 모든 질문들의 26% 정도를 차지하였다.[15] 그러나 8학년 수업과 마찬가지로 상호작용은 독백적인 경향을 보였으며, 실제적인 교환을 위한 기회는 거의 제공되지 않았다.

---

15) 9학년에서 모든 수업의 13%가 50% 그 이상이었다. 그리고 한 수업에서 교사는 평균적으로 83%의 실제적인 질문들을 하였다. 이어나가기는 비록 수업의 5.6%가 10% 이하를 포함하고 있었지만 모든 9학년 수업에서 관찰되었다. 수업의 절반은 적어도 25%, 40% 이상의 이어나가기를 포함한 수업은 13%였다.

언어교육과 대화적 교수법

표 2.5 8학년 문학 수업에서 질문의 특성

학급유형	수업당 평균 질문의 수	비율								평균 학급 규모
		교사의 질문	이야기기	실제적 교사질문	무반응	높은 수준의 평가	높은 수준의 인지	인지적 수준의 평균	과업에 참여하지 않은 학생의 비율	
모든 수업	34.62(17.32)	0.92(0.16)	0.11(0.07)	0.10(0.11)	0.02(0.03)	0.03(0.04)	0.36(0.15)	2.66(0.29)	0.05(0.06)	20.66(7.31)
하위 반	36.91(18.71)	0.97(0.05)	0.11(0.08)	0.12(0.12)	0.04(0.04)	0.02(0.04)	0.37(0.12)	2.69(0.29)	0.80(0.10)	18.80(7.72)
상위 반	41.97(20.91)	0.93(0.09)	0.16(0.07)	0.12(0.10)	0.02(0.03)	0.03(0.04)	0.40(0.14)	2.76(0.27)	0.02(0.02)	21.08(7.89)
대도시	29.22(18.25)	0.89(0.20)	0.10(0.06)	0.13(0.10)	0.03(0.03)	0.04(0.05)	0.36(0.15)	2.68(0.30)	0.06(0.08)	21.91(7.63)
도시 근교	42.52(14.99)	0.96(0.04)	0.14(0.07)	0.12(0.14)	0.01(0.02)	0.02(0.03)	0.40(0.14)	2.70(0.26)	0.02(0.03)	20.00(6.86)
농촌	41.11(9.22)	0.98(0.02)	0.11(0.08)	0.06(0.05)	0.04(0.04)	0.02(0.03)	0.25(0.12)	2.46(0.20)	0.04(0.04)	19.00(6.58)

* 총58 학급, 15개의 낮은 학력반, 13개의 높은 학력반을 포함한 수이며 지역별로는 39개의 대도시, 8개의 도시 근교, 그리고 11개의 농촌지역으로 구성됨. ( )안의 숫자는 표준편차를 나타냄.

큰 그림 : 수많은 언어 수업에서 언어와 학습

2.6 9학년 문학 수업에서 질문의 특성

학급유형	수업 당 평균 질문의 수	비율						인지적 수준의 평균	과업에 참여하지 않은 학생의 비율	평균 학급 규모
		교사의 질문	이야기기	실제적 교사질문	무반응	높은 수준의 평가	높은 수준의 인지			
모든 수업	52.77(20.25)	0.91(0.10)	0.26(0.12)	0.27(0.19)	0.03(0.03)	0.01(0.02)	0.46(0.19)	2.91(0.38)	0.04(0.04)	22.74(6.36)
하위 반	48.62(22.35)	0.94(0.05)	0.27(0.13)	0.25(0.19)	0.03(0.04)	0.01(0.02)	0.47(0.14)	2.95(0.35)	0.05(0.04)	15.00(4.27)
상위 반	60.05(11.61)	0.89(0.12)	0.26(0.11)	0.28(0.18)	0.03(0.02)	0.01(0.01)	0.44(0.21)	2.85(0.37)	0.02(0.03)	25.38(5.75)
대도시	53.78(20.80)	0.92(0.09)	0.27(0.13)	0.33(0.19)	0.03(0.04)	0.02(0.03)	0.52(0.23)	2.99(0.41)	0.04(0.05)	24.63(6.63)
도시 근교	45.50(15.28)	0.82(0.16)	0.24(0.12)	0.22(0.16)	0.02(0.01)	0.00(0.00)	0.26(0.14)	2.51(0.28)	0.05(0.04)	21.88(3.23)
농촌	5483(22.12)	0.96(0.04)	0.22(0.10)	0.09(0.04)	0.02(0.02)	0.00(0.01)	0.45(0.20)	2.89(0.40)	0.03(0.02)	18.80(5.19)

** 총54 학급, 9개의 낮은 학력반, 13개의 높은 학력반을 포함한 수이며 지역별로는 35개의 대도시, 8개의 도시 근교, 그리고 11개의 농촌지역으로 구성됨. ( ) 안의 숫자는 표준편차를 나타냄.

언어교육과 대화적 교수법

능력별 학급에 따른 차이들

"암송하는 정보"에 대한 거의 보편적인 선호는 정상적인 학력이나 높은 학력을 갖춘 학급의 수업보다 낮은 성취 수준을 보인 학급의 수업에서 훨씬 두드러졌다. 이 수준의 수업은 전형적으로 정규적인 교육과정을 굴절시키고 물을 탄 듯 희석시키고 단편적인 것으로 변경시켰다. 마치 하위 수준반 학생들은 색인의 항목들만 이해하면 되는 것처럼 여겨졌다.(Page, 1991) 우리의 자료도 역시 낮은 학력을 갖춘 학생들이 높은 학력의 학생들과 대조적으로 쓰기의 과제가 훨씬 더 단순하고 사무적인 활동임을 보여주었다. 사실상 이른바 "쓰기"의 많은 과제들은 빈칸 메우기가 대부분으로 전혀 담화라고 보기 어려웠다. 이들의 쓰기는 한층 더 공식화된 것이었으며, 쓰기에 관한 반응의 수준 역시 낮았다. 이들 하위 수준반 학생들의 수업에서 상호성의 측면은 주로 절차적인 것에 한정되었다.

상위반과 하위반 학생들의 수업이 지닌 차이점들을 검증하기 위하여 우리는 두 집단 사이의 교육 시간의 할당과 담화의 종류들을 비교하였다. 8학년에서는 두 집단 모두 40% 이상의 수업 시간을 개별 학습지 활동을 하는 데에 보냈다. 가장 큰 차이는 강의와 토의로 보내는 시간이었다. 교사들은 하위반 학생들의 수업에서 상위반 학생들의 수업보다 40% 이상 더 많은 시간을 강의로 보냈다. 토의는 하위반 수업보다 상위반 수업에서 두 배 이상 더 많은 시간을 할당하였으므로, 상위반 수업에서 더 한층 대화적인 어조를 보였다. (비록 실제적인 교사의 질문들과 이어가기의 비율은 거의 차이가 나지 않았지만) 9학년에서는 개별적인 학습지 활동은 하위반 수업에서는 하루에 13

분 남짓(교육 시간의 29%)을 투자했고, 상위반 수업에서는 이보다 4분 정도 적었다(교육시간의 8%). 두 집단 모두 강의에서는 9분 남짓 시간을 보냈으며, 토의에서는 1분도 채 걸리지 않았다. 그러나 상위반 수업에서는 소집단 활동과 질문에 대답하는 활동에 더 많은 시간을 보낸 것으로 드러났다. (표 2.3과 2.5는 8학년에서 이들 몇몇 결과들을 보여주고 있다. 표2.4와 2.6은 9학년의 분석 결과를 보여준다.)

이들 결과들은 우리의 이전 연구(Nystrand & Gamoran, 1989)와 일치하고 있으며, 성취도가 낮은 학급의 수업이 높은 학급의 수업보다 학생들로 하여금 훨씬 더 많은 단편적이고 작위적인 학습에 참여하게 하였다. 조사 자료를 활용하여 8학년과 9학년의 하위반 수업에서 우리가 발견한 것은 다음과 같다.

- 문법 연습은 상위반 수업보다 2.6배 자주 하였다.
- 보고는 빈도가 2.4배 많았다.
- 빈칸 메우기는 5배 더 자주 하였다.
- 진위의 질문은 빈도가 4배 많았다.
- 선다형 질문 문제풀이는 4.1배 더 자주 하였다.

성취 수준이 낮은 학급의 학생들이 제출한 과제에 대한 교사들의 반응은 다음과 같이 요약할 수 있다.

- 철자법에 관해 2.3배 많았다.(가장자리 써 준 것 혹은 최종적인 평가에서)
- 구두점에 관해서 1.8배 많았다.
- 문법에 관해서 2배 많았다.

언어교육과 대화적 교수법

그러나 성취 수준이 높은 학급의 학생들이 제출한 과제에 대한 반응에서 교사들은 다음과 같이 평가하였다.

- 성취 수준이 낮은 학생의 과제에 대한 평가와 비교할 때 (가장자리 써 준 것 혹은 최종적인 평가에서 각각) 1.7배와 1.9배 많이 내용에 관해 평가하였다.

작문에 대한 상담 활동에 있어서 교사들은 높은 성취 수준의 학생들과 다르지 않게 낮은 성취 수준의 학생들과도 드물게 수행(평균적으로 한 달에 한 번)하였다. 그러나 이들 상담에서 교사들은 낮은 성취 수준의 학급 학생들과는 철자법을 2.6배 많이 토의하였으며, 높은 성취 수준의 학생들과는 내용을 1.9배 많이 토의하였다.

이러한 차이의 원인은 무엇인가? 이 질문에 대답하기 위하여 우리는 연구에 참여한 교사들이 면담에서 말한 것과 우리가 수업에서 참관한 것을 비교하였다. 먼저 면담에서의 "토의"에 대한 상당한 찬사에도 불구하고 교사의 평가가 없는 가운데 깊은 생각의 교환이 이루어지는 "토의"는 관찰할 수 없었다. 대부분의 교사들은 "토의"의 가치에 관해 기꺼이 말은 하고 있었지만 사실상 아주 많은 수업은 실제로는 암송의 다른 방식을 수행하고 있을 따름이었다. 토의는 어느 한 교사가 기술한 대로 "질의응답의 토의"로 항상 이미 규정되고 교사가 설정한 교환을 포함하는 것으로 드러났다. 그와 같은 토의가 협동적이고 철저하게 끝까지 밀어붙이며, 제한 없이 공유되고 수업의 전개과정 속에서 학생들의 생각을 탐구하는 경우는 거의 없었다.

Britton(1970)가 기술한 대로 "이해를 형성하기 위한…… 단어를 찾아내고, 생각과 느낌을…… 조직화하기 위해 전전긍긍하고, 언어의 제한을 넘어서고자 고심하는"(p.12) 등의 토의는 없었다. 우리가 참관한 수업에서 주로 다양하게 드러난 것은 교사의 질문에 대답할 때 학생들의 응답의 길이였다.

몇몇 다른 교사들은 토의의 개념을 변론술로 가장 잘 설명할 수 있다는 듯이 표현하였다. 학문적으로 재능 있는 대도시 고등학교 9학년에서 영어를 가르치는 한 교사는 학교교육은 지나치게 유순하고 협동적인 학생들을 우대한다고 믿었다. 그리고 대조적으로 그는 자신들의 관점을 기꺼이 주장하고 옹호하며 수업에서 논쟁을 이끌어내는, 교사인 자신과도 맞서는 학생들, 공격적일 만큼 자기표현이 뚜렷하고 공공연하게 자신의 주장을 내세우는 학생들을 좋아하였다. 그 교사가 가르치는 수업에서는 정답인 것만으로는 충분하지 않고 학생들은 그들 자신의 주장을 뒷받침하고 승리할 수 있어야 한다고 말했다. 말할 필요도 없이 토의를 논쟁으로 보는 이러한 개념은 가장 자신감 있고, 언어적으로 정교하며, 경쟁적인 것으로 학생을 만드는 것을 선호한다. 이는 가장 흔하게 위성도시 지역의 학교에서 들을 수 있는 관점이며, 거의 배타적으로 남교사들에게서 표현되는 것이었다.(우리 연구에서 위성도시지역의 교사들 대부분은 남성이었으며, 대도시 지역 교사의 대부분은 여성이었다.)

토의에 대해 이러한 개념들 – 한편으로는 암송, 다른 한편으로는 논쟁 –을 갖고 있는 것을 감안한다면 교사들이 흔히 묘사하는 대로 하위반 학생들이 수업시간에 주저하거나 "과묵하다"고 평가받는 것은 아마도 놀랄 일이 아닐 것이다. 참관에서 이들 학생들은 종종 교사들이 기대하고 있는 것을 확신하지 못하는 듯하였고 교사들의 질문에 "정답"을 말하기보다(1장에서 Schmidt의 학생들이 했던 것과 같이) 종종 수줍고, 명료하지 않은(끝을 올리는 억양으로 드러나는) 추측들로 반응하였다. 단일하게 편성된 학급에서 뒤처진 학생들이 한층 확신에 찬 학생들의 방식에서 벗어나는 것은 시간문제였다. 그들 대다수는 특히 읽기에 문제를 지닌 학생들은 과제를 하지 않았으며, 몇몇은 학급에서 훈육이 문제가 되기도 하였다.

학생들이 숙제로 내준 읽기 과제들을 완성하지 못하였을 때 대부분의 교사들은 과제를 더 많이 내주기를 멈추고 소리 내어 읽기를 하는 수업 시간의 실제적인 비율들을 늘려나갔다. 교사들은 50분이란 한정된 시간의 틀 속에서 소리 내어 읽은 후 문제 풀이를 하거나 "토의"하는 등 모두를 할 수 있는 (2-3쪽에 걸친) 아주 짧은 이야기들을 선정하였다. 어떤 교사는 우리에게 이 학생들에게는 답이 열려있는 질문들을 사려 깊게 피한다고 말해주었다. 왜냐하면 봄 학기의 표준화된 읽기 검사를 준비시켜야 한다는 부담을 느끼기 때문이라고 하였다. 따라서 그녀는 누가, 무엇을, 언제 등과 같은 질문 – 비록 왜에 대한 질문에는 집중하지 않았지만 - 에 집중하였으며, 자신의 질문이 (논픽션의 정보적인 산문과 대립되는) 문학에 관한 특정한 요구들에 초점을 맞추는 경우는 거의 없다고 하였다. 신문에서 나온 이야기들이 적합한 것으로 제공되었으며, 특히 많은 대도시 지역의 수업에서는 사실상 그렇게 진행되었다. 말할 필요도 없이 이들 수업에서의 담화들은 심각하게 독백적이었으며, 이들 짧은 이야기들에 관한 학생들의 기억들은 그들의 이해는 말할 것도 없고 봄 학기에 우리가 시험을 실시했을 때 드러난 것처럼 단명한 것들이었다.

　작고 고만고만한 중서부 도시 고등학교에서 8학년에게 영어를 가르치는 한 교사는 이들 중 전형적인 교사였다. 그녀는 능력별 학급을 선호하였다. 왜냐하면 학생들이 필요로 하는 관심을 각각의 집단들에게 건네줄 수 있다고 느끼기 때문이라고 하였다. 이전에 능력이 뒤섞인 학급을 가르친 경험이 있는 이 교사는 뒤처진 학생들이 "대학을 목표로 하는 친구들과 경쟁할 수 없"기 때문에 어쩔 수 없이 "길을 잃어버린다"고 말하였다. 더욱이 이러한 학생들이 좌절하게 되면 문제를 일으키게 된다는 것이다. 그녀의 학교에서는 상위 수준의 학생들은 더 많은 분량을 배운다고 말하였다. 이 교사는 이상적인 수업에 대한 자신의 생각을 이렇게 설명하였다. 학생들이 자신들의 의견을 표현하고 방어하는 가운데 능동적으로 참여하는 실제적인 토의가 일어나고 읽기를 자신들의 개인적인 경험과 연결시키는 것이 이루어지는 수업이라는 것이다. 그리고 이러한 수업은 낮은 학력의 학생들보다 높은 학력의 학생들과 함께 하는 것이 더욱 쉽다는 것을 알게 되었다는 것이다. 높은 학력의 학생들은 훨씬 더 나은 독자들이며, 따라서 숙제를 위해 더 많은 읽기와 그리고 토의를 위한 시간을 할당할 수 있다는 것이다. 높은 학력의 학생들의 수업에서는 4권의 소설을 읽는다면 낮은 학력의 학생들에게는 2권을 읽힌다. 낮은 학력의 학생들은 읽기에서 더 많은 도움을 필요로 하였으며, 그들은 숙제로 할당된 읽기조차 종종 끝내지 못하였다. 따라서 그녀는 "해독"과 소리 내어 읽기에 더 많은 수업 시간을 할애했으며, 토의를 위한 시간은 그만큼 줄어들었다. 더욱이 낮은 학력의 학생들은 비교적 확신에 차 있고 "수다스러운" 높은 학력의 학급 친구들보다 자신들의 의견을 표현하는 데에도 "훨씬 더 과묵하며", 읽기를 자신의 경험과 연결시키는 데에도 "덜 능숙하다"는 것이다. 따라서 이러한 것들이 높은 학력을 가진 학생들이 토의에 참여하는 것을 훨씬 더 용이하게 만들었다고 하였다. 이 교사는 교수 방법과 상호작용의 차이가 두 집단의 학생들에게 의미 있는 정도로 상이한 학습의 경험을 제공하였다는 것을 깨닫지 못하고 있는 듯했다. 특히 낮은 학력의 학생들의 희생으로 높은 학력을 갖춘 학생들이 혜택을 받는 것을 모르는 듯했다.(Gamoran, Nystrand, Berends & LePore, 1995)

훨씬 더 많은 교사들이 능력별 편성에 반대하기보다 지지하였다. 반대하는 것은 대도시 학교보다 위성도시나 지방도시 학교에서 더 많이 나타나는 듯했으며, 대도시의 경우 반대는 매우 드물었다. 학교를 작은 도시의 확장된 가족의 일부로 간주하는 듯한 지방도시의 교사들은 뒤처진 학생들의 자기 이미지와 학습에 미치는 가능한 부정적인 효과에 관해 다른 교사들보다 더 많이 관심을 가진 듯했다. 한 교사가 지적하고 있듯 능력별로 나뉜 집단에서는 "좋은 행동이나 기능들을 함께 나누거나 본받을 누군가가 없"을 수 있다는 것이다. 몇몇 위성도시의 교사들은 특히 학력이 높은 학생들을 "유사 지식인들이며 유사 현학자들"로 설명하면서 "갈등을 일으키는" 경향이 있는 존재들로 마뜩치 않게 생각하였다. 어떤 교사는 "때때로 상위 수준의 성취를 보인 학생들은 '나는 우월한 학생이다. 나는 열심히 공부할 필요가 없다.'는 식의 태도를 취한다"고 말하기도 했다.

몇몇 위성도시의 교사들은 혼합반이 평범한 학생들에게는 이점이 훨씬 더 많음을 느끼고 있었다. 그들은 수업에서 공유된 경험의 재고를 확장함으로써 학생의 쓰기를 개선해 나갈 수 있다고 생각하였다. "쓰기는 경험에 바탕을 두고 있다."고 누군가는 말하기도 했다. 다른 사람들은 토의에 자극을 줄 수 있으며, 문학교육을 증진시킨다고도 생각하였다. 그러나 이들 교사들은 소수에 불과했다. 우리가 면담한 교사들 가운데 능력이 뒤섞인 집단들이 가르치기는 더 어려울 수 있을지는 몰라도 "더 재미있게" 만들기도 한다는 것을 주장한 교사는 오직 한 사람뿐이었다. "그들이 훨씬 더 현실적이거든요."라고 이 교사는 주장했다.

그러나 대부분의 교사들은 능력에 따른 수업을 하는 데에 만족하고 있었다. 몇몇 교사는 낮은 학력의 학생들보다 높은 학력의 학생들을 수업에 참여시키는 것이 쉽다고 솔직하게 말하였다. 왜냐하면 자신들이 높은 학력의 학생들과 공통점이 더욱 많기 때문이라는 이유에서였다. 따라서 같이 대화할 것이 더 많다고 하였다. 그런 교사 중의 한 사람은 중서부 도시지역의 예비 고등학교에서 "기초적인" 학생들에게는 8학년 읽기를, "학문적으로 재능 있는" 학생들에게는 문학을 가르쳤다. 그녀의 학교에서는 IQ 점수가 상이한 능력 집단으로 나누는 데에 주된 역할을 하였으며, 그녀는 학문적으로 재능 있는 학생들이 "원래부터 더 똑똑"하며, 특히 다양한 관점을 설정할 수 있고, 기초적인 학생들보다 읽기에서 문자 그대로의 의미를 넘어 더 잘 이해한다고 생각하고 있었다. 그녀는 능력이 서로 다른 학생들을 한 교실에서 배우게 하는 것은 모두를 속이는 것이라고 믿었다. 만약 교사들이 높은 학력을 갖춘 학생들에게 맞추어 나간다면 교사들은 학력이 낮은 학생들을 놓치게 되며, 뒤처진 학생들에게 맞추어 나간다면 그들의 수업은 더 빨리 성취하는 학생들에게 자극을 줄 수 없다고 설명하였다. 따라서 그녀는 능력이 있는 학생들은 "그들의 이익을 위해서" 기초적인 학생들과 따로 분리할 필요가 있다고 느끼고 있었다. 그녀는 학문적으로 재능 있는 학생들을 가르치기를 선호하였다. 왜냐하면 그들과 함께 더 많은 것들, "더 재미있고 더 창조적인 일들"을 할 수 있을 것이기 때문이었다. 그녀는 기초적인 학급에서는 훈육에 "너무 많은 시간"을 보냈으며, 이 학생들이 읽기를 "끔찍하게 싫어한다"는 것을 알게 되었다. 이들은 그녀가 가르치고자 하는 것에 전혀 관심이 없었다. 그녀는 높은 학력의 학생들과 함께할 때 더 자기다울 수 있었다고 말하였다. 마지막 분석에서 학력별 차이에 관한 이 교사의 생각은 학생들의 학습의 요구와 기회보다는 그녀 자신의 편안함의 수준과 더 많은 관계가 있었음이 밝혀졌다.

인구학적 차이들 : 대도시, 도시 근교, 그리고 농촌의 학급들

우리의 연구에서 도시 근교나 농촌의 학급보다 대도시 학급이 훨씬 더 생동감이 없는 듯했다. 면담에서 교외 지역의 교사들은 실제로 학급에서 참관한 실천보다 훨씬 더 진보적인 것처럼 말하고는 했다. 농촌의 교사들은 종종 형제자매들을 함께 가르쳤고 어떤 경우에는 심지어 그들 학생들의 부모들을 가르친 경험이 있었다. 따라서 그들은 학교를 학생들 가족의 연장으로 간주하는 경향이 있었다.

대도시 학급. 우리 연구에서 8학년 대도시 지역의 학생들은 교외나 농촌의 학생들에 비할 때 교사들과의 상호작용이 훨씬 적었다. 대부분의 경우 대도시의 교사들은 학생들을 가르치기보다 어떤 관습적인 방식으로 "관리"하는 것 같았다. 이는 아마도 대도시 학교의 학급 규모가 크기 때문은 아니다. 왜냐하면 이들 학급에서 학생의 평균 숫자는 22명으로 교외의 20명이나 농촌의 19명으로 이루어진 학교보다 약간 크기 때문이다. 그보다는 대도시 학교에서의 교육은 교사들이 행정적이고 훈육적인 문제들이 제기하는 도전들을 다루는 곤경으로 말미암아 피곤에 절어 있고 소진되어 있어 어려움을 겪는 듯했다. 이들 교사들은 그들이 가르치는 아이들과 마찬가지로 학교의 체계에 의해 버려진 것처럼 느꼈다.

　면담에서 대도시의 교사들은 빈번하게 무단결석, 출석, 훈육, 주의력의 결핍, 만연한 무관심과 냉담함, 빈약한 읽기 기능 등의 문제들을 언급하고는 하였다. 일반적인 태도는 학생들이 "특별히 관심이 없으며", "살아남기 위해 해야 할 필요가 있는 것을 겨우 할 뿐이며, 이 아이들은 절반 넘게 연필이나 노트조차 가져오지 않는다"는 식이었다. 이러한 불평들은 심지어 몇몇 학문적으로 재능 있는 학생들에게로 확장되기도 했다. 어떤 교사에 따르면 이 학생들이 "학교에서 가장 거친 아이들"이며, "콩알만 한 주의 집중력을 보일 따름이며…… 낮은 학력의 아이들이라면 반응하려 들지 않는 일에조차 장난스럽게 키득거린다."고 했다. 누군가는 읽기와 훈육의 문제들 사이의 연관을 파악하기도 했다. "이것이 바로 교사들이 그렇게 많은 갈등과 실패, 그리고 훈육의 문제들을 겪는 까닭이기도 하다."

이들 교사들은 중앙 행정부로부터의 지원이 없다는 점에서 학생들과 마찬가지로 고아가 된 느낌을 종종 받는다고 느꼈다. 교사들은 학교 당국이 돈을 쓰려고 들지 않으며 심지어 할당된 종이조차 제공하지 않는다고 하였다. 그들은 대단위 학급으로 말미암아 좌절감을 느끼고 있었다. 한 교사는 이렇게 말했다.

학급의 숫자들이 당신을 죽이려 들 것이다. 숫자! 당신이라면 26명의 학생들을 가르치지는 않을 것이다. 이건 너무 거대한 학급이다.

또 다른 교사는 자신의 학교 체계가

이들 기초적인 아이들을 위한 계획을 제출하는 일에 정말 태만하다. 사실상 없다고 보아도 무방하다. 따라서 그들이 한 일이라고는 이들 원자료들을 우리 앞에 던져놓는 것뿐이며, 따라서 누구도 계획을 짜고 "자, 이것이 당신이 다루어야 할 것이다. 이것이 아이들이 알아야만 하는 것이다."라거나 혹은 그 무엇이든 말하지 않는다. 그들은 아주 많은 부분을 교사들에게 떠넘길 따름이다. 그리고 만약 그 지역의 다른 학교로 옮겨간다면 교사들은 전적으로 다른 일을 하게 된다. 이들 아이들을 위해서는 아주 형편없는 체계이다. 그리고 이 아이들은 최상의 구조를 필요로 하지만 결코 제공받지 못할 것이다.

낙심한 나머지 이들 교사들은 종종 자신의 학생들에게 지나치게 낮은 기대치를 부여한다. 그들은 학생들이 더욱 얇은 책, 낮은 수준의 어휘, 높은 흥미 수준 등을 필요로 한다고 말하였다. 어떤 교사는 학생들의 집중도가 가장 높으며 학습 태도의 문제들도 거의 나타나지 않는다는 점에서 아침이 가르치기 가장 좋은 시간이라고 말하였다. 학생들은 더 한층 주의력이 깊고 차분한 듯했으며, "누군가를 괴롭히는 어릿광대도 없었다." 비록 첫 시간 수업에서도 공부는 그리 많이 하지 않았지만 그럼에도 이 교사는 아주 좋은 차시였다고 평가하였다. 왜냐하면 학생들이 고분고분했으며, "들은 대로 행동했"기 때문이라는 것이었으며 많은 말썽꾼들이 "방해가 될 만큼 주의를 기울이고 있지는 않았"기 때문이었다. 장기결석률은 높았으며, 학생들의 3분의 1이 보통 지각을 하였다. 금요일은 언제나 그 주의 가장 힘든 날이었다. 토의는 어려웠다. 교육과정 상의 대부분의 읽기 자료는 학생들의 삶과 무관한 것들이었다. 다른 무엇보다 이 교사는 학생들이 교사가 자신들에 대해 염려하고 있음을 알아주기를 원했다. 그다음이 생활지도 – 수업에 참석하고, 수업 시간에 공부하고 지시를 따르는 등 –가 그녀의 가장 중요한 목표였다.

그러나 모든 대도시의 교사들이 포기하고 있는 것은 아니었다. 특히 Title I[16] 학생들을 가르치도록 교육을 받은 한 교사는 밝고 낙관적이었다. 그녀는 자신의 학생들을 좋아하였으며 자신이 배운 교정 기법들이 아주 효과적이라고 믿었다. 그녀는 특별한 생활지도의 문제는 없으며 학부모들이 협동적이라고 보고하였다. 그녀는 특히 소모임활동이 "실제적으로 토의를 할 수 있다"는 이유로 선호하였다. 그녀는 특히 "시사적인 문제를 토의할 수 있다"는 점에서 신문을 활용하였으며, 학생들에게 배운 것에 관한 질문들을 쓰라고 요구한 것

---

16) 저소득층 학생들과 학력 미달로 중도탈락의 위험에 처한 학생들을 돕기 위한 미연방정부의 특별 지원금을 받는 공립학교를 Title 1 school 이라 함.

　　　　　　　　언어교육과 대화적 교수법

이 아주 성공적이라고 주장하였다. 또 다른 교사는 "재능을 판별하고 학생들의 능력을 끌어내어 성장하게 만드는" 것이 교사인 자신에게 달려 있음을 강조하였고, 그녀는 이렇게 할 수 있었다고 하였다. 그녀는 학생들을 개개인으로 "자신과 함께 작업하는 사람들"로 바라보았으며 학생들은 단지 "삶에 관해 말하기" 위해 종종 찾아왔다. 그녀는 "즉흥적인 모임"을 위한 규칙적인 시간을 할애하고 있었으며, "여러분들은 이것에 대해 어떻게 생각하나요?"라고 묻는 시간을 가질 때 학생들이 참여하게 된다고 말했다. 또 다른 교사는 존중이 중요하다고 강조하였다. "교육은 존중 속에서 나와야 합니다. 그리고 이러한 상호 교감을 빨리 확립해야만 합니다. 왜냐하면 노여움과 적대감은 일단 시작되면 떨쳐내기가 아주 어렵거든요."라고 말했다.

그럼에도 대도시 학교의 교사들 대부분은 토의와 소모임 활동이 불가능하다고 말하였다. 그들은 일반적으로 자신들이 제공할 수 있는 최상의 것이 학습지와 신문이라고 만족하고 있었다. 대부분의 교사들은 특히 혼자서 하는 개별 활동을 통해서 단지 학급의 질서를 유지하기 위해 노력하고 있었으며, 이것이 하루에 평균 21분 이상을 차지하는 지배적인 교수법이었다. 게다가 8학년 대도시 학급 교사들은 하루에 약 6분 남짓 강의를 하였다. 이들 교사들에게는 심지어 질의응답의 교환조차 너무 많은 상호작용이었으며 그것마저 하루에 평균 9분일 뿐이었다. 이는 도시 근교의 학생들이 보내는 14분이나 농촌지역 학교 학생들이 거의 19분을 보내는 것과 대조되었다. 이들 학급에서는 당연하게도 토의는 거의 드물어서 하루에 겨우 45

초 정도를 소비하였다.

대도시 학교의 8학년 교사들은 도시 근교 교사들(12%)과 유사한 정도의 실제적인 질문을 하였으며(13%), 농촌지역 교사들의 질문(6%)에 비하면 거의 두 배를 차지하였다. 9학년 수업에서 이러한 차이들은 훨씬 더 두드러졌다. 대도시 학급에서 제시된 교사 질문의 33%가 실제적이었는데 이는 도시 근교 학급의 22%와 농촌 학급의 9%에 비교되었다. 물론 추가 분석(52쪽 참조.. 페이지 찾을 것)에서 우리는 수많은 실제적인 질문들이 문학이나 학문적인 것에 관련된 것이 아니었음을 발견하였다. 표 2.5와 2.6은 관련된 데이터를 요약하고 있다.

9학년에서 대도시 학급의 경우, 혼자서 하는 개별 활동은 하루에 약 7분간으로 줄어든 반면 강의는 거의 9분으로 증대되었으며, 질의응답은 18분으로 증대되었다. 이는 8학년 학급과 달리 대도시 9학년 학급에서 학생의 평균 숫자(25)는 도시 근교의 학급(22)이나 농촌의 학급(19)에 비할 때 두드러지게 높은 편인데도 나타난 결과이다. 표 2.4와 2.6은 이들 데이터와 부가적인 데이터들을 요약하고 있다.

도시 근교의 학급. 우리의 사례에서 대부분의 도시 근교의 교사들은 학생의 자율성, 곧 자신의 생각을 정교화하고 방어하는 능력과 자발성을 중시한다고 말하였다. 도시 근교의 교사들은 대도시의 교사들보다 전문적인 용어와 주도적인 최신의 교육에 분명 훨씬 더 민감하였다. 교사들이 보기에 이들 교육의 근본적인 영역은 정신적인

언어교육과 대화적 교수법

삶이었다. 토의는 보통 모든 수업의 목표로 인용되었다. 한 교사는 다음과 같이 말함으로써 다른 교사들의 관점을 대변해 주었다. "학생들에게 중요한 것은 참여하는 것이며, 자신들의 의견을 제시하는 데에 자유로움을 느끼는 것이며, 주저하지 않고 다양한 의견을 제시하는 것이며, 자유롭고 기꺼이 동기화되어 문학을 토의하는 학습을 하는 것이다." 학생을 위한 이 교사의 목표는 흥미와 이해의 깊이였다. 또 다른 교사는 자신의 모든 학생들이 "독창적인 아이디어들을 토의하고, 제공하며, 기여하기"를 원하였다.

사실 우리는 특히 8학년 학급에서 대도시 학교보다 도시 근교의 학교에서 교사와 학생의 상호작용을 더 많이 관찰할 수 있었다. 도시 근교의 교사들은 대도시의 교사와 비교하여 강의를 덜 하였으며 (하루에 6분 대 4분), 학생들은 개별적으로 혼자 하는 활동을 덜 하였다 (대도시는 하루에 21분 이상인데 15분). 그러나 이들 학교에서 "토의"는 결론이 열려있는 경우가 드물었고 일반적으로 질문과 대답의 암송 형식을 취하였다. 8학년 도시 근교 학교의 수업은 전형적으로 질문-대답의 활동이 하루에 14분 이상이었으며 대도시 학급의 10분 미만 많았다. 그리고 실제적인 토론은 평균 하루에 50초 남짓으로 대도시 학교보다 훨씬 많은 것은 아니었다. 9학년 도시 근교의 학급에서 우리는 토의를 1초도 보지 못한 적도 있었다.

도시 근교의 교사들은 학생의 자율성과 독립적인 사고에 중요한 가치를 둔다고 한 만큼 나눔과 협동 역시 중요하게 생각한다고 말하였다. 많은 교사들은 이와 같은 가치들을 증진시키기 위해 소집단 활동을 활용하였으며, 8학년과 9학년 수업에서 도시 근교의 학생들은 대도시 학생들에 비해 소집단 활동에 두 배 많은 시간을 사용하였다.

도시 근교 학생들의 읽기 기능들은 대도시 학생들의 기능보다 더욱 우수하였으며, 이 차이는 도시 근교 학생들이 대도시 학생들보다 수업에서 소리 내어 책 읽기에 시간을 덜 사용한다는 사실로 미루어 볼 때 명백하였다. 8학년 수업에서 대도시 학급이 하루에 3분 이상을 소리 내어 책 읽기에 보내는 것과 비교할 때 도시 근교 학급은 약 2.5분을 보내고 있었다. 9학년에서 이 차이는 훨씬 더 두드러졌다. 도시 근교의 학급에서 소리 내어 책 읽기는 43초를 쓰는 데 반해 대도시 학급에서는 2분 이상을 사용하였다. 반면에 대도시 교사들은 종종 단순화된 읽기 자료들을 활용하였으며, 도시 근교 교사들을 때때로 정반대의 경향을 보였다. 한 교사는 "지난해 나는 기초적인 읽기자료를 활용하였다… 좋은 작품들이 있었으나 지나치게 단순화되어서 그 책을 사용할 수가 없었다. 지금 사용하고 있는 책은 아이들에게 어휘의 측면에서 좌절감을 안겨주기는 하지만 그러면서 배우는 것이라는 것을 깨달았다."라고 말했다. 도시 근교의 교사들은 자신들이 읽기 기능들보다 해석에 더 많은 시간을 쓴다고 말하였다. 그들은 우리에게 자신들이 학생들로 하여금 의견을 제시하고, 까닭을 설명하고, "기억하기를 넘어서서" 텍스트를 "활용하기"를 북돋운다고 하였다. 그러나 8학년 도시 근교의 수업에서 제시된 질문들의 인지적 수준은 대도시의 수업에 비할 때 높지 않았으며, 9학년에서는 실제적으로 더 낮았다. 도시 근교의 교사들이 실제적인 질문들을 더 많이 하지도 않았다. 8학년 수업에서 교사의 모든 질문들의

언어교육과 대화적 교수법

12-13% 정도가 대도시와 도시 근교의 학급에서 실제적이었으며, 9학년에서는 대도시의 교사들은 50% 더 많이 실제적인 질문을 하였다. 표 2.3-2.6은 이러저러한 데이터를 요약하고 있다.

지방 도시. 소규모의 지방 도시 학교들은 말 그대로 마을과 같은 곳이 많았다. 그곳은 모든 사람들은 서로를 알고 있는 곳이며, 비밀을 유지하기가 때때로 어려운 곳이다. 교사들은 종종 그들 학생의 형제자매를 알았으며, 부모들과도 긴밀한 관계를 유지하고 있었다. 교사는 학생들을 속속들이 파악하고 있었다. 왜냐하면 같은 학생들이 종종 모든 수업마다 하루 종일 함께 시간을 보내기 때문에 학생들은 서로의 성적을 알기도 하고 이 점은 문제가 되기도 하였다. 또한 학교 규모가 너무 작아서 능력별 집단을 만들 수도 없었다. 모든 학생들이 말 그대로 섞여 있었다. 실제로 모든 교사들은 이 점을 인정하였다. 그들은 "뒤처진 아이들은 (능력별로) 나눈다면 더 많이 배울 수 없다."고 느꼈으며 뒤섞인 집단들이 이들 학생들에게 각자의 역할 모형들을 제공해 줄 것이라고 믿었다. 그들은 또한 똑똑한 아이들 역시 "삶의 다른 측면을 배우는 것"이 중요하다고 말하였다.

교사들은 우리에게 자신들이 "질문과 대답으로 이루어진 토의"를 중시한다고 말하였다. 8학년과 9학년 모두 하루에 평균 18분 남짓 보낸다는 것이다. 우리는 평균 하루에 2분을 넘지 못하는 다른 어떤 학교에서보다 지방 도시 학급 8학년 수업에서 많은 개방적인 토의가 이루어지고 있음을 발견하였다. 마찬가지로 대도시나 도시 근교 학교보다 자리에 앉아서 하는 활동 또한 8학년 수업에서 훨씬 시간이 적었다. 표 2.3-2.6은 이와 관련된 데이터를 요약하고 있다.

데이터의 분석 : 학습에 미치는 담화의 효과

우리는 이들 비관적인 면모들을 어떻게 다루어야 할 것인가? 우리의 데이터는 학습에 미치는 대화적 요소들의 전반적인 효과들에 관한 특정한 가설들을 검증하게 해 주었다. 한편으로 우리의 연구처럼 포괄적으로 큰 그림을 그리고 일반적인 효과들을 검증하는 연구와 또 다른 한편으로 개별적인 사례와 에피소드의 역동성을 검증하는 사례연구 사이에는 분명 보완하는 점들이 존재한다. 이상적으로는 이들 상이한 시각이 서로를 보완한다. 우리의 대규모 연구는 상이한 교육적 실천과 담화 환경들(예컨대 암송, 토의, 소그룹 활동 등)의 효율성에 관해 폭넓게 논의된 수많은 가설들을 경험적으로 검증할 수 있도록 해 준다.

일련의 분석을 통해 우리는 문학적 성취에 관한 이들 수많은 실천들의 효과들을 검증하였다. 학생의 학습을 평가하기 위하여 우리는 각 학급마다 봄 학기에 문학 평가를 실시하였다. 평가는 학생들이 한 해 동안 읽었던 다섯 편의 문학 작품(이야기, 소설, 희곡, 단막극 등)에 관한 일련의 질문들에 답을 하는 것이었다.[17] 이 질문들은 단순한 회상(예컨대 "『천둥아, 내 외침을 들어라!』의 주인공은 누구였는가?")부터 심층적 이해를 요구하는 것("『천둥아, 내 외침을 들어라!』의 갈등을 작품의 결말,

---

17) 이 작품들 가운데 네 작품은 각각의 수업에서 공부한 문학 장르들을 대표하는 사례로 선정되었다. 만약 공부한 작품들 절반이 단편소설이라면 4편 중 2편이 단편소설임을 뜻한다. 다섯 번째로 수업에서 선택된 작품은 대부분의 시간을 보낸 작품이며, 소설의 경우 『앵무새 죽이기』, 『두 도시 이야기』와 같은 작품이었으며, 희곡의 경우 『로미오와 줄리엣』 같은 작품이었다.

주제와 연관하여 설명하라.)을 포괄하였다. 학생들이 실제적으로 그해 동안에 읽은 것에 따라 작품은 달랐지만 같은 유형의 질문들이 각 학급에 제시되었다. 9학년 평가에는 학생들은 읽은 작품 속 인물들 가운데에서 자신들이 존경하는 인물에 관한 간략한 에세이를 쓰는 것이 포함되었다. 8학년 평가의 사례는 부록 A에서 확인할 수 있다.

문학 평가는 다음과 같이 점수화되었다.

1. 회상의 정도
2. 이해의 깊이
3. 기억하는 결말들의 숫자
4. 갈등의 해결과 결말의 관계
5. 갈등과/혹은 엔딩과 주제의 관계
6. 인물들의 내적 동기들에 관한 이해
7. 주요한 선택에 관한 해석적 처리
8. 주제와 갈등을 토의하기 위해 사용된 담화의 수준

채점자들은 전체적인 평가 문항을 읽고 위의 변인마다 점수를 매겼다. 각 학생의 문학 점수는 개별적인 점수들의 총합이었다. 각 평가는 두 명의 채점자에 의해 점수화되었으며, 점수는 평균을 냈다. 8학년에서 전반적인 평가의 신뢰도는 두 사람의 평가의 상관성으로 컴퓨터로 산정하였으며, 상관도는 .90이었다. 9학년 평가에서 신뢰도는 .82였다. 평가를 점수화하기 위해 사용한 규준은 부록B에서 제시하였다.

그리고 우리는 회귀 분석이란 통계 기법을 통해 학습에 미치는 교실담화와 교육의 효과들을 검증하였다. 회귀 분석은 다른 중요한 조건들(예컨대 쓰기와 읽기에 관한 이전의 능력들, 사회 경제적 위상, 학급에 따른 학생들의 특성 등)을 통계적으로 항상적인 것으로 고정시킨 채 한 조건(예컨대 토의에 사용된 시간의 양)의 효과를 검증할 수 있게 만드는 방법이다. 예컨대 만약 실제적인 질문이 높은 학업 성취와 관련되어 있음을 발견하면 회귀 분석은 이것이 교사가 높은 성취도를 얻은 학생들에게 실제적인 질문들을 많이 했기 때문인지 아니면 실제적인 질문들이 사실상 높은 성취를 촉진시켰는지를 밝혀줄 수 있다. 회귀 분석들은 다른 변인들을 통계적으로 상수로 설정하는 가운데 각 변인들의 효과를 체계적으로 평가한다. 우리의 분석은 배경 변인(성별, 인종, 민족, 가족의 사회경제적 지위)와 이전의 성취(가을의 평가에서 측정된 읽기와 쓰기 기능) 모두의 효과를 통제하였다.[18]

---

18) 학습자의 특성에 관한 정보는 학습자의 질문지에서 추출하였다. 인종과 민족은 흑인 혹은 히스패닉계로 스스로를 지칭하였을 때 부호화하였다. 가족의 사회 경제적 지위는 학습자의 질문지에 나타난 대로 가족의 자산 목록, 양친의 직업의 비교, 양친의 교육 수준이란 중요하지 않은 부가적 요소들로 추출하였다. 읽기 능력의 부진은 읽기 이해에 관한 NAEP 선다형 평가 문학으로 측정하였으며, 쓰기 능력의 부진은 전체적으로 점수화된 쓰기 사례들로 측정하였다. 쓰기 능력의 부진은 두 평가자에 의해 평가된 글의 사례로 이끌어냈다. 평가자가 사용한 평균적인 준거는 Britton과 동료들(1975)의 거래적-정보 산문의 범주들에 바탕을 둔 (a)추상성의 수준과 정보적인 글쓰기를 위한 NAEP의 1979/1984에 바탕을 둔 (b)논증의 일관성과 정교함을 활용하였다.(Applebee, Langer & Mullis, 1985에서) 각 학습자들의 글쓰기 점수는 이들 두 척도의 합계이다. 이 평가의 점수화에 관한 평가자들의 상호신뢰도는 .68이었다. (배경 변인과 성취도에 관한 상세한 논의는 Gamoran & Nystrand, 1991에 근거를 두고 있다.)

전반적인 결과들

분석의 어디에서도 우리는 실제로 학습을 강화하는 높은 인지적 수준의 교육적 활동을 발견하지 못하였다. 대신 우리는 실제적인 질문들, 이어가기, 그리고 특히 토의 등으로 실현되는 교사와 학생들의 상호작용의 방식들을 검증하였을 때에만 상이한 교육적 실천들의 상대적인 효율성을 설명할 수 있었다.

8학년 수업. 쓰기와 읽기 능력, 사회 경제적 지위(SES) 인종, 민족 등을 통제한 8학년 수업의 분석 결과는, 놀라울 것도 없이 과제에서 벗어난 행동, 해오지 못한 숙제, 불리하게 영향을 미친 성취 수준 등을 포함하여 능동적인 참여의 부재를 입증해 주었다. 결과는 숙제에 보내는 시간의 미약한 효과를 보여주었고, 수업에서 얼마나 많은 질문들이 제시되었는지는 효과가 없음을, 그리고 암송이 이루어지는 동안의 활동 수준에서는 부정적인 효과를 보여 주었다. 또한 분석 결과는 토의, 실제적인 질문들, 이어가기, 높은 수준의 교사 평가 등에 투여된 시간에 의해 드러나는 대화적으로 조직화된 수업이 학업 성취도에 강력하고 긍정적인 효과가 있음을 보여주었다. 특히 토의는 매우 큰 영향을 미쳤으며, 매일 토의에 1분도 활용하지 않는 평균적인 수업을 되짚어볼 때 과히 놀라운 것이었다. 표 2.7은 이러한 결과를 요약하고 있다.

8학년 연구에서 우리는 또한 유능한 문학교사는 항상 설명을 요구하는 과제를 부과하였으며(Nystrand, 1991c) 이 실천은 학생들이 읽은 문학 작품의 회상과 이해를 강화해 주었다. 그러나 단답식 연습

문제의 빈번한 부과는 실제적으로 학생들의 전반적인 회상과 이해의 깊이를 떨어뜨렸다. 이 결과는 쓰기 활동은 초점화하는 것의 회상을 증진시키는 경향이 있기 때문에 단답식 연습문제처럼 "협소하게 제약된" 활동들은 전체적인 회상에 방해가 될 수 있다는 Applebee(1984)의 주장과 일치한다. 달리 말하면 숲의 전반적인 모습에 관한 이해를 희생하고 나무를 기억하도록 돕는다는 것이다. 게다가 이들 연습문제들은 애매하고 파편적인 담화를 이끌어내기 때문에 문학작품에 관한 피상적인 참여를 유도한다. 그렇게 함으로써 문학에 관한 학생의 경험을 하찮은 것으로 만들고 만다. 이 모든 것을 살펴보았을 때 학생들은 교실의 상호작용과 쓰기 두 측면에서 문학에 대한 학생들의 실제적이고 개별적인 반응을 촉진시키는 수업에서 문학을 가장 잘 배운다는 것을 알 수 있다. 표 2.8은 그 결과들을 요약하고 있다.

9학년 수업. 9학년에서 얻은 데이터(Gamoran & Nystrand, 1992)의 분석에서 우리는 8학년의 연구에서 이끌어낸 발견들을 찾아내고자 하였으나 9학년 학습에서는 토의가 어떠한 효과도 없었으며, 드러난 실제적인 질문들 역시 어떠한 효과도 없거나 심지어 부정적인 효과를 미쳤다는 사실을 발견하고 처음에는 좌절하였다. 우리는 실제적인 질문들이 높은 학력을 갖춘 학급에는 긍정적인 효과를 미쳤으나 낮은 학력을 갖춘 학급에서는 부정적인 효과를 미쳤다는 것을 발견하고는 더 한층 혼란스러워졌다. 표 2.9는 이들 결과들을 보여준다.

우리의 자료를 더 한층 면밀하게 보고 난 다음 우리는 이 두 상이한 능력별 집단이 실제적인 질문을 아주 다른 방식으로 사용하였음을 발견하였다. 학력이 높은 학급에서 실제적인 질문들의 68%가 문학에 관련된 것이었는데 반해 낮은 학력의 학급에서 실제적인 질문의 25%만이 그러하였다. 낮은 학력의 학급에서 교사들의 실제적인 질문은 종종 "이 시험에 관해 너희 대부분은 어떻게 느끼니?", "다음 주 시험에서 A를 받으면 부모님들이 뭐라고 하실까?", "밝은 해 아래 누워있으면 무슨 생각이 떠오르니?", "필기를 해야만 했던 적이 있니?" 등과 같은 문학 외적인 것에 관한 것이었다. 마찬가지로 토의 역시 비슷한 방식으로 차이를 보였는데 높은 학력을 갖춘 학급에서는 낮은 학력을 갖춘 학급보다 훨씬 더 문학에 관한 것이 많았다.

수준별 수업, 교육적 담화, 그리고 학습

거듭 반복해서 연구자들은 학력이 높은 학생들과 낮은 학생들 간의 차이가 시간이 지날수록 벌어진다는 것에서 확인되듯 능력별, 수준별 수업이 학업 성취의 불평등을 조장한다(Gamoran & Berends, 1987)는 것을 발견하였다.

우리 연구의 주요한 목적은 불평등이 학력이 높은 집단과 낮은 집단 사이의 담화의 질적 차이에 기인하는가를 결정하는 것이었다. 이 질문은 두 가지 이유로 대답하기가 쉽지 않다. 첫 번째는 우선 담화의 질에 관한 양적인 측정을 사용한 연구가 없었기 때문이다. 두 번째는 애초에 학생들 사이의 차이 자체가 복합적이기 때문에 능력에 따른 결과를 측정하기가 어렵기 때문이다. 다른 수준으로 분류된 학생들은 출발 지점에서부터 다른 성취를 보이기 때문에 불평등을 검증할 때 이 점을 고려하는 것이 중요하다.

우리는 이 장에서 교실담화를 측정하기 위한 체계를 설명할 때 첫 번째 문제를 기술하였다. 두 번째 문제는 성차, 인종/민족, 그리고 SES(각주 15번 참조)와 마찬가지로 가을 학기의 읽기와 쓰기 기능을 통계적으로 통제할 때 살펴보았다. 게다가 이 분석을 위해 우리는 학생들의 사전 학문적 배경에 한층 더 엄격한 통제(Gamoran et al., 1995)를 덧붙이고자 표준화된 읽기와 수학의 평가 점수를 내재적인 "능력"을 구성하는 표지로 활용하였다. 이러한 통제에도 불구하고 우리는 우수한 학급이 뒤처진 학급보다 거의 2점 정도가 높아 통계적으로 유의미한 차이를 보이고 있음을 발견하였다. 평가의 정규분포상 1영역의 표준편차는 6.8점이었으므로, 2점의 격차는 거의 표준

표 2.7 8학년의 봄학기 문학 성취도 평가에 나타난 비참여, 절차적 참여, 실제적 참여의 효과 (계량적 회귀계수)

독립변인	모델			
	배경변인	절차적 참여 변인	실제적 참여 변인	종합모델 (모든 변인)
배경				
성 (1= 여성)	0.44 (0.38)	0.47 (0.36)	0.62* (0.35)	0.59* (0.34)
인종 (1= 흑인)	-2.67**** (0.66)	-1.55** (0.64)	-1.75**** (0.62)	-1.10* (0.61)
민족 (1= 히스패닉)	-1.51** (0.64)	-0.15 (0.62)	-1.47** (0.60)	-0.58 (0.59)
사회경제적지위	1.62**** (0.24)	1.10**** (0.24)	1.45**** (0.23)	1.05**** (0.23)
학년 (1= 8학년)	2.09**** (0.57)	1.10* (0.56)	1.11** (0.57)	0.16 (0.56)
가을학기 읽기 점수	0.39**** (0.04)	0.30**** (0.04)	0.36**** (0.04)	0.30**** (0.04)
가을학기 쓰기 점수	0.93**** (0.15)	0.70**** (0.14)	0.73**** (0.14)	0.58**** (0.14)
비참여				
과업 참여 안하기		-0.23**** (0.03)		-0.16**** (0.03)
읽기 완료 안하기		-0.02 (0.01)		-0.02 (0.01)
쓰기 완료 안하기		-0.03*** (0.01)		0.02** (0.01)
질문에 반응 안하기		-0.20**** (0.06)		-0.22**** (0.06)
절차적 참여				
수업에 적극적임		-0.03** (0.02)		-0.06**** (0.02)
질문하기		-0.02 (0.02)		-0.03 (0.02)
과제에 보낸 시간		0.45*** (0.17)		0.38** (0.16)
실제적 참여				
실제적 질문			0.05**** (0.02)	0.04** (0.02)
실제적 읽기			-0.01 (0.03)	0.02 (0.03)
쓰기에 높은 평가			-0.39 (0.40)	-0.03 (0.40)
이어가기			0.14**** (0.03)	0.10*** (0.03)
읽기의 일관성			0.16**** (0.03)	0.11**** (0.03)
토의 시간			0.34*** (0.11)	0.29*** (0.11)
소집단 시간			-0.19** (0.07)	-0.23**** (0.07)
회귀계수(R^2)	.322	.399	.428	.475

원자료: Nystrand & Gamoran, 1991a.
주의: 종속변인은 봄 학기 문학성취도 시험 성적임. N=924명. ( )안의 숫자는 표준오차.
*p < .10   **p < .05   ***p < .01   ****p < .001

표 2.8. 8학년 수업에서 회상과 문학의 심층적 이해의 어려움에 미치는 교육적 변인의 효과 (계량적 회귀계수)

	회상의 어려움	심층이해의 어려움
배경 변인		
학년 (1=8학년)	0.054(0.090)	-0.183(0.0118)
인종 (1= 흑인)	0.246(0.091)	0.068(0.120)
민족 (1= 히스패닉)	0.122(0.089)	0.165(0.117)
사회경제적지위	-0.107****(0.036)	-0.138***(0.048)
성 (1= 여성)	-0.120**(0.052)	-0.174*(0.069)
가을학기 작문 성적	-0.073****(0.021)	-0.105****(0.027)
가을학기 독해 성적	-0.034****(0.005)	-0.036****(0.007)
절차적 변인		
과제에 보낸 시간	-0.065***(0.024)	-0.058*(0.031)
읽기 완료 안하기	0.0004(0.002)	0.0004(0.003)
쓰기 완료 안하기	0.005**(0.002)	0.002**(0.003)
수업 참여	-0.001(0.002)	-0.001(0.002)
교사의 질문에 무응답	0.008(0.010)	0.026*(0.013)
교수적 변인		
쓰기 시간	-0.256**(0.104)	-0.289**(0.137)
토의 시간	-0.022(0.016)	-0.038*(0.022)
교사 질문의 실제성	-0.005(0.002)	-0.006**(0.003)
독서자료의 실제성	-0.003(0.005)	-0.018***(0.006)
이어가기	-0.015****(0.005)	-0.020****(0.006)
토의를 다른 토의나 학생의 작문에 관련짓기	0.005(0.004)	0.001(0.005)
읽기자료를 다른 읽기자료와 관련짓기	-0.046**(0.019)	-0.018(0.25)
회귀계수(R^2)	.353	.339

원자료: Nystrand, 1991c.
주의: N=762명. ( )안의 숫자는 표준오차.
 *$p < .10$ **$p < .05$ ***$p < .01$ ****$p < .001$

표 2.9. 9학년 문학 성취에 나타난 교수와 참여의 효과

변인	평균	표준편차	회귀계수	표준오차
배경 변인				
성(1= 여성)	0.51	0.50	1.47**	0.37
인종 (1= 흑인)	0.07	0.26	-0.46	0.72
민족 (1= 히스패닉)	0.09	0.28	-1.56	0.65
사회경제적지위	-0.02	0.80	0.44	0.25
가을학기 읽기 점수	31.88	5.34	0.40**	0.04
가을학기 쓰기 점수	5.71	1.28	0.90	0.15
능력 집단				
우등반	0.24	0.43	0.25	0.96
기초/보충반	0.10	0.30	-1.09	1.13
기타[a]	0.09	0.29	0.57	1.16
심리적 참여				
참여 척도[b]	2.42	1.40	0.02	0.14
행동적 참여				
쓰기 완료	87.88%	19.68	0.03**	0.01
읽기 완료	83.04%	24.62	0.03**	0.01
과제 시간(시간/주)	1.27	1.27	0.19	0.15
수업시간에 과업 일탈	3.22%	3.27	-0.12*	0.06
교수적 담화				
실제적 질문				
우등반 수업	24.30%	11.41	0.10**	0.03
보통반 수업	28.13%	18.81	-0.02	0.01
보충반 수업	27.40%	18.86	-0.09**	0.04
기타반 수업	36.90%	26.03	-0.20**	0.03
이어가기	25.90%	11.26	0.09**	0.02
토의(분/하루)	0.24	0.48	-0.18	0.40
일관성c	13.01	7.07	0.12**	0.03

원자료: Gamoran & Nystand, 1992.
주의: N= 971명. 종속변인: 봄 학기 문학 성취도 시험 점수(평균=21.82, 표준편차=7.66)
회귀계수= .52
a. 기타 학급은 학교안의 학교(school-within-school) 프로그램에 참여한 두 학급과 혼합하여 학급을 구성한 학교의 두 학급을 지칭함.
b. 다음 질문에 대한 학생들의 응답에 기초한 참여척도로 일주일을 척도로 표시하게 하였음: 영어 수업에서 당신은 얼마나 자주 (1) 최선을 다 해 노력합니까? (2) 지금 배우고 있는 것이 흥미롭고 배울만한 가치가 있다고 생각합니까? (3) 시간이 너무 빨리 흐른 것처럼 느낄 정도로 집중을 합니까?
c. 다음 질문에 대한 교사들의 응답을 기초로 한 일관성의 측정으로 일주일을 척도로 응답한 것임: (1) 대략 얼마나 자주 당신 수업의 학생들은 읽은 내용에 대하여 혹은 읽은 내용에 반응하는 글쓰기를 합니까? (2) 얼마나 자주 학생들에게 쓰기를 요구하기 전에 학생들과 쓰기 주제에 대하여 토의합니까? (3) 얼마나 자주 당신과 학생들은 당신이 부과한 읽기과제에 대하여 토의를 합니까? (4) 언제 학생들에게 읽기 과제에 대해 질문을 합니까, 얼마나 자주 다음과 같은 사항을 하려고 시도합니까?: 학생들에게 지금 읽은 내용을 다른 읽기 내용과 관련지을 것을 요청하기 (5) 얼마나 자주 당신의 학급은 현재 토의하고 있는 내용을 이전에 했던 토의내용과 관련을 시킵니까? (6) 얼마나 자주 당신과 학생들은 학생들이 글쓴 내용에 대하여 토의를 합니까?

*p < .05   **p < .01

편차의 30%에 해당하는 것으로 상당한 차이였다.(Gamoran et al., 1995)

교육적 담화의 차이들이 이러한 성취도의 불평등을 설명하는가? 많은 정도 그렇다(Gamoran et al., 1995). 차이의 일부는 우수한 학급의 학생들이 더 많은 것을 배울 수 있도록 돕는 교육적 활동 – 그들은 읽기와 쓰기 과제를 훨씬 많이 완수하였다 –에 많이 반응한 것에 기인한다(표 2.10 참조). 이어가기, 담화의 일관성 역시 학생들의 학습에 도움을 주었지만 이러한 사실들이 학습에서 수준별 차이들을 설명하는 것은 아니었다. 왜냐하면 그 차이가 우수한 학급과 보충 학급에서 비슷한 비율로 드러났기 때문이다(표 2.5와 2.6 참조). 실제적인 질문 역시 학급의 유형에 따라 비슷한 정도로 분포했지만 우수한 학급에서만 유익했다. 왜냐하면 이들 학급만이 문학에 적합하였기 때문이다.(표 2.10) 따라서 실제성의 비슷한 수준이 학습의 불평등을 유발하였는데 그 까닭은 실제적인 질문의 내용이 달랐기 때문이다.

나아가 우리는 보충학급에서 학생들이 훨씬 더 과제에서 벗어난다는 것을 관찰하였다. 이는 그들의 학업 성취도를 저해하였다.(표 2.10 참조) 우수한 학급에서 과제에서 벗어난 행동은 덜 빈번했으며, 그 효과는 덜 유해했다. 역으로 토의는 우수한 학급에서 더욱 빈번하게 수행되었으며, 문학 성취도에 많은 이점을 가져다주었으나, 다른 학급에서 도움이 되지 못한 것은 추측건대 문학보다 다른 화제에 초점을 맞추었기 때문으로 보인다.

이들 결과들은 능력별 집단화를 위한 통상적인 근거와 모순적이었다. 능력별 집단화는 교사와 학생들이 각각의 맥락에서 가장 유익한 교육에 참여할 수 있도록 하기 위한 것이기 때문이다. 실제로 우

언어교육과 대화적 교수법

리는 실제적인 질문이 모든 학급에서 비슷한 정도로 이루어진다는 점을 발견하였지만 우수한 학급에서만 성취도의 발달에 기여하였다. 과제에 벗어난 행동은 정상적인 학급이나 보충 학급에서 가장 큰 방해로 작동하였고, 가장 흔하게 나타났다. 토의는 이점이 더욱 큰 (우수 학급에서) 더 빈번하게 일어나는 경향에 들어맞았지만 이 역시 불평등을 조장하였다.

이들 결과에 비추어 우리는 두 가지 변화가 고려되어야만 한다는 결론을 내렸다(Gamoran et al., 1995). 8학년과 9학년 영어 수업에서 모두 수준별 수업은 배제되어야 하며, 그렇지 않을 경우 현재 전형적으로 진행되는 것과는 획기적으로 다른 방식으로 실행돼야 한다는 것이다. 수준별 편성이 초래하는 불평등을 줄이기 위해 보통의, 그리고 낮은 수준의 학급의 교사와 학생들은 더 많은 기대치를 필요로 하며, 학문적인 주제에 초점을 맞추는 담화에 더 많이 참여해야 할 필요가 있다.

소규모 집단

8학년 연구에서 우리는 처음에는 소규모 집단이 또래의 대화적인 상호작용을 돕는 측면이 있을 것이라고 기대하였으나 이 생각은 순진한 생각이었다. 사실 소규모 집단을 통해 보낸 시간 – 하루 평균 37초 - 은 이전과 다를 바 없이 드물었으며 성취도에 두드러지게 부정적인 효과를 미친 것으로 드러났다. 전형적으로 학생들로 하여금 축약된 반응을 하게 만드는 단답식 질문과 마찬가지로 특히 교사의 강의, 반복적인 연습 문제 풀이, 암송 등과 비교할 때, 우리는 소집단 활동과 토의가 학생들을 실제적으로 참여하게 만듦으로써 학업 성취를 강화해 낼 것이라고 예측하였다. 사실상 소규모 집단의 활동에서 보낸 시간의 증가는 문학에서 낮은 성취도를 초래하는 듯 보였다. 이 결과를 검증하고자 9학년 문학 수업을 통해 후속 연구를 한층 상세하게 해보기로 하였다. 우리는 다양한 유형의 소집단 활동을 구분하고 그 가운데 다른 것보다 더욱 효과적인 것을 알아내는데 특히 관심을 기울였다.

8학년의 연구와 달리 9학년의 연구에서 우리는 참관한 수업을 녹음하였고, 소규모 집단들에 마이크를 설치하지는 않았지만 녹음 테이프는 각각의 수업이 어떻게 진행되는지의 기록을 제공해 주었다. 소집단 활동을 포함하는 수업에서 우리는 다음의 것들을 결정할 수 있었다. (a) 활동 전후에 일어난 일들, (b) 소집단 활동에서 주어진 과제의 유형, (c) 교사가 소집단에 지시한 내용, 그리고 (d) 소집단의 설정과 운용에서 교사의 역할 등이었다.

우리는 소집단 활동이 아주 폭넓은 범위의 활동들을 포함하고 있다는 것을 알게 되었다. 어떤 소집단 활동은 교사에 의해 매우 정교하게 구조화 – 예컨대 학생들이 함께 학습지를 완성하는 것을 포함하여 – 되어 "협동적인 혼자서 하는 활동"으로 부를 수 있을 것 같았다. 우리가 문제 해결 집단이라고 부른 어떤 소집단 활동은 교사가 규정한 쟁점이나 질문에 관해 학생들이 합의에 이를 것을 요구하기도 하였다. 그리고 우리가 "자율적"이라고 묘사한, 다른 소집단 활동은 훨씬 더 개방적이었으며, 소집단 스스로가 토의할 쟁점과 문제를 규정하고 해결하기도 하였다. 그림 2.2는 이들 범주들에 의해 설

표 2.10. 8학년과 9학년 능력별 영어수업에서 문학 성취에 배경과 교수적 효과가 영향을 미칠 최대값

독립변인	효과	표준오차
배경		
성(1= 여성)	1.188[a]	0.252
소수집단(1=흑인 또는 히스패닉)	-0.652	0.339
사회경제적지위	0.155	0.174
가을학기 읽기 점수	0.202[a]	0.024
가을학기 쓰기 점수	0.512[a]	0.103
능력	0.121[a]	0.018
교수		
읽기의 완료	0.022[b]	0.006
쓰기의 완료	0.025[b]	0.007
수업 중 과업일탈		
우등반	0.149	0.092
보통반	-0.193[a]	0.044
보충반	-0.124[a]	0.028
실제적 교사질문		
우등반	0.056[c]	0.022
보통반	0.000	0.000
보충반	-0.050[c]	0.017
이어가기	0.063[a]	0.013
토의		
우등반	0.277[c]	0.129
보통반	-0.510[c]	0.591
보충반	0.045	0.169
담화의 일관성	0.158[a]	0.022
Intercepts		
우등반	-8.502[a]	1.385
보통반	-7.081[a]	1.207
보충반	-7.144[a]	1.061

$\chi^2(61, N=1,564)=86.33$

원자료: Gamoran 외 3인. 1995
[a] 상관계수는 표준오차의 4배이다.
[b] 상관계수는 표준오차의 3배이다.
[c] 상관계수는 표준오차의 2배이다

명되는 연속성을 보여주고 있다.

그림 2.2. 소집단 활동의 연속선

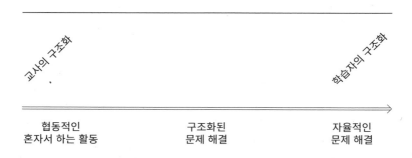

협동적인　　　　　　구조화된　　　　　　자율적인
혼자서 하는 활동　　문제 해결　　　　　문제 해결

　우리의 연구는 사고를 촉발시키는 소집단 활동의 면모들만을 살
펴보았다. 책임감, 담화의 일관성, 학생의 지식 생산 등이 효과적인
교육의 중요한 자질이라는 우리 연구 결과를 고려하면, 문학작품에
관한 사고와 반응을 촉진시키기 위하여 소집단 활동 역시 이들 특성
들이 나타나야 한다고 추론하였다. 더욱 특징적으로 우리는 협동적
인 자습, 곧 학생들이 함께 활동하나 본질적으로 쓰는 암송은 책임
감을 허용하고 따라서 일관된 토의의 가능성을 극대화하는, 문제
해결과 자율적인 소집단 활동에 비해 덜 효과적일 것이라고 예측하
였다. 협동적인 자습은 사실들과 문법을 가르칠 때 효과적일 수 있
겠지만 우리의 연구는 이러한 가능성을 검증하지는 않았다.
　소집단 활동으로 부호화한 다양한 활동들을 검증하는 가운데 우
리는 "소집단 활동에 보내는 시간"이 잘못된 범주였다는 최초의 인

상을 확정하였다. 왜냐하면 활동들 사이의 중요한 차이점들이 소집단 속에서 발생하였기 때문이었다. 우리는 소집단 속에서 일어나는 활동의 두 영역들에 초점을 맞춤으로써 이들 대조적인 활동들을 설명할 수 있다. 학생의 자율성과 학생의 지식 생산이 그것이다. 소집단 활동은 우리가 관찰한 216개의 수업에서 단지 29개 수업에서만 일어났다. 소집단 활동이 일어나는 장면들의 경우 평균 15분에 걸쳐 있었다. 그러나 이들 활동은 아주 드물었기 때문에 소집단 활동에 보낸 시간은 모든 수업이 이루어지는 평균 50분 가운데 2분에도 미치지 못하는 것으로 산정되었다. 우리가 관찰한 집단 활동은 보통 학생의 문제 해결과 자율적인 집단 활동이라기보다 협동적인 자습에 더욱 가까웠다.

학생의 자율성. 교사들은 과업을 부여하고 상호작용의 방식을 수립함으로써 집단 활동을 만들어낸다. 고도로 "규정된" 집단 활동에서 규범들은 전적으로 교사에 의해 정해지며 과업은 학생들 사이의 상호작용 없이 쉽게 이루어질 수 있는 것들이었다. 집단의 설정은 작위적이었으며, 아마도 대부분 교사의 편의에 따른 것이었다. 9학년 영어 수업의 다음 사례를 살펴보자.

오늘 여러분들은 모둠 활동을 할 거예요. 모둠은 어제와 같아요. 같은 규칙이 적용될 거예요. 집단으로 여러분들은 둥그렇게 원을 만들어요. 모둠으로 갈 때 각자가 가진 자료를 가지고 가도록. 그리고 자리에서 일어나서는 안 돼요. 속삭이는 듯한 목소리를 유지해야 해요. 만약 내가 다른 사람들 사이에서 목소리를 들을 수 있다면 그건 목소리가 너무 크다는 것을 뜻하겠죠. 그런 사람들은 칠판에 이름을 적힐 거예요. 여러분들은 모둠 내에서 두 가지 일들 가운데 하나를 할 수 있어요. 여러분들은 작문을 계속할 수 있어요. 그렇지만 5명, 아마도 6명은 나랑 상담이 필요해요. 가능하다면 모둠과 함께 작문 활동을 하세요. 편집하고, 검토하고, 이 모든 것을 다 모둠의 일원으로 해야 해요. 그다음엔 어떻게 찾아야 하고, 어떤 질문을 해야 하는지, 다섯 가지 기본 문장 유형에 대한 학습지의 빈칸을 채울 수 있는지 해 보세요. 학습지가 끝나면 같이 검토할 거예요. 묶음공책의 한쪽 면은 문장 유형이 되어야만 한다는 걸 기억해요.

이 소집단 활동은 교사에 의해 완벽하게 구조화된 나머지 책임성이나 일관된 토의 어느 것도 증진시키지 못한다.

한층 더 자율적인 집단에서 교사는 학생들간의 상호작용에 어느 정도의 자유를 허용한다. 학생들은 비록 "짧은 줄"에 묶여 있기는 하지만, 그럼에도 불구하고 수업의 본질에 관련된 즉자적인 학생의 상호작용을 보여주었다. 가장 자율적인 집단에서 교사는 집단 활동을 전혀 규정하지 않고 명확하게 집단의 과업을 상정한다. 전형적으로 교사는 (a) 집단의 목표를 규정한다. 예컨대 논쟁적인 쟁점에 관한 공동의 입장에 도달하기를 요구한다; (b) 성취되어야 할 과제의 윤곽을 그려 보인다. 예컨대 공공기관의 담당자에게 집단의 관점을 알리는 편지를 집단이 함께 작성한다.; (c) 집단 구성원들 각자에게 역할을 부여한다. 예컨대 두 사람은 쟁점의 한 측면을 주장하고 다른 두 사람은 반대편의 주장을 펼친다. 그리고 한 사람은 기록하는 활동을 한다. 예컨대 다음의 전사에서 교사는 학생들이 독창적인 시를 쓰게 한 다음 집단 활동을 시작한다. 학생들의 시를 언급하면서 교사는 말한다.

만약 여러분의 것이 최상의 상태라고 생각이 되면, 시간이 없으니 일일이 평가하지 말고, 주변 앉은 사람들과 함께 서너 사람씩 모둠을 만들어요. 세 명이나 네 명이 최대치예요. 그리고 작품을 같이 읽고는 여러분에게 가장 특별하다고 생각되는 한 편의 시를 고르세요. 시가 말하고 있는 사람이 누구인지도 알아봐요.

잠시 후에 이 교사는 학생들에게 자신이 원하는 것을 상기시켰다.

모둠 가운데 여러분이 고른 것을 한번 읽어봐요. 이들 사람들의 실제적인 강렬한 이미지들을 들을 수 있도록. …… 나는 지금 여러분에게 자랑을 하라고 요구하는 거예요. 정말 좋은 작품 서너 편을 듣고 싶어요. 어떤 것을 선택해야 할지 어려워하는 사람들에게 좋은 모범이 될 수 있는 작품을

이처럼 기교적으로 조직화된 소집단 활동은 학생의 표현적 글쓰기로 시작함으로써 책임성을 증진시키고 있다. 학생들은 좋은 예를 찾기 위해 함께 작업해야 할 뿐만 아니라 교사가 학생들로 하여금 이러한 맥락에서 "좋은 작품"이 의미하는 것을 발화하도록 격려하기 때문이기도 하다. 그 뒤에 일어나는 소집단 대화는 학생들이 "다섯 가지 기본적인 문장 유형으로 학습지의 여백을 채워야만 하는" 첫 번째 장면보다 훨씬 더 일관되게 대화적일 것이다. 그러나 우리 연구에서 그와 같은 토의는 보기 드물었다. 소집단 활동의 11.1%만이

전적으로 자율적이거나 소집단 활동의 결과물을 만들어 낼 때 학생의 상호작용이 의미 있는 정도로 일어나는 것으로 판단하였다. 반면 모든 소집단 활동의 70.4%는 교사에 의해 이미 구조화되어 있었다.

우리가 관찰한 소집단에서 학생의 자율성의 정도는 다음의 척도에 따라 녹음테이프로부터 부호화되었다.

1. 교사가 구조화한 소집단 활동 : 과업의 규칙들이 교사에 의해 전적으로 정해져 있거나 혹은 "규정되어 있었다." 과업은 학생의 상호작용 없이 이루어질 수 있다(예컨대 학습지). 소집단의 설정 역시 자의적이다.
2. 의무적으로 학생의 상호작용이 이미 규정된 과업
3. 제한된 학생의 상호작용 : 소집단 활동이 내용에 관한 자발적인 학생의 상호작용을 포함하지만 학생들은 "제한된 줄"에 묶여 있다. 예컨대 집단 속 학생들이 적용해야만 하는 일반적인 원칙을 교사가 규정하는 경우이다.
4. 비록 교사들이 수업에 앞서 그 결과를 예측할 수 있다고 할지라도 의미 있는 학생의 상호작용이 과업의 형태와 그 결과를 규정한다.
5. 자율적인 소집단 활동: 교사는 규정하는 활동 없이 소집단 활동을 설정한다. 의미 있는 학생의 상호작용이 과업의 형태와 결과를 규정한다. 소집단 활동의 결과는 수업에 앞서 예측할 수 없다.

학생의 지식 생산. 일관된 대화를 증진시키는 외에도 두 번째 사

언어교육과 대화적 교수법

례는 학생들로 하여금 첫 번째 사례보다 훨씬 더 깊은 이해와 통찰을 생성하도록 격려한다. 학습지를 완성하고 공부할 문제에 답하는 활동들에서 학생들은 교사나 교재가 제시하는 정보를 조작하거나 익힐 것을 주로 요구받는다. 이러한 활동은 이미 정해진 정답과 오답이 있는 질문을 특징으로 하는, 낮은 수준의 인지적 활동을 요청할 뿐이며, 학생의 반응들을 형성하지 못하기 때문에 아주 일관되기도 쉽지 않다. 결과적으로 학생의 지식 생산을 만들어내는 데에 실패한다. 여기 한 사례가 있다.

여러분 모두 자신의 이름을 오른쪽 위에 써요. 오른쪽 귀퉁이에 여러분의 이름과 차시, 그리고 소집단의 번호를 써요. 이제 여러분이 기억할 수 있도록 소집단 번호를 두세 차례 확인시켜 줄 거예요. 어떤 소집단에 속해 있는지를 잊어버렸다면 그 소집단의 다른 누군가가 알려줄 수도 있겠지요. 이제 괄호 속에 있는 문장의 유형들을 만들기 위해 8개의 문장들을 결합시켜 보도록 해요. 알았죠? 내가 의미하는 것은……. 단문을 말하면, 그것은 하나의 주어와 하나의 술부를 가진 문장이에요. 내가 중문이라고 말할 때 그것은 동일한 가치와 중요성을 갖는 두 문장을 접속사나 세미콜론으로 결합한 문장을 말해요. 복문은, 형용사절이나 부사절을 가지고 써 보라고 할 거예요. 그리고 명사절이 없기 때문에 여기 이 아래에 명사절을 포함하는 두 개의 문장을 쓰는 과업이 있어요. 자, 이 위에 있는 문장, 8개의 문장들은 모두 나이아가라 폭포와 강 그런 것에 관한 것이에요. 나이아가라강에 초점을 두는 것이 중요할 것은 없지만 그래도 알고 있으면 좋겠지요. 그렇죠?

다른 수업에서 따온 또 다른 예시로 교사는 학생들에게 그리스의

신들에 관한 학습지를 채워 넣는 것을 소집단 활동으로 설정했다.

전체 표를 다 완성하지는 못할 거지만 시작하고 같이 공유할 거예요. 왜냐하면 우리가 분명하게 하고자 하는 것은 모두가 같은 내용을 표에 넣는 것이니까요. 15분을 줄 테니…… 해 봐요. 알고 있는 것부터 시작해요. 만약 알고 있는 것이 없으면 뒤에서부터 시작해도 좋아요. 표를 모두 채울 수 있도록 오늘 일일이 확인하지는 않을 거예요. 이 표는 여러분들이 기억해야만 하는 표예요. 나중에 평가해 볼 거예요. 나는 여러분들이 분명히 모두 같은 정보를 알게 만들고 싶어요.

이 두 사례에서 소집단 활동은 지식을 거의 생산하지 않거나 못하고 있다. 대조적으로 다른 소집단 활동에서 학생들은 새로운 이해를 생성하는 문제를 해결하기 위하여 일관된 토의를 지속해야만 한다. 전형적으로 이 소집단 활동은 하나의 수용할만한 대답 그 이상의 개방적인 질문들에 반응을 지속해 가며 고차적인 인지적 활동을 포함하고 있다. 예컨대 다음의 전사에서 교사는 학생들이 아가싸 크리스티(Agatha Christie) 소설의 결말을 예측하도록 요구하고 있다. 그들의 사고를 끌어내기 위해 먼저 간략한 줄거리 요약을 쓸 것을 요구한다.

한 단락으로 무슨 일이 일어났는지를, 일어났다고 너희가 생각하는 것을 써 봐. 그리고 먼저 말해 봐. 왜냐하면 너희 눈에서 수많은 빛들이 반짝이고 있네. 그런데 누군가는 여전히 "생각이 안 나는데요." 하고 있어. 모둠을 지어서 함께 무슨 일이 일어났는지를 공책에 적어 봐.

학생들이 활동하는 가운데 교사가 말한다.

내가 둘러보니 많은 사람들이 어떻게 그녀가 살해되었을까, 그리고 누가 그렇게 했을까에 관한 수많은 단서들을 골라냈네. 너희가 지목하는 사람이 누구이든 간에 동기를 한번 생각해 봐. 너희 중 누군가는 "아, 검열관이 죽였어." 혹은 "대령이 죽였어." 아니면 "Pollet가 죽였어." 혹은 "Ted가 죽였어." 라고 말하겠지. 내가 둘러보면서 너희에게 요구하는 것은 동기야, 알겠니? 미스 마플 같은 탐정이 돼서 생각해. 한 단락으로 써 봐. 누가 죽였고, 동기는 무엇인지.

또 다른 학급의 또 다른 수업에서 교사는 학생들에게 『천둥아, 내 외침을 들어라!』에 나타난 모리슨(Morrison) 씨의 성격을 분석할 것을 요구하였다.

자. 이게 여러분들이 할 일입니다. …… 먼저 세 가지 두드러진 성격적 특성을 찾아볼 것. 여기에서 특성은 신체적 특성이 아니라 인물의 성격을 말하는 거예요. 그리고 그 특성을 드러내는 부분을 인용해서 여러분의 생각을 입증하는 겁니다. 각각의 특성에 하나씩 인용구를. 그리고 인용구가 어떻게 그 특성을 형성하는지, 즉 [작가가] 사용한 기법이 무엇인지를 알아보세요. 작가는 인물의 언어, 인물의 행동을 이용해서? 아니면 또 다른 인물의 눈이나 다른 인물의 반응을 통해 인물의 특성을 드러내고 있나요?

이들 뒤의 두 사례들 각각을 통해 학생들은 중요한 원리 – 살인의 동기, 성격 특성 – 를 파악해야만 할 뿐 아니라 해석을 지지하기 위한 근거를 찾아야만 한다. 다시 한번 우리는 그러한 소집단 활동이 아주 예외적임을 발견하였다. 우리가 관찰한 소집단 활동의 약 1/4만이 학생들이 능동적으로 해석을 구성하는 개방적인 질문에 관한 토의(다음 목록에서 척도 5에 해당하는)가 포함되어 있었다. 대조적으로 2/3는 협동적인 자습의 형태일 뿐이었다.

우리는 학생들이 소집단활동을 하는 동안 능동적으로 새로운 이해를 구성할 것을 요구하는 정도를 분석할 때 다음과 같은 척도를 사용했다. 매 수업은 녹음한 자료를 바탕으로 부호화하였다.

1. 협동적인 자습. 학생들은 미리 정해진 특정한 정보만을 받는다. 소집단에서 학생의 활동들은 견고하게 통제된다. 학습지는 그 한 사례이다.
2. 학생들은 주로 이미 정해진 정보만을 받는다. 때때로 그들의 과제는 개방적인 질문들을 포함한다. 학생들의 활동은 교사에 의해 규정된 화제로만 제한되도록 고도로 조정되어 있다.
3. 교사가 쟁점이나 문제를 제시한다. 학생들은 예시를 찾아내고 적용을 탐구한다. 교사는 새로운 의미와 함축들을 탐구할 시간을 제공하고 격려한다.
4. 학생들은 일정한 정보를 받는다. 소집단 활동의 대부분은 학생들이 개방적인 질문 혹은 교사가 제공한 질문에 정보를 활용하는 것을 포함한다.
5. 학생들은 문제와 적용 모두를 결정한다. 개방적인 질문을 토의하면서 학생들은 능동적으로 해석을 구성한다. 교사가 소집단 활동의 틀을 설정하지만 쟁점을 주장하고 질문에 대답하는 방식을 이끌어내는 주체는 주로 학생들이다.

언어교육과 대화적 교수법

효율적인 소집단 활동과 비효율적인 소집단 활동. 다른 조건들을 동일하게 유지한다면 소집단 활동은 성취도에 영향을 미쳤는가? 회귀분석에서 우리는 학생들의 성별, 인종/민족, 사회경제적 위상, 그리고 가을 학기의 읽기와 쓰기 점수 등을 고정된 것으로 유지하였다. 우리는 또한 교사의 실제적인 질문과 이어지는 질문들의 사용, 소집단 활동 이외의 토의 시간의 양, 학생의 과제에서 벗어난 행동과 과제 완성 정도의 비율 등도 고려해야만 한다.

전반적으로 우리가 가장 먼저 발견한 것은 소집단 활동에 더 많은 시간을 보내는 학급들은 더욱 낮은 성취도를 만들어냈다는 점이다. 이 결과는 8학년 연구의 놀라운 결론을 반복하였다. 하지만 지금 우리는 소집단 활동에 얼마나 많은 시간을 썼는가를 단순히 묻는 것을 넘어설 준비가 되어 있다: 소집단 활동 시간의 효율성이 소집단 활동 속에서 어떤 일이 있었는지에 달려 있는가의 여부이다. 이를 위해 우리는 앞서 논의한 대로 소집단 활동 시간의 질을 측정하기 위해 두 가지 기준을 활용하였다. 학생의 자율성과 학생의 지식 생산이 그것이다. 비록 이 두 가지 기준은 이론적으로 상이하지만 – 학생들에게 자율성을 주었으나 지식을 생산할 기회를 활용하지 않을 수도 있다는 점에서 - 실제적으로는 함께 발생하는 경향을 지닌다. 학생의 자율성이 커질수록 지식 생산 역시 더 많아진다.(상관도는 .78

이었다.)[19]

학생의 자율성 분석은 자율성의 정도가 높을수록 소집단 활동의 시간이 성취도에 더욱 긍정적으로 기여한다는 것을 보여주었다. 예컨대 고도로 "규정된", 학생들에게 어떤 자율성도 없는 엄격하게 구조화된 소집단 활동 시간을 하루 평균 5분을 보낸 학급은 실제적으로 소집단 활동이 전혀 없는 학급보다 평가에서 1점 낮은 점수를 보여주었다. 대조적으로 학생들이 함께 과제를 정하는 등 고도로 자율적인 소집단 활동에 평균 5분을 보낸 학급은 소집단 활동이 없는 비슷한 학급보다 평가에서 거의 2점이 더 높게 나타났다. 이것은 의미 있는 결과이다: 이 결과는 32점 만점인 평가에서 한 학생을 50%에서 58%로 향상시킬 수 있는 결과이다. 우리는 학생의 지식 생산에서도 비슷한 결과를 발견하였다: 협동적인 자습은 실제적으로 성취도를 낮추었지만 학생들이 능동적으로 해석을 구성하는 소집단 활동에서는 성취도가 증진되었다.

이 결과는 Hillocks(1986)의 연구와 일치한다. 이 연구는 25년이 넘는 시간에 걸쳐 12,000명의 학생을 포함하는 수십 개의 경험적 연구들을 검토하였는데, 가장 효과적인 쓰기 교육은 Hillocks가 "탐구" 초점—읽기 혹은 다른 자료의 분석과 수사적 전략에 대한 주의를 포함하는 화제—이라 지칭하는 것을 가진 또래 반응 집단을 포함한 것이었다.

---

19) 학습자의 자율성과 지식 생산 사이의 관계는 소규모 집단 활동을 검증하는 연구들을 포함하여 수많은 연구에서 발견되었다. King(1992)과 Palinscar, David, Winn, Stevens, and Brown(1990) 참조.

언어교육과 대화적 교수법

우리의 8학년 연구를 반복하고 그것을 넘어섬으로써 예기치 않은 결과를 설명하였다. 소집단 활동은 비효율적인 것으로 드러났다. 왜냐하면 소집단들이 비효율적으로 활용되었기 때문이다. 수많은 과제들은 개별적으로도 충분히 할 수 있는 것들이었다. 후속되는 연구는 소집단 활동 시간 동안 학생들이 문제의 내용에 대해 상호작용을 할 수 있고 과업을 결정할 뿐만 아니라 해결과 해석을 구성하도록 허용하였을 때, 학생들은 소집단 활동의 기회에서 혜택을 볼 수 있음을 입증해 주었다.[20]

이들 발견들은 효과적인 소집단 활동이 학생의 지속적인 지식 생산을 가능케 하는 일관된 활동들을 요구한다는 관점을 재확인해 주고 있다. 그와 같은 활동을 증진시키기 위해 교사는 소집단 활동의 과업을 과도하게 특정해서는 안 된다. 달리 말하면 효과적인 교사들은 과업의 일반적인 틀을 명확하게 규정하지만 활동 자체의 정확한 특성을 규정하지는 않는다는 것이다. 문학에 관한 사고를 증진시키는 교사들은 소집단 활동을 위해 학생들에게 명확한 목표를 제시할 수는 있지만 – 예컨대 각 집단에서 학생들이 쓴 가장 좋은 시를 고르라거나 인물의 특성을 구체화하라거나, 이를 지지하는 인용구를 찾으라는 등 – 소집단들에게 정확하게 어떻게 진행해야 하는가를 말하지는 않는다. 예컨대 그들은 학생들이 특정한 순서로 대답해야만 하는 질문과 화제의 목록들을 나열하지 않는 것이다.

---

20) 몇몇 소규모 집단 활동은 문학이 아닌 문법과 문장의 오류에 관한 학습자의 지식 생산과 자율성에서 가장 낮은 점수를 보여주었다. 우리는 가장 낮은 점수, 소규모 집단 활동 수업, 초점을 문학이 아닌 문법과 문장의 오류에 맞출 가능성 등으로 말미암아 문학 성취도에 미치는 협동적인 모둠 활동의 부정적인 영향을 설명하지는 않았다.

교사들이 어떤 문제에 관해 학생들이 함께 집단을 이루어 활동하도록 할 때, 그들은 학생들에게 학생들 자신의 사고를 발전시키는 것이 중요하다는 중요한 메시지를 보낸다. 앞의 교사가 학생들에게 "너희 눈에서 수많은 빛들이 반짝이고 있네."라고 말할 때, 교사는 이러한 메시지를 정확하게 보내는 것으로 학생들이 소집단 활동을 하도록 준비시킨다.

직접적인 교수의 이점은 아마도 교사가 학생들에게 직접적으로 지시할 때 과업을 수행하는 학생들의 행동이 증가하는 데서 비롯될 것이다. 교육적인 과업이 전체 학급을 위한 것과 소집단 활동을 위한 것이 동일할 때 직접적인 교수의 이점이 발생한다고 주장할 수도 있다. 예컨대 학생들은 외울 것을 위한 질문에 답을 쓰는 과업을 소집단에게 부과할 때 보다 학급 전체가 함께 암송의 질문들에 대답해 나갈 때 과업을 더 임한다는 것이다. 이 예에서 학습은 전체 학급 형태가 소집단 활동과 다르지 않거나 더 효율적일 수 있다. 그러나 이러한 형태는 소집단을 배경으로 해야 가능해지는 지적인 협동의 기회를 충분히 활용하지 못한다. 만약 과업이 동일하다면 성취도에서도 어떤 차이를 기대할 수 없을 것이다. 그러나 소집단 교육의 초점은 동일한 과업을 부과하는 것이어서는 안 된다. 소집단 활동에서 협동과 협력의 잠재력을 이끌어내는 활동을 고안해야만 한다.

만약 성공적인 소집단 활동이 이미 정해진 과업이 아니라 개방적인 교사의 과업 설정에 의존하고 통찰력을 생성하는 학생들의 일관된 대화에 의존한다면 교사들은 주의 깊게 소집단 활동을 적합한 과업과 결합시켜야만 한다. 예컨대 그 날의 수업목표가 수많은 새로운 정보를 제시할 것을 요구한다면 강의가 아마도 소집단 활동보다 훨씬 나을 것이다. 만약 교사들이 학생들이 특정한 기능을 연습하도록 하고자 한다면 암송과 자습이 소집단 활동보다 더 나을 것이다. 반면에 만약 교사들이 학생들이 아이디어를 비교하고, 사고의 연쇄를 발전시키고, 차이를 촉발하고, 논쟁적인 쟁점에 대해 동의를 이끌어내고자 한다면 소집단 활동은 집중적인 대화와 토의를 실행하기에 대부분의 학생들에게 참으로 적합한 장치일 수 있다. 특히 학급 전체를 배경으로 할 때 수줍은 나머지 말을 하지 못하는 학생들에게는 더욱 그러하다. 교사들은 항상 기억해야 한다. 학생들을 단순히 소집단으로 나누는 것만으로 긍정적인 결과를 가져올 것으로 기대할 수 없다. 소집단 활동이 성공하기 위해 교사들은 주의 깊게 학생들에게(그리고 교사들 자신에게도) 흥미진진한 협동적 과제들을 고안해야 한다. 교사들은 또한 학생들이 효과적인 소집단 기술들을 발전시킬 수 있도록 도울 준비가 되어 있어야만 한다. 교사를 위한 탁월한 안내는 Cohen의 Designing Groupwork(1986)가 있다.

결론 : 효과적인 상호작용을 요구하는 사고력 학습

교사들이 학생에게 질문을 하는 대부분의 시점에서 자신들은 이미 그 답을 알고 있기 때문에 교사들은 무엇을 알기 위해 질문을 하는 것은 아니다. 학생들은 더 알 필요가 없는 교사들에게 암송을 요구받았을 때 "가짜-담화pseudo-discourse"를 생산하는 것이다. 실제적인 담화는 어떤 정보나 해석의 내용이 실제로 쟁점이 될 때만 발생한다. 실제적인 담화만이 학생들을 참여시킨다.

그러나 우리 연구의 결과는 실제적인 질문들, 토의, 소집단 활동, 그리고 상호작용 등이 비록 중요하기는 언제나 학습을 이끌어내지는 못한다는 것을 암시하고 있다. 사실상 우리는 이런 사례를 많이 관찰하였다. 마찬가지로 우리는 암송이 절대적으로 비효과적이지 않다는 것 역시 발견하였다. 오히려 그 효율성은 교사들이 IRE의 연속을 확장하는지 아닌지의 여부, 그리고 어떻게 확장하는지에 따라 달라진다. 교실 상호작용에 내재된 인식론은 학습의 결론을 규정한다. 궁극적으로 중요한 것은 교육이 학생들로 하여금 누군가 다른 사람의 생각을 보고하는 것이 아니라 스스로 생각하도록 요구하는 정도에 달려 있다. Leont'ev(1981)가 표현한 대로 각 상호작용의 교육적 유용성은 상호작용이 일어나는 특정한 활동 혹은 프로젝트에 의해, 이보다 더 이를 지지하는 사회적 관계들의 체계라는 측면에서 측정될 필요가 있다. 실제적인 질문들, 토의, 소집단 활동은 중요한 교육적 잠재력을 지니지만, 만약 이 방법들이 진지한 교육적 목표들과 관계없이 활용된다면, 그리고 더욱 중요하게는 학생 스스로가 중요하게 생각할 수 있는 의미 있고 진지한 인식적 역할을 학생들에게 부여하지 못한다면, 즐거운 기분전환이 될 뿐이다.

예컨대 우리가 관찰한 한 영어 수업에서 학생들은 지우개나 총알의 관점에서 글을 쓸 것을 요구하는 겉으로는 개방적이고 상상적인 글쓰기 과업에 참여하였다. 그러나 이들 연습을 면밀히 살펴본 결과, 특히 이들 글에 대한 교사의 반응을 보고 우리는 교사의 관점에서는 이러한 글쓰기 자극 장치들 – 상상적이든 아니든 - 에 대한 학생의 글쓰기 내용이 무관하다는 것을 궁극적으로 알게 되었다. 교사

언어교육과 대화적 교수법

의 귀퉁이에 놓인 코멘트로 확인할 수 있는 교사의 유일한 반응은 단어의 철자가 정확한가 아닌가 하는 점이었다. 사실상 이 학급의 학생들은 이러한 연습을 위한 조작적인 규정을 이해하였으며, 어느 정도 적절하게 자신들의 역할을 수행하였다. 그러나 쓰기 과제의 외형적인 목표(상상적인 담화)와 실제적인 목표(정확한 철자법)는 전적으로 다르다. 필자들은(학생들) 그들이 말하고자 하는 것을 실제로 귀 기울여 듣는 독자(교사)에게 말하고 있는 것이 아니었다. 이들 쓰기 과업들은 Bloome & Argumedo(1983)가 절차적인 전시라고 부르는 것이다. 학생들은 담화의 겉으로 드러나는 목적이 실제적인 목적과 동일할 때에만 상호교육 속에서 완벽하고도 실제적으로 참여할 수 있게 된다.

일반적으로 교육의 상호성은 교사뿐만 아니라 학생이 교육적 담화의 입력에 기여하고 통제할 때 발생한다. 그리고 그들의 이전 학습이 이어지는 학습 과정에 의미 있는 영향을 미칠 때 발생한다고 말할 수 있다. 이러한 개념은 Palincsar & Brown(1984)이 상호 교육 reciprocal teaching 이라고 지칭하는 기초적인 읽기 교육에서 실행되었다. 상호 교육에서 학생들은 차례대로 교사가 되어본다. 학생들이 교사의 역할을 하지 않는 다른 교실에서도 교사는 질문에 대한 답을 미리 정하지 않아 학생의 대답이 잠재적으로 이어지는 질문들과 토의에 영향을 미칠 수 있도록 하여 상호성의 측면을 존중한다. 교사들이 이렇게 진정한 의미의 질문을 할 때, 학생들을 완벽하게 성숙한 대화상대자로 간주하는 것이다.

이것은 교육의 대화성이 교육의 방법 – 면대면 상호작용에서 질문과 대답의 연속으로 증명되는 –이란 측면에서만 판단될 수 있음을 의미하는 것은 아니다. 연구는 마찬가지로 교육의 내용 – 내용과 주제 – 역시 학습에 결정적임을 발견하였다. 실제적인 질문들은 학생들이 예전의 경험을 단순히 기억하는 것만이 아니라 그들 아이디어의 의미에 대해 사고하고 성찰하도록 만들어야 한다. 교사들은 Bakhtin(1981)이 "모순적인 의견들, 관점, 가치판단들"(p.281)의 투쟁이라고 부르는 것을 장려하면서 대화적 교실에서 활기찬 토의에 높은 가치를 두어야 한다. Bakhtin은 우리에게 의미와 학습 – 정보와 사건에 관한 개인적으로 일관된 해석의 확장으로 이해되는 –이 언어 사용을 통해 능동적으로 구성되고 협상되는 것을 가르치고 있다. 학습은 일부는 교사에게, 일부는 학생에게 일어나는 대화적 사건이다. 만약 사건과 정보는 의미를 획득하는 것이고 학생들은 배워야 한다면 교사는 교육과정을 단순히 이미 만들어진 요점, 전달되어야 할 정보, 숙달되어야 할 추상적인 기능들로 생각해서는 안 될 것이다. 오히려 교사들은 교육의 목적과 학생들의 목표를 연결하는 활동과 기획들에 학생들을 참여시켜야 한다. 그러나 그와 같은 가교를 창조하는 교육은 드물거나 우리가 관찰한 수업에서는 실종되어 있음을 발견하였다. 오히려 압도적으로 강의, 암송, 단답식의 질문과 자습에 밀려나고 있었다.

학습과 개념의 변화를 촉진시키는 데 있어서 토의와 교육적 대화(암기와 글자 그대로의 이해와 같은 기초적인 목표들조차)와 비교할 대 독백적 교육의 상대적인 비효율성에 대한 Bakhtin의 설명은 의미가 "능동적이고 반응이 있는 이해의 과정 속에서만 실현된다"는 것이다.(Volosinov 1973, p.102) 그러나 능동적이고 반응이 있는 이해는 주어진 수업에 앞서 전체적인 일련의 물어야 할 질문들이 미리 결정되어 있고, 받아들일 수 있는 대답들 역시 정해져 있을 때, 그리고 다음 질문으로 옮겨가기도 전에, 종종 담화의 화제를 변화시키기도 전에 단순한 끄덕임으로 학생의 정확한 대답에 반응할 때 교사들은 실천에 실패– 특히 낮은 능력을 갖춘 학급에서 –하고 만다. 그렇게 함으로써 이들 개인들은 능동적이고 반응이 있는 이해에 도달하고자 하는 어떤 시도도 하지 않는다. 그들은 "결과적으로 전류가 차단된 상태인데 전구에 불이 밝혀지기를 원한다. 언어적 상호작용의 전류만이 단어에 의미의 빛을 부여한다."(Volosinov, 1973, p.103)

3장

실제적인 상호작용 면밀히 살펴보기 :
두 교실 수업에서 교사-학생의 대화 분석[1)]
Robert Kachur and Catherine Prendergast

얀센(Jansen) 교사의 교실에서는 어떤 일이 진행되었는가? 그녀는 학생들이 생각을 마음껏 발표할 수 있도록 허용하는 개방적인 질문을 던졌다. 그러나 그녀의 학생들은 눈에 띄게 점점 더 시끄럽게 떠들었으며, 참여도 제대로 하지 않았다. 우리가 참관한 문학 수업은 진전될수록 과업에서 벗어난 재잘거림이 압도했다.

얀센의 수업은 표면상으로 교사의 실제적인 질문으로 규정되는 대화적 교실이 학습을 강화한다는 우리의 전반적인 발견과 모순되는 듯이 보이는 몇 안 되는 사례 중의 하나였다. 이 수업의 교실담화는 63%가 교사의 실제적인 질문으로 이루어져 있었지만 문학 평가 점수는 학생의 이전 수행과 사회경제적 위상에 기초하여 예측했던 것보다 훨씬 낮았다.[2)] 여기에 어떤 다른 요인들이 작동하고 있는 것인가? 우리는 의심하기 시작하였다. 교사의 통제 아래 일어날 수 있는 교사와 학생 사이의 생산적인 대화를 결정하는 조건은 무엇인가? 만약 그렇다면 교사의 통제는 어느 정도여야 하는가?

이들 질문을 탐구하기 위하여 우리는 교사의 질문뿐만 아니라 그 질문을 둘러싸고 있는 교사-학생의 대화 역시 검토해 보기로 연구를

---

1) 우리는 이 연구의 초기 단계에서 많은 도움을 준 Sarah Bing-Prineas에게 고마움을 전한다.
2) 이러한 예측들은 2장에서 개관한 교육적 변인과 배경 변인에 기초한 잠정적인 분석의 결과였다.

언어교육과 대화적 교수법

확장하였다. 이러한 접근은 대화적 교수법이 학생의 학습을 촉진시
킨다는 우리의 이론적인 근거와 더 부합하는 듯이 보였다. 결국 교
실에서 대화주의가 작동하는 방식에 관한 연구는 질문과 대답의 교
환뿐만 아니라 학생들과 교사의 의미 있는 교실 속 상호작용이라는
실질적인 대화를 통합적으로 분석하지 않고서는 완성될 수 없는 것
이었다.

올바른 정답을 찾아서

얀센 교사가 9학년 문학 수업에서 제기한 전체 66개의 질문들 가
운데 42개는 실제적인 질문으로 분류되었다. 따라서 우리는 녹음
자료를 들을 때 대화적 교실이 어떠한지를 듣고자 기대하였다. 교
사가 28명의 학생들에게 그들이 읽은 단편소설에 관해 제기한 질문
들 중 몇 가지는 아주 기대되는 것들이었다. "아이들이 사용한 단어
들과 아버지가 사용한 단어들의 차이는 무엇인가요?", "아이들이
사용한 단어들에 대해 여러분은 어떤 느낌이 들었나요?" 질문뿐만
아니라 교사의 논평 역시 읽은 것에 관한 학생들의 감정과 관점들을
이끌어내어 토의 속에서 학생들이 목소리를 낼 수 있도록 고안된 듯
이 보였다. 예를 들면,

　　어제 난 수많은 정답들이 있다고 말했어요. 말한 그대로 정말 수많은
다른 대답들이 있다는 거지요. 심지어 나의 대답들도 그래요. 나도 역시
수많은 대답들을 이리저리 생각해봐요. 분명하게 말로 할 수는 없지만
여러분도 그렇게 할 거라고 생각해요. 이런 식으로 우리는 여러 다른 생
각들을 끌어내야 해요.

그러나 학생들이 교사의 설득에 힘입어 무언가를 기여하고자 애써 대답하였을 때 교사는 학생의 발언을 진지하게 고려하지 않았다.

학생1 : 음, 노턴…….

선생님(끼어들며) : 칠판에 노턴의 이름을 적을게. 그리고 여기 이 종이 위에도. "그나 그녀에게 가장 중요한 사실은 뭐니?"

학생1 : 노턴은 항상 사람들을 때리고 다니고….

선생님 : 좋아. 가장 중요한 게 뭐라고? 좋아, 사람들을 때리고 다닌다...

학생2 : 맥주요.

선생님 : 좋았어. 거의 맞출 뻔했는데. 다른 생각은 없어? 답이 하나만 있는 것은 아니잖아. 존? 아랫부분을 봐.

존 : 바로 자기 자신이요.

학생 3 (다른 학생에게) : 첫 번째 답은 뭐였지?

선생님 : 바로 자기 자신. 정말 멋진 대답이다.

여기에서 교사가 자신을 학생과 같은 수준으로 설정함으로써 대화적 환경을 만들고자 하는 시도("정말 수많은 다른 대답들이 있다는 거죠. …… 나도 역시 수많은 대답들을 이리저리 생각해봐요." 등의 도입)는 교환에서 특징적으로 드러나는 끼어들기와 성급한 평가들의 반복으로 인해 급속하게 훼손된다. 학생의 기여에 대한 반응으로 "거의 맞출 뻔했는데."와 같은 진술은 여기에서의 실제성이 단지 표면상으로 그러할 뿐 사실상은 제한된 수의 정답이 존재한다는 것을 명확하게 보여준다. 더욱이 다음 학생의 발언에 관해 "정말 멋진 대답이다"라는 평가로 반응함으로써 대화를 끝내고 만다. 왜-질문으로 학생들의 대답을 정교화하도록 촉발시키는 데에 실패함으로써 선생님은 자료에 대한 새로운 사고를 생산해 낼 수 있는 토의의 수많은 가능성들을 놓치고 있는 것이다. 사실 "올바른 정답"을 찾아가는 교사의 명확한 시도는 Susan Hynds(1991)가 궁극적으로 "해석의 복잡함이란 쟁점으로부터 학생을 밀어내버리는" "환원주의적인 시각"(p.118)이라 부르는 것을 부추길 따름이다. 퀴즈 문제에 대한 최선의 답을 찾는 것이 교사의 관심사라면 학생이 작품을 읽어나가는 동안 그것이 관심사가 된다는 것은 아주 분명하다.

얀센 교사가 수업의 분위기를 설정한 논평을 검토해 보면 그녀의 질문의 분석만으로는 드러나지 않는 것이 나타난다. 수업의 목표는 진정한 대화를 강화하는 것과 전혀 무관하다. 그녀의 관심이 대화가 아닌 암송임은 아주 초기부터 분명히 드러난다. 다음 그녀의 수업을 시작하는 말은 질문의 답들이 이미 정해져 있음을 명확하게 보여준다.

좋아, 우린 어제 한 공부를 퀴즈로 복습할 거예요. 여러분의 퀴즈 점수는 평가는 하겠지만 성적에 반영하지는 않을 거예요. 내가 퀴즈를 내면 여러분이 무엇을 기억하지 못하는지를 알 수 있답니다. 그럼 그 부분에서 토의를 시작하기로 해요.

이 수업에서는 복습뿐만 아니라 복습 자체를 다시 복습하고 있었다. 그 수업은 기억을 훈련하는 것과 같은 인지적으로 부담이 큰 것이었다. 교사가 학생들에게 이미 써낸 답을 "기억"할 수 있는가 아닌가는 중요하지 않다고 말하는 것은 이 수업 시간에 새로운 지식이 생성되지 않을 것이라는 강력한 메시지를 보낸 것이다. 이 교실 상황을 고려할 때 학생들은 교사가 정말 "실제적"이어야 한다고 요구했던 질문을 생각해 내기가 아주 어려웠다.

IRE(질문-반응-평가)라는 교육적 틀에 집착하는 암송적 접근과 해석의 복합성을 촉발하는 질문의 회피는 수업에서 생산된 지식을 효과적으로 통제한다. 그러나 수업 자체를 효과적으로 통제하는 것도 어려운 듯 보였다. 엄격한 절차에도 불구하고 이 학급은 일반적으로 시끄러웠으며 통제되지도 않았다. 서로 잡담을 하는 학생들의 소음은 질문과 대답의 형식에 참여하는 학생들이 거의 없다는 것을 명확하게 보여준다. 사실 우리는 그 소음이 질문과 대답이란 틀이 빚어낸 결과라고 주장할 수도 있을 것이다. 학생들은 교사의 질문들이 비실제적임을 재빨리 알아차리고 질문에 대한 인내 역시 재빨리 상실해 버렸다. 연습과 관련이 없는 자신들의 대답이 가치절하되는 것이 명백할수록 하고 있는 과업에 주의를 덜 기울이게 되었다. 결과적으로 학생들의 실제적인 목소리들은 "비공식적인" 수업 활동, 곧 과제와 무관한 잡담으로 표면화(표3.1 참조)되었다. 공식적인 담화가 대화로부터 독백을 만들어 내려 아무리 노력하더라도 이종언어heteroglossia (특정한 사회적 맥락 속에서 실제로 제시되는 목소리들의 다원성)의 출현은 여전히 이어질 것이라고 주장할 때 Bakhtin(1981)이 의미하는 것의 한 사례일 것이다.

언어교육과 대화적 교수법

표 3.1 학생의 문학 성취도와 교실 행동(얀센의 학급과 크래머의 학급)

학업 성취도와 교육적 변인들	교사	
	얀센	크래머
성취도(봄학기 문학 평가 점수)	13.73	31.62
교사의 실제적 질문의 비율	.70	.32
학생의 과제 제출 비율	.19	.04
질의 응답의 암송이 이루어지는 동안 학생들의 능동성 비율	.17	.96

여기에서 우리는 얀센이 수업을 통제하는 데 실패한 공식적인 담화가 전적으로(혹은 주로) 그녀에 의해 생성되고 통제된 것임을 주장하려는 것이 아니다. 분명 교사는 학급에서 진행되고 있는 일을 유의미한 정도로 통제하기는 하지만, 교실 활동에 관한 토의에서 인정될 필요가 있는 교사에게 부과된 제약들 또한 상당하다. 이 제약들 가운데 주요한 것은 교사들이 종종 통제할 수 없는 능력별 체계이다.(능력별 체계에 관한 한층 일반적인 검토는 2장 참조) 예컨대 얀센은 4가지 단계의 영어교육과정 속에 가장 낮은 단계에 있는 "평균보다 다소 뒤처진" 학생들을 가르치고 있었다. 사후 면담에서 그녀는 예상대로 능력별 체계가 그녀에게 부과하는 제약들이 안겨주는 좌절감을 말하였다. 그녀는 우리에게 "[우리 학급의 몇몇 아이들은] 자신들 가운데에서 긍정적인 역할 모형을 누구에게서도 찾지 못하고 있어요."라고 말하였다. "모든 아이들이 특별한 도움을 필요할 때 [학급을 운영하는 것]이 정말 힘들어요." 얀센에 따르면 학생들은 자신들이 능력별 체계 속에 있음을 알고 있기 때문에 이것은 정말 맞는

말이다. "아이들은 '이 학급은 멍청이들의 집합소야.'같은 말을 하곤 해요." 그러나 선생님이 맞서 싸워야 할 것은 부정적인 학생들의 태도만이 아니었다. "이 학생들을 맡기 전에 기대치를 더 낮추라는 말을 많이 들었어요." 얀센은 자신이 맡고 있는 능력별 체계에 끊임없이 맞서 싸우고 있음을 느꼈다. 예컨대 학생들이 하나의 단락을 쓰고 멈추기보다 (높은 학력의 학생들과 다를 바 없이) 문학에 관한 전체적인 에세이들을 쓰게 해야 한다고 주장하였다. 그렇다면 우리는 수업 시간 내내 끊이지 않던 소음이 독백주의, 곧 학생들의 관심사와 능력이 교사를 만나기도 전에 이미 딱지 붙여진 능력별 체계에 내재된 독백주의에 대한 저항으로 이해해야 할 것이다. 몇몇 교사들이 우리에게 지적하였듯이 성차와 권위 사이의 관계에 관한 학생들의 편견과 인식 또한 중등학교에서는 학급의 통제에 중요한 역할을 하기도 한다. 교육과정에 대한 학생들의 태도와 무관하게 만약 남자 교사가 수업을 담당하였더라면 우리는 그와 같이 눈에 드러나는 저항을 발견하지는 못하였을 것이라고 말하였다. 다른 교사들은 자신들의 손으로는 변화시킬 수 없는 부가적인 제약들에 관해 말하기도 하였다. 하루 중에 어떤 시간에 수업이 있는가에서부터 특별한 학교의 행사로 인한 주의 산만함, 그리고 어떤 학급에는 "마법과 같은" 전환점이 생길 수 있는 것을 방해하는 학부모 면담일 안내방송과 같은 것들이다.

그럼에도 불구하고 얀센은 우리가 관찰한 대로 질문과 대답, 퀴즈와 복습 등을 선택하였다. 다루어진 작품에 관한 지식을 평가하도록 고안된 문학 성취도 평가에서 얀센의 학생들이 전반적으로 비교적

언어교육과 대화적 교수법

빈약한 수준을 보여주었기에(표 3.1) 수업 시간을 기계적인 복습으로 시종하는 것이 – 심지어 학력이 낮은 학급에서조차 – 학생들로 하여금 작품을 숙지하도록 돕는 효과적인 방법은 아닌 듯하다. 문학 교사들이 작품의 세부적인 사항에 관한 회상을 강조하는 시험문제 중심의 접근을 택할 때, 교사들은 학생들에게 문학은 그저 시험문제보다 더 중요하지 않은 것이라는 함축적인 그러나 강력한 메시지를 보내는 것이다. 결과적으로 학습의 과정이 아닌 학습의 결과에 대한 이러한 강조는 지식을 생산하는 학생의 역할을 평가절하한다. 작품으로부터 학생들을 소외시키는 것은 학생들이 어떻게든 참여한다고 해도 참여에 관한 투자의 부족으로 반영되는 셈이다.

우리는 크래머(Kramer) 교사의 수업을 탐구하기 위하여 잠시 동안 얀센의 수업을 벗어날 것이다. 크래머의 학급은 얀센과 정확히 정반대의 이유로 우리를 혼란스럽게 만들었다: 비록 그는 실제적인 질문을 하려고 들지 않았으나 그의 학급은 학생들의 이전 수행 평가와 SES 예측치보다 훨씬 더 진전된 양상을 보였다. 학생들을 실제적인 질문들에 참여시키지 않았는데도 어떻게 그는 교사로서 학생들을 문학작품에 참여시킬 수 있었던 것일까?

능동적인 교실 문화의 형성

크래머의 9학년 문학 수업을 처음 들었을 때, 우리는 무엇이 더 인상적인지를 결정하기가 어려웠다: 교실을 지배하는 상호 존중의 느낌, 혹은 많은 실제적인 질문들(혹은 중요한 어떤 종류의 질문들)을 하지 않고서도 그러한 분위기를 만들어냈다는 사실 가운데 말이다. 학급의 25명의 학생들에게 한 크래머의 수업을 시작하는 말 역시 특히 얀센의 경우와 비교했을 때 교사-학생의 대화를 방해하는 듯이 보였다.

우리가 하게 될 일은 교재에 있는 몇 편의 시들을 분석하는 겁니다. 내가 시를 분석하는 방법은 소책자에 있는 시들이 여러분이 분석했으면 하는 것들이에요. 나는 여러 시적 장치들을 살피지는 않을 것이고, 주제라는 측면에서 시를 분석할 겁니다, 음. 내가 시의 주제와 분위기를 분석하는 방법이 여러분이 소책자에 있는 시를 분석할 때 쓰기를 기대하는 방법입니다. 이건 말하자면 소책자들의 시들을 어떻게 해야 할까라는 측면에서 여러분들의 감각을 날카롭게 만들기 위한 그냥 리허설이라고 할 수 있어요.

크래머는 자신의 문학 수업을 학생들에게 기대하는 바를 정확하게 진술함으로써 시작하였다. 얀센과는 대조적으로 그의 시작은 표면상으로는 독백적이지만 자신의 지대한 관심사가 수업의 활동과 목표의 경계 −덜 중요한 답과 "가장 중요한" 답을 구분하는 경계들에 관한 것이 아니라 −에 관해 지시적인 것임을 보여주고 있다. 얀센의 목표가 선다형 시험에서 그녀가 생각하는 정답을 재생산하는 것이었던 데 반해, 이 수업의 목표는 특정한 분석의 방법론을 학습하는 것인 듯 보인다.

이 두 목표들은 근본적으로 서로 다른 인식론들에 따라 통제된다. 크래머는 자신의 학생들을 지식의 생산자들로 만들고자 하는 데 반해 얀센은 수업의 목표에 비판적인 독자가 되기를 격려하는 것을 포

언어교육과 대화적 교수법

함시키고는 있음에도 불구하고 지식의 재생산자들을 형성하고자 하는 듯하다. 따라서 크래머 선생님은 전반적인 인식론적 목표를 부여함으로써 따라 하기와 같은 고도로 지시적인 활동조차 학생들의 투입을 높이 평가하는 방식으로 수행되었다. 왜냐하면 궁극적으로 학생들의 투입을 중요하게 여겼기 때문에 교사의 기대에 관한 지시 ("내가 시를 분석하는 방법은 …… 여러분이 소책자에 있는 시를 분석할 때 쓰기를 기대하는 방법입니다.")는 "정답의 수는 많다"는 다른 교사의 주장보다 한층 실제적인 교사-학생의 대화를 끌어내는 방법을 열어 보였다.

크래머의 교육적 실천은 일종의 비계 설정으로 간주될 수 있다. 그는 통제가 학생들에게 조금씩 부과되는 방식으로 수업을 설정하였다. 학생들은 결과적으로 자신의 힘으로 문학작품을 분석하는 활동을 이끌어나갈 책임을 지지만 어느 정도 연습을 하고 난 후, 그가 표현한 대로 "리허설"을 하고 난 후가 된다. 우리가 들었던 교실담화는 종종 그와 같은 리허설을 모둠별로 수행하는 대화였다. 크래머는 – 대공황 시기에 살아남고자 분투하는 남매 사이의 관계에 관한 다음 시의 사례처럼 – 텍스트를 가지고 대화하는 것과 같은 분석의 방법론을 제시하였다.

　크래머 : 이제 마지막 연에 관해 살펴볼까요? …… 다들 마지막 연을 보세요.
　학생1(끼어들며) : 그녀는 모든 것을 확신하고 있는 것처럼 말하지만 사실은 모든 것을 확신하고 있지 않다는 것을 보여주고 있어요.
　크래머(시의 구절을 읽어주기 위해 건너뛰며) : "그는 그녀를 보며……"

학생2 : 그건 그녀가 불안하고, 그런 자신의 감정을 감추려고 한다는 걸 의미하는 것 아닐까요? 그가 자신이 불안해하고 있다고 생각하는 걸 원하지 않아요.

크래머 : 그래, 그녀는 자신의 감정을 감추는 데 성공했어요. 끊임없이 뛰는 네온 불빛 같은……. 네온 불빛은 무엇을 의미하는 걸까요?

학생 : (들리지 않음)

크래머 : 좋아요, 그녀 정맥의 펄떡임, 정맥이 네온 불빛이 계속 그런 것처럼 안타깝게 뛰고…….

이 수업의 단편에서 볼 수 있듯, 시의 해석을 요구하는 크래머의 개방적인 질문("이제 마지막 행에 관해 살펴볼까?")은 한 단어로 빈칸을 채우는 대답을 요구하는 얀센과 아주 대조적이다. 이어지는 대화의 유형도 다르지 않다. 얀센의 수업과 대화는 비슷하지만 크래머의 수업은 끼어들기가 특징적이다. 위의 끼어들기-한 학생이 그 연을 읽은 자신의 의견을 제시하기 위해 크래머에게 끼어들기를 하고 있다-는 대화를 가로막는다기보다 대화에 참여하는 표시였다. 중요한 것은 크래머가 그 학생의 반응을 평가하기 위해 멈추지 않는다는 것이다. 오히려 그는 먼저 그녀의 대답을 위한 기초가 되는 마지막 연의 한 행을 읽어보는 것으로 반응함으로써 더 나은 대화를 자극하고 있다. 실제로 즉각적인 평가로 해석을 종결짓기보다 학생이 초점화한 행들을 반복함으로써 크래머는 학생의 해석을 인정하였다. 이러한 반응 역시 다른 학생들이 각자의 관찰을 통해 뛰어들 수 있도록 텍스트 자체에 집중하는 역할을 하였다. 크래머의 빈번한 "그래"라는 말은 가치 판단이 아닌 모호한 말이었으나 단순히 대화를 계속하기 위한 의사소통이 목적이었다.

대화는 실제로 지속되었다. 크래머의 학생들 중 96%가 놀라울 정도로 수업이 진행되는 동안 구성적으로 참여하였다. 이는 얀센의 학생들이 17%만 참여한 것과 대조된다.

상호성의 사회적 논리

크래머의 언급은 텍스트를 "사고의 장치"(Lotman, 1988)로서 전경화하였다. 그의 수업에서 텍스트는 "정답"을 담고 있는 단일하고 정태적인 실체가 아니라 학생들로 하여금 비판적으로 성찰할 수 있게 만드는 도구였다. 학생들 앞에서 그가 반복하고 유지시켜 갈 때 텍스트는 목소리를 부여받았다. Purves(1991)가 썼듯, "일단 문어 텍스트는 독자들이 읽을 때만 살아나게 되며, 기록물이 아닌 미적 대상으로 읽고자 선택했을 때 문학작품이 된다."(p.161) 크래머는 학생들이 텍스트를 단순히 서류뭉치로 보는 것을 허용하지 않는 극적인 감각을 발휘하여 텍스트의 낱말들을 읽었다. 더욱이 텍스트 자체의 역할 속으로 걸어 들어감으로써 그는 시에 생명을 불어넣고, 학생들로 하여금 대화적 경험이 항상 읽기의 일부분임을 명확하게 하였다. 위의 대화에서 크래머는 한번 끼어들기를 허용하였고 한 번은 거부하였다. 그는 학생과의 대화 속으로 뛰어들었지만 교사의 역할이라기보다 학생과 대화하는 텍스트의 역할을 놓치지 않았다. 그는 학생이 평가자로서 교사와 대화하는 게 아니라 미적 대상으로서의 텍스트와 상호작용하도록 격려하였다.

사실상 우리는 상호성의 사회적 논리가 작동하는 것을 본 셈이다.

교사가 상정하는 역할이 학생이 기대하는 역할을 결정한다.(1장 참조) 텍스트에 역할을 부여함으로써 크래머는 학급의 학생들이 학생의 역할이 아닌 독자의 역할로 걸어 들어오게 만들었다. 비록 크래머의 수업 속 학생이 텍스트에 대해 혹은 "그건 그녀가 불안하고, 그런 자신의 감정을 감추려고 한다는 걸 의미하는 것 아닐까요?"라는 동료학생의 질문에 대해 얼마나 직접적으로 반응하였는지는 알 수가 없지만 그것은 중요하지도 않다. 여기에서 중요한 것은 칠판 위에 있는 정답의 목록이 아니라 새로운 지식으로 이끄는 반응을 형성하는 반응들이다. 교육을 보는 대화적 접근은 학생, 교사, 그리고 텍스트 사이의 경계들을 유동적으로 만들기 때문에 역할의 이동을 촉발한다.

Purves(1991)가 텍스트를 미적 대상으로 읽는 텍스트와 문서로 읽는 텍스트를 구분한 것은 크래머의 텍스트 활용과 얀센의 그것을 비교할 때 염두에 두어야 할 유용한 지점을 알려준다. 얀센 역시 텍스트의 꼼꼼한 읽기를 촉발하고자 했으나 그녀의 텍스트는 분명 서류로서의 텍스트였다.

　　얀센 : 자, 저녁 식사 장면을 분석해 보고 왜 존이 걱정이 많아졌는지를 설명해 봅시다. 이것은 7장이나 8장에 있는 내용인데. 책 필요한 사람? 몇 쪽에 그 내용이 있나요?
　　학생 1 : 57쪽이요.
　　얀센 : 그래, 57쪽을 보세요. 그럼 그 부분을 발견할 수 있을 거예요. … 그래 "콩을 먹고" 그 아래쪽이군요. 그 부분을 누가 읽어볼까요? 57쪽에서 여백이 있는 58쪽 아래까지.

브렌다 : 제가 읽을게요.

(브렌다가 그 부분을 읽는다)

얀센 : 좋아요. 그럼 질문은 "저녁 식사 장면을 분석해 보고 왜 존이 걱정이 많아졌는지를 설명해 보자."였어요.

교사가 학생들에게 작품을 "분석하라"고 요구할 때 그녀는 이 질문을 질문-대답의 암송 시간이란 맥락 속에서 이러한 질문을 하고 있음을 기억하는 것이 중요하다. 브렌다가 텍스트를 읽은 다음 "왜 존이 걱정이 많아졌는지를 설명해 보자."에 대한 정답의 검토가 이어진다. 텍스트에 역할을 부여한 크래머와 달리 얀센은 시험이 요구하는 것과 같은 질문을 함으로써 시험 문제에 역할을 부여하고 있다. 위에서 본 것처럼 학생들의 텍스트와의 만남 전체는 시험을 치르는 경험의 맥락 속에 짜여져 있다. 텍스트 그 자체는 Hynds(1991)가 "탐구와 해석을 위한 풍부한 토양이라기보다 정확한 의미의 담지체"(p.119, 강조는 원문)라고 지칭하는 것으로 다루어진다. 학생들에게는 자신들의 앞에 놓인 것을 해석할 자유가 있는 것처럼 보이지 않는다. 사실 교사는 마지막 퀴즈 문제로 되돌아갈 뿐만 아니라 앞으로 치르게 될 퀴즈 문제를 예고하면서 수업을 끝맺고 있다. "[정답을] 쓰지 않은 학생들은 정답을 쓰도록 해라."고 얀센은 주의를 주고 있다. "이 문제들은 아주 바람직한 선다형 질문이다" 학생들은 이제 막 읽은 문학작품이라기보다 결국 치러야만 하는 "시험 문제"에 참여하고 마는 것이다.

우리의 연구는 대체로 교사들은 지식의 원천인 텍스트뿐만 아니라 그들 자신, 그들의 동료 학생, 교사 등을 고려하도록 권고해야 한다는 결론에 도달하게 만든다. 개인적인 지식과 다른 사람들의 지식에 기초한 질문들은 대화의 역동성을 모방한다. 그럼에도 불구하고 크래머는 어떻게 텍스트에 기반한 질문들 ―더욱 놀라운 것은 아주 비실제적인 질문들―조차 텍스트를 사고의 장치로써 활용하는 대화적 분위기를 강화해낼 수 있는지를 보여준다. 서사의 시점에 관한 다음 대화를 살펴보자.

> 크래머 : 다른 종류의 서술자로는 뭐가 있지요?
> 학생1 : 3인칭 서술자요.
> 크래머 : 좋아, 그래요, 3인칭 서술자. 그리고 이것을 뭐라고 부르지요? 누군가가 그 단어를 속삭이고 있군요.
> 학생2 : 전지적 서술자요.
> 크래머 : "전지적"이란 무슨 뜻으로 쓴 말인가요?
> 학생2 : (들리지 않음)
> 크래머 : 그래요, 그래. 바로 그것이에요. 인형극의 조종사 같지요. 바로 이게 글쓰기의 아름다움인 거지. 여러분이 신이 되는 유일한 시간이기 때문이에요, 여러분이 3인칭 서술자로 쓴다면 여러분이 바로 신이 되는 거예요.

시험문제와 같이 들리는 질문("다른 종류의 서술자로는 뭐가 있지?")을 어떻게 이어가는지를 주목해 보자. 그는 "전지적 서술자가 뭐가요?"라고 묻는 대신 "전지적"이란 무슨 뜻으로 쓴 말인가요?"라고 묻는다. 그는 정의 자체를 묻는 것이 아니라 학생이 내리는 정의를 요구한다. 이러한 정교화를 위한 요구는 학생들을 "정답"으로 밀어붙이고자 하는 시도가 아니라 학생으로 하여금 "해석적 지평"을 탐구하도록 부추기는 시도이다. 정교화를 위한 그의 요구는 그가 학생들이 특정한 용어를 기억하고 있는가 뿐만 아니라 그들이 그것을 이해하고 있는가에도 관심을 두고 있다는 것을 보여준다. 그것이야말로 그가 문학적 용어의 개념 정의에서조차 토의에 개방적이기에 학생의 입력을 소중하게 여기는 표지임을 보여준다. 실제 크래머가 수업에서 질문에 관한 일정한 어조를 설정한 것은 학생과 교사 사이에 진행되는 더 큰 탐구적 대화의 일부이다.

크래머가 이와 같은 대화를 높이 평가하고 있다는 것은 사후에 진행된 인터뷰에서도 확인되었다. '이상적인 학생은 어떤 학생인가?'라는 질문에 "스스로의 힘으로 생각하는 학생"이라고 했으며, "이상적인 수업은?"이라고 물었을 때, "학생들이 질문을 하도록 만들고 오늘날 세계에서 일어나는 일과 자신의 삶 속에서 일어나는 일 사이의 연결을 짓기 시작하였을 때."라고 답하였다. 이상적인 학생/수업 상황에 관한 우리의 질문에 관한 얀센의 대답은 미묘한 그러나 중요한 차이를 드러내었다. "가장 바람직한 수업은 학생들이 열심히 자기 일을 하는 수업, 우리가 하고 있는 일에 대해 흥미를 느끼는 수업 그리고 조용히 있어야 할 때와 뭔가 말해야 할 때를 아는 수업이지요." 그녀에게는 학생들이 비판적으로 사고하는 능력, 지적인 질문들을 하는 능력 −이들 두 가지가 학생들이 배우기를 원하는 궁극적인 것이라고 언급하였다− 이 분명 중요하지만 학력이 낮은 자신의 학급에서 일어나는 과업을 일탈하는 학생들의 행동이 작품에 관한 대화에 참여하기보다 교사의 지시에 순응하게 하는 것에 더 초점을 두게 만드는 듯했다.

능력별 체계의 결과가 그녀나 크래머의 접근법에 영향을 미쳤음은 분명해 보인다. "평균 이상"의 학생들과 수업을 한 크래머는 낮은 학력의 학생들과 수업을 한다면 자신의 방법을 바꾸게 될 것을 인정하였다. "수업 시간에 저 자신을 있는 그대로 드러내는 것이 좋지요. 학생들도 제 수준에 맞게 대하고요. 평균치의 학생들과는 그렇게 할 수 있는 방법이 없어요. 매일 연기를 해야 할 거예요. 엄격한 훈련관이 되어야 할 것이고요. 농담도 별로 할 수 없을 거고 나만의 개인적인 경험들을 많이 활용하지 못할 겁니다."

그렇다면 어떤 주어진 전략이 학생들에게 어떻게 수용될 것인지를 결정하는 데 중요한 역할을 수행하는 것은 바로 이러한 대규모 학급의 맥락과 교사들이 어떻게 협상을 맺어가는가 하는 것이다. 얀센의 수업에 관한 토의에서 주목하였듯이 암송의 맥락 속에 있는 "대화"는 날아오르지 않는다. 분석에 대한 요구도 마찬가지이다. 진정한 대화적 수업의 맥락 속에서 "암송"은 특유의 톡 쏘는 침을 상실한 것과 같다. 전체 수업의 맥락을 살펴볼 때만 우리는 왜 특정한 흐름이 대화적 교육에서 학생의 참여를 성공하게도 실패하게도 만드는 것인지를 이해할 수 있다.

따라서 궁극적으로는 겉으로 보기에 "실제적인" 얀센의 수업 대화가 숨이 막힐 듯하고, 반면에 크래머의 "비실제적인" 듯 보이는 수업 대화가 고무적일 수 있는가를 이해하기 위해서는 단순히 교사의 말 혹은 학생의 말 그것만이 아니라 교사와 학생들 사이의 상호작용 역시 검토할 것을 요구하였다. 의미는 대화 참여자들 사이의 상호작용 속에 있다. 이들 두 교실에서 상호작용에 의해 수립되는 각 교실 수업의 맥락들–수업을 안내하고 함축적으로 혹은 명시적으로 수업을 위한 목표를 설정하고, 대체적으로 사례들에 의해 수업을 이끌어가는 교사가 수립한 교실의 문화–이야말로 학생들의 관점에서 교사의 질문이 갖는 실제성을 결정하는 것이었다. 교사가 질문-대답의 형식을 엄격하게 고수하는 것이 학생의 해석적인 반응을 실제로는 환영하지 않는다는 것을 암시하는 것처럼 "실제적인" 교사의 질문이 반드시 학생의 대화를 강화하는 것은 아닐 것이다. 그 반대로 시의 의미에 관한 쌍방향의 토의 동안에 제기된 명백히 비실제적인 질문조차 교사가 진정으로 학생들의 해석에 관심을 기울인다면 토의를 돕는 디딤돌이 될 수 있다. 또한 교실 문화가 학생들이 어떤 종류의 질문을 해도 된다고 느끼게 하는지 아니면 질문하는 데 용기가 필요하다고 느끼게 하는지를 결정하였다. 이들 두 교실은 교사와 학생의 질문에 관한 완벽한 영향을 수업이 발생하는 맥락과 동떨어진 채 이해하는 것이 불가능하지는 않을지라도 결코 쉽지 않은 일임을 입증하고 있다.

교실 통제의 다른 유형들

두 교실 이야기는 궁극적으로 우리로 하여금 이 장의 첫 부분에서 제기한 질문으로 되돌아가게 만든다. 교사의 통제 아래 일어날 수 있는 교사와 학생 사이의 생산적인 대화를 결정하는 조건은 무엇인가? 만약 그렇다면 교사의 통제는 어느 정도여야 하는가? 우리는 특정한 근본적인 조건들이 교사의 통제 아래에 놓여 있다고 믿게 되었다. 우선 그리고 가장 중요한 것은 교사의 도움이 교실 대화가 일어나는 맥락, 곧 수업의 형식과 그에 내재된 인식론을 결정한다는 것이다. 강의, 질문과 대답의 연쇄, 토의 등 어떻게 교실 대화가 구조화될 것인지를 결정하는 것은 교사이다. 단순히 지식을 학생들에게 전달할 것인지 아니면 새로운 지식이 생성될 수 있게 허용하는 토의를 시작하기 위해 학생들의 참여를 활용할 것인지를 결정하는 것도 교사이다.

얀센과 크래머의 수업 담화는 두 가지 다른 종류의 교사 통제를 보여준다. 두 교사들은-확실하게 학습이 이루어지길 희망하면서-명확하게 자신의 수업들에 관한 일종의 통제를 추구하였다. 교실에서 권위를 이끌어내는 그들의 시도들이 갖는 결정적인 차이는 다음과 같다. 얀센의 담화는 교실에서 생산된 실제적인 지식을 제한한 반면 크래머의 담화는 학생들이 지식을 생성할 때 겪는 과정을 통제하였다. 얀센은 정답을 찾았으며, 크래머는 학생들이 올바른 방식으로 정답에 도달하는지 그리고 자신과 학생들이 학습에 기여하는 환경을 형성하는지에 관심을 가졌다.

학생의 대화를 침묵에 빠지게 하는 것과 구분되는 긍정적인 종류의 통제가 존재한다는 개념은 중요하다. 그러나 지나칠 정도로 교사들은 모든 권위가 사라져버릴지도 모르는 결과를 두려워하는 나머지 학생들과 교실의 통제를 공유하고자 시도하지 않는다. 교사들은 "또래의 역동적인 힘이… 교육 목표를… 전복한다."(Dipardo & Freedman, 1988, p.127)는 것 역시 너무도 잘 알고 있다. 교실을 통제하는 것에 관해 "전부 혹은 전무"를 선택해야 한다고 느끼는 태도는 잘못된 것이다. 교사들은 학습을 자극하는 종류의 통제를 이끌어 내는 방법을 선택함으로써 자신들의 권위를 생산적인 방향으로 향하게 해야 한다.

교실에서의 문화 형성 : Yalom의 이론

임상심리학자이며 집단의 역동성에 관한 이론가인 Irvin D. Yalom (1995)은 지도자가 선택할 수 있는 통제의 상이한 유형들을 적절하게 구분하고 있다. 또래 중심의 집단 치료 환경에서 조력자로 오랫동안 활동한 경험을 바탕으로 그는 학습이 또래 사이의 상호작용을 용이하게 한다는 것을 믿는 지도자들은 그들의 권위를 아주 특정한 방식으로 행사해야만 한다고 주장한다. 먼저 집단의 지도자들은 집단 속에서 경험하게 될 새로운 문화를 사람들에게 적극적으로 소개해야 한다는 것이다. 이를 그는 "문화 형성"이라고 불렀다. 문화 형성은 "집단의 상호작용을 안내하게 될 …… 행동 규칙의 규정, 혹은 규범"(p.119) 등의 구축을 포함한다. 특별한 목적을 위해 소집하는 다른 집단과 마찬가지로 수업이 "전형적인 사회적 교류 속의 규칙 혹은 예의와 근본적으로 구분되는 규범들을 가지고 있다"(p.110) 는 것을 학생들에게 명확하게 하는 것이 중요하다. Yolom은 또래들의 상호작용이 강조되는 집단에서 확립되어야 할 중요한 많은 규범들을 열거하고 있다. 우리는 그 전부는 아닐지라도 다음의 많은 집단 규범들이 교사들에 의해 모범이 보이고 또 학생들에게 수용된다면 교실의 경험을 강화하게 될 것이라고 믿는다.

- 표현은 정직하고 자발적일 것
- 구성원 사이의 상호작용은 자유로울 것
- 개인적인 참여의 수준들이 높을 것
- 구성원들이 통찰력과 변화를 갈망할 것
- 자기 노출이 안전하고 높게 평가받을 것
- 구성원들은 집단을 중요하게 생각할 것
- 구성원들은 집단의 효율성에 책임감을 가질 것
- 외부의 문제에 대해 토의하는 것보다 전체로서의 집단에 관련된 문제에 관해 소통하는 것이 우선적일 것
- 구성원들은 서로를 일차적인 도움을 줄 수 있는 존재로 여길 것

Yalom에 따르면 또래의 중심에 놓인 지도자는 집단의 "기술적인 전문가"로서 행동함으로써 이들 규범들을 명확하게 구축해야 한다. 이것이 바로 크래머가 수업의 도입에서 했던 것이다. 위에서 언급한 대로 그는 학생들이 따라야 한다고 기대하는 방법론적인 지침들을 명확하게 설정함으로써 시를 해석하는 수업을 시작하였다. "내가 시를 분석하는 방법은 ... 소책자에 있는 시들을 여러분이 분석했으면 하는 방법이다." 더욱이 시 수업을 시작하기 직전에 그는 다음 주에 제출해야 할 과제에 대해 자신이 기대하는 바를 몇 분에 걸쳐 설명하기도 했다. 사실 "내가 원하는 것은"이란 표현을 2분도 안 되는 시간 동안 5번이나 반복했다! 그는 그들이 함께할 때 이들 사람들에게 기대되는 것이 무엇인가 하는 척도를 설정하였다. 이와 달리 얀센은 당장 해야 할 집단의 과업에 대한 척도를 설정하는 데에 많은 시간을 투여하지는 않은 듯하다. "자, 우린 어제 배운 것을 퀴즈로

풀게 될 거예요. … 우린 아주 많은 다른 것들을 찾아야 해요.”또한 아마도 “해야 할 과업”이란 말도 이 경우 학생들은 비참할 정도로 익숙해져서 자신들이 수행하게 될 역할에 대해 새로 언급할 필요조차 없을 것이다.

우리는 또한 Yalom의 문화형성을 위한 두 번째 본질적인 요소인 집단의 유지가 얀센의 교실에서 이루어지지 않는 듯이 보인다는 점을 주목하였다. 집단의 유지에는 “집단의 응집력을 훼손하는 어떤 힘들 : 지속적인 태만, 결석, 하위 집단화, 분파적인 예외 그룹의 사회화, 희생양을 만드는 것 등”(Yalom, 1975, p.113) 등을 억제하는 것이 포함된다. 비록 그것이 집단으로부터 개인을 제거하는 것을 의미할 지라도 지도자의 “첫 번째 과제는 물리적 실재를 형성하도록 돕는 것”(1975, p.107)이다. 비록 얀센은 “학급의 경영”을 위해 의미 있는 정도의 많은 시간을 보냈다고 보고하였지만 그녀는 우리가 관찰한 수업에서 그와 같은 붕괴들을 무시하는 듯했다. 그 결과 과업에서 일탈한 잡담이 아주 높게 지속해서 나타난 것은 수업 활동이 일반적으로 높게 평가되지 않고 있다는 것을 암시하는 것이다. 사실 그녀는 상대적으로 신규 교사였기에 이해할 수 있지만 여전히 수업에서 자신의 권위를 세우기 위한 적절한 방식을 찾아내기 위해 고군분투하고 있었다. “난 교육실습을 할 때 훈육이 쟁점이나 문제가 될 것이라고는 전혀 생각해 본 적이 없어요.”라고 그녀는 말했다. “아마도 이 부분이 제가 가장 준비가 안 된 거 같아요.”

Yalom의 틀은 얀센 수업의 또 다른 잠재적인 문제를 파악할 수 있도록 해 준다. 학생의 반응들을 서둘러 평가하는 경향, 이는 곧 어떤 유형의 생산적인 교환으로 발전될 여지를 남겨주지 않는다는 것이다. Yalom은 너무 빨리 "내용에 대한 평가"로 뛰어드는 것이라고 설명한다. 이렇게 하는 지도자는 지식이 단지 한 방향으로만 흘러간다는 메시지-교사들에게 부여된 매우 실질적인 제도적 권위를 의식하기 때문에 학생들이 재빨리 내면화하기 쉬운-를 보냄으로써 집단의 대화적 잠재력을 방해한다는 것이다. Yalom에 따르면 수업의 초기 몇 주 동안 문화 형성과 집단의 유지 활동에 집중함으로써 자신의 목소리를 주도적으로 탈중심화하는 교사 혹은 집단의 지도자만이 교실에서 생산된 지식을 "소유하고 있는" 권위 있는 사람들로 설정될 걱정 없이 평가적 언급을 할 권리를 가진다는 것이다. 우리가 앞서 발췌한 교실 수업에서 본 것처럼 크래머는 평가자의 역할이 아니라 텍스트에 역할을 부여하기로 결정했을 때 자신의 목소리를 주도적으로 탈중심화한 것이며, 학생의 목소리가 무대의 중심을 차지하게 된 것이다. 게다가 그의 언어는 그가 만들어낸 교실 문화를 강화하는 흥분과 강렬함을 표현하고 있었다. 가장 중요한 생각의 교환이 교실의 귀퉁이에서가 아니라 정면에서 그리고 중심에서 일어나고 있음을 암시하였다. 그 자신 학생의 기여와 학습의 과정에 대한 존중을 유지함으로써 크래머는 학생들도 마찬가지로 학습의 상황을 존중하도록 격려하였다. 그는 교실이 생산적이고 정직한 교환이 일어나는 안전한 장소임을 확신하도록 만들었다.

다음 시험을 넘어서서

앞서 제안했듯이 크래머가 학생들이 자신들의 생각에 대한 자신감을 느끼는 교실 문화를 형성하였다는 사실은 그가 학생들의 신뢰를 저버리지 않고도 이미 정해진 답이 있는 질문을 할 수 있도록 만들었다. 대화주의가 뿌리 깊은 가치를 갖는 수업에서 교사들이 수업에 가져오는 지식은 수동적인 단절감이라기보다 안전하다는 느낌을 안겨줄 수 있다. 크래머의 수업에서 "전지적 서술자"의 의미에 관한 질문을 받은 학생들은 궁극적으로 문학에 관한 자신의 생각으로 그 개념을 활용할 수 있게 되어 예컨대 얀센 교실의 학생들이 단편소설의 단락마다 한 가지 정확한 의미에 관해 퀴즈를 부여받은 것과는 다른 경험을 하게 된 것이다. 소크라테스의 방식으로 말하자면 이미 정해진 답들을 가지고 있었을지라도 크래머의 질문들은 생각할 만한 가치가 있는 질문들이었다. 그 질문들이 생각할 가치가 있는 것은 교실을 넘어서는 함의를 갖고 있기 때문이다.

더 한층 중요한 것은 학생들이 시험을 보고 난 뒤에도 유용할 수 있는 것들에 대해 생각하도록 요구받고 있다는 점이다. 그러나 크래머의 수업에서 놀라운 것은 학생들에게 질문을 하는 그의 활동이 아니라 Tharp와 Gallimore(1988)가 "교육적 대화"[3]라고 지칭하는 것을 강화하는 활동이었다. 아마도 수업 중 학생들의 질문이 별로 없는 것은 놀랄 일이 아닐 것이다. 실제 삶의 대화 역시 전형적으로 질문에 의해 지배되지 않기 때문이다.

대화적 교육에 있어 중요한 것은 개방적인 질문을 하고, 토의의 형식들을 설정하고, 혹은 전적으로 강의나 복습을 회피하는 것 등을

---

3) 대화로 가장 긴밀하게 조율된 형태의 수업에서 실제적인 학습자의 수나 교사의 질문들과 무관하게 학습자들은 문학 성취도 평가에서 더욱 높은 점수를 받는 경향이 있다.

"하고" 혹은 "하지 않고"의 문제가 아니다. Langer와 Applebee(1987)가 쓰기에 대한 과정중심적 접근에 관한 연구에서 지적하였듯이 교육적 실천에서의 점진적인 변화는 전반적인 목표들과 가능성들에 관한 기본적인 재개념화가 함께 수반되지 않는다면 효과적이기 어렵다. 학생의 참여에 관해서도 가장 중요한 것은 학생들의 투입을 진지하게 받아들이는 것이다. 따라서 학습으로 이끄는 대화의 맥락은 강의에 의해 주도되는 수업에서처럼 단일한 듯 보이는 상황에서조차 일어날 수 있는 것이다. 어떤 맥락에서도 좋은 대화는 서로 교류하는 두 집단들 사이에 상호 신뢰와 존중이 존재할 때, 그리고 두 집단이 대화를 통해 새로운 무언가를 발견할 수 있다고 믿을 때 발생한다. 이러한 상호 존중의 풍토가 없다면 교실 환경은 실제로 누가 말을 하는가와 관계없이 독백주의가 되고 말 것이다.

4장

교사는 무엇을 해야 하는가? - 교실에서의 대화주의[1]

Martin Nystrand

이 연구의 결과가 뒷받침하는 교육의 유형은 많은 사람들에게 유토피아적이며 비실제적인 듯이 보일 것이다. 무엇보다 완벽한 대화적 교수법은 다른 누군가에 의해 이미 정식화된 지식의 개념이 아니라 교사와 학생, 또래 학생들 사이에서 생성되고 공동으로 구성하는 지식의 개념을 포함한다. 게다가 대화적 교수법은 오늘날 미국 학교에서의 교실담화의 주도적인 형식인 암송과 함께 교사에서 학생으로 이동하는 일방적인 정보의 전승을 배격한다. 반면에 이들 개념과 너무 멀리 동떨어진 개방적인 토의와 교육적인 "대화", "의미의 협상" 등과 같은 얼핏 보아 모호한 과정을 중시한다. 그와 같은 교류는 교사로 하여금 권위 있는 지식의 원천이자 문제없는 지식의 심판관이란 안정된 역할을 포기할 것을 요구한다. 대신 한층 미묘하고 겉으로 보아 위험하기까지 한 대화의 조직자이며, 촉매, 비평가, 능숙한 대화 주최자 등의 역할을 부과한다. 간략하게 말해 대화적 방법론은 교사-학생의 밀접한 상호작용, 높은 정도의 개별화 수업, 협동학습, 개방적인 토의, 미리 완벽하게 정해지지 않는 교육과정과 학습계획 등을 높게 평가한다. 수업은 부분적으로는 학생의 기여에 대

---

1) "대화주의와 위기에 처한 학생들"과 "문학교육"의 일부는 M. Nystrand의 "High School English Students in Low-Ability Classes: What Helps?"에서 수정을 가하여 옮겨온 것이다.(*The Newsletter of the National Center on Effective Secondary Schools, January 1990, pp.7-8*)

한 반응으로 그리고 전적으로 예측할 수 없는 교실 상호작용의 연속에 의해 진행되기를 기대한다. 무엇보다도 대화적 수업의 성공은 학생들이 수업에 끌고 들어오는 입력에 달려있다. 그러나 수많은 교육자들, 학부모들, 납세자들, 전문가들의 눈에는 무엇보다 미국의 학생들이 교실에 가져오지 못한 것들에 의해 구별되는 듯 보인다. 그런 가운데 이 제안이 실질적으로 작동할 수 있을까? 교육정책의 입안자들은 국가교육과정과 평가의 강화로 기울고 있는 듯하다. 그들은 지금보다 더 우연에 기대를 한다면 어떻게 교사와 학교가 책임을 다 할 수 있을지 염려할 것이다.

현재 사용되는 대화적 방법들

지금도 많은 교사들은 학습과 성취를 진작하기 위해 교실의 고유한 대화성을 공식적으로 수용하고 증진시키는 다양한 방법들을 활용하고 있다. 사실 우리의 연구는 이어가기, 실제성 있는 질문들, 상위 수준의 평가 등과 같은 이들 원리들과 조응하는 방법들을 충분히 포괄하지 못하고 있다. 그러나 안타깝게도 이들 모두를 일관되게 활용하는 교사들은 거의 없다. 우리가 지금껏 살펴보았듯이 학생의 이전 응답들을 이어지는 질문으로 결합할 때 많은 교사들은 학생의 이해와 해석을 정교화하고 이어가기 위해 후속되는 논의를 활용한다. 답이 정해져 있지 않은 진짜 질문을 함으로써 교사는 학생의 해석을 펼칠 공간을 개방하고, 교재에 제시되어 있는 것뿐만 아니라 학생과 학생의 아이디어들이 중요하며 학습을 위한 기회를 제공할 수 있다는 신호를 준다. 끝으로 상위 수준의 평가를 통해 교사들은 학생의 아이디어와 관찰들이 실질적인 방식으로 토의의 과정에 영향을 미친다는 것을 허용함으로써 반응의 중요성을 입증해 준다. 이들 방법들을 실천하는 교사들은 정보가 교사에게서 학생에게로 뿐만 아니라 학생에게서 교사에게로 옮겨간다는 것을 수용함으로써 학생의 반응을 정당화하는 것이 교실담화의 근본적인 규칙임을 확립해 간다.

교실 대화 : 의미의 공유된 협상

수많은 유능한 교사들은 쓰기, 읽기, 그리고 교실에서의 대화를 지속적으로 상호 연관시켜나간다. 이 교실에서 학생들은 특정한 화제에 관해 글을 쓰기 이전에 대화를 나누며, 토의한 것에 관해 글을 쓴다. 그들은 자신들이 읽은 것에 대해 쓰며, 쓴 것에 관해 토의하며, 토의에 이어 읽기를 수행한다. 성공적인 교실 토의는 주어진 학습 계획을 뛰어넘어 각각의 조각난 새로운 정보를 연속적으로 변형하고 주어진 정보를 새로운 이해로 확장해 갈 때 미묘한 이해의 연결망을 구축한다. 예컨대 『천둥아 내 외침을 들어라!』란 작품의 토의에서 소설의 4장은 전날 과제로 플롯 요약하기가 있었기에 주어진 정보의 원천으로 다루어졌다. 이 책의 1장에서 제시된 녹취에서처럼 존이란 학생은 터너 씨가 "백인들의 도움을 거절하였다"라는 점에 주목했을 때 이 주어진 정보에 근거를 둔 것이었다. 그런데 교사가 왜 그가 이렇게 했는지를 물었을 때 존은 새로운 정보(즉 토의에서 처음 제기된)를 소개함으로써 대답하였다. 곧 터너 씨가 "모든 다른 가게 역시 백인들 소유"였기 때문에 그 가게에서 물건을 계속 살 수밖에 없었다는 것이다. 그러나 이 추측은 잘못된 것임이 판명되었고, 그러자 존은 덧붙여진 새로운 정보를 정교화함으로써 자신의 가설을 수정하였다. 곧 "이게 이유는 아닐까요?"라고 존은 주장했다. "면화가 들어올 때까지 임금을 지불받지 못해요. 그런데도 그 해 내내 그들은 여전히 사야만 하는 것들이 있고…… 그래서 대농장의 주인이 그들이 외상으로 물건을 살 수 있도록 그 가게에서 사는 것에 대해 보증을 서 줄 것이기 때문이에요."

이 발췌는 역동적으로 상호 구성되는 이해의 연속체로 간주될 수 있다. 각자는 이전의 것을 바탕으로 다음에 올 것을 예견하고 있는 것이다. 담화는 전형적으로 주어진 정보와 새로운 정보의 그와 같은 '연쇄'를 특징으로 한다. 따라서 한 반응에 대해 다른 반응이 이어지는 것은 대화의 빠르기를 규정한다. 어떤 토의의 최종적인 이해 –때때로 요점이라 지칭되는–는 결과적으로 특정한 대화 참여자들의 역동적인 상호작용이 지닌 고유한 역사를 반영한다. 아주 특별한 "열정적인" 교실 토의에 뒤이어 때때로 교사들은 다음 수업에서 같은 토의를 반복하지 못했을 때 좌절을 겪기도 한다. 불행하게도 같은 화제임에도 매우 다르게 정교화하기 때문이다. 그 이유는 단순하다. 각각의 토의는 그 고유한 생명력을 가지고 있으며, 다른 대화참여자들은 항상 달리 상호작용하기 때문이다.

Britton(1969)에 따르면 이와 같은 종류의 언어는, 구어이든 문어이든, 표현적(expressive)이다. Hemingway의 단편소설에 관한 학생의 대화 분석에서 그는 다음과 같이 쓰고 있다.

언어교육과 대화적 교수법

다소 느슨하고, 자기 현시적이며, 자기를 드러내면서 소수의 친밀한 동료들에게 전달된다는 의미에서, 또 일반적인 진술에서 특정한 경험의 서술로, 또 그 반대로 쉽게 옮겨간다는 의미에서 언어는 일관되게 '표현적'이다. 아주 특수하게는 (논증이나 사회학적인 보고에서 기대하는 것과는 달리)진술을 할 때조차도 화자들은 정확하고 명료한 지시대상을 지향하지 않으며, (이야기꾼이나 소설가들이 그러하듯) 경험과 관련시킬 때 정교한 수행을 지향하지도 않는다.(1969, p.96)

Britton이 지속적으로 지적하고 있듯 이러한 종류의 담화는 교육적으로 중요하다. 왜냐하면 대화의 과정에서 학생들은 정확하게 자신들이 이미 알고 있는 것을 바탕으로 내면화될 필요가 있는 이들 개념들만을 통해 사고하기 때문이다. 이와 같은 토의는 부과된 것에 관한 보고로서가 아니라 학습 자체의 양식으로서 지닌 잠재력 때문에 주목할 만한 가치가 있다.

대화적 견지에서 주어진 정보는 대화 참여자들이 함께 알고 있는 것이며, 새로운 정보는 주어진 상황 속에서 대화 참여자들이 공유하고 있지 않은 정보이다. 즉 새로움과 주어진 것은 항상 누가 말하는가에 따라 상대적인 것이다.

새로운 이해를 협상해 나가는 과정은 단순히 개념들을 언표하고 반복하는 것이 아니라 참여자들을 근본적으로 인식론적인 방식을 취하게 하는 것을 포함한다.(Becker, 1992b, p.119) 우리가 살펴보았듯 암송과 학습 문제들과 같은 독백적인 교실담화의 장르들은 정보의 보고를 끌어내는 경향이 있다. 반면에 진정한 질문, 토의, 주제에 대한 관점 보고서 등과 같은 대화적인 장르들은 분석과 해석을 끌어내는 경향이 있다. 교사들이 일반적인 IRE식의 암송의 연속(즉 교사의 질문Initiation-학생의 반응Response-교사의 평가Evaluation)선상에서 학생의 대답을 평가하는 것으로 학생에게 반응할 때 교사들은 학습을 기억하기로, 학생을 기억하는 존재로 취급한다. 대조적으로 교사들이 대화와 토의에서 관찰한 결과를 바탕으로 학생들에게 반응할 때, 그들은 학습을 성찰로 간주하며 학생들을 단순히 기억하는 존재로서뿐만 아니라 사고하는 존재로서 정당화한다. 결과적으로 이들 서로 다른 담화 장르들은 학생들에게 근본적으로 상이한 역할을 부과하거나 자극한다. 따라서 담화 장르들은 교사에 의한 윤리적인 선택을 포함하게 된다. Maturana와 Varela가 설명하듯 "최종적인 분석에서 인간과 인간의 연결은 타자의 현존이 지닌 정당성에 관한 성찰로서 모든 윤리의 근거이다."(Becker, 1992a, p.231 재인용). 학생들을 신중하게 고려할 때, 교사들은 최상의 것을 학생에게 기대함으로써 최선의 것을 이끌어낸다. 만약 교사들이 각각의 교실 토의가 지닌 완벽한 잠재력을 길러내고자 한다면 그들은 이미 규정된, "통조림과 같은" 상호작용을 거부하게 될 것이며, 지속적으로 교실마다 존재하는 독특한 반응들에 사려 깊게 반응할 준비가 되어 있어야 한다.

특정한 유형의 교실 대화와 일지 쓰기, 초고 쓰기, 학습일지 등과 같은 쓰기 과제들은 새로운 정보를 맥락화하고 적용시킨다는 점에서 학습 활동과 시험 등에 비할 때 훨씬 더 많은 유연성과 잠재력을 제공해준다. 초고 쓰기나 학습일지 쓰기에서 필자와 독자는 같은 사람이지만, 한층 전형적인 글쓰기 과제들에서 필자와 독자는 동일하지 않다. 이 차이는 독자가 균형을 잡아야만 하는 주어진 정보와 새로운 정보에 영향을 미친다. 시험 상황에서 학생은 교사가 제시한 것이 무엇이든지 간에 그 관점에서, 주로 이전 교육과정의 내용에서 새로운 개념들을 토의해야만 한다. 그러나 대조적으로 학습일지에서 학생들은 새로운 개념을 전유하기 위한 한층 더 완벽한 기회를 갖게 된다. 왜냐하면 그들은 이전 교육과정의 내용에서뿐만 아니라 관련된 것이라면 어떤 것이든 다룰 수 있기 때문이다. 예컨대 11학년 영어수업의 학습일지에서 한 학생은 확신 없는 어조로 이렇게 쓸 수 있다. "맥베드의 몰락을 야기한 것이 무엇인지는 확신할 수가 없다. 그 원인은 그의 야망이었다. 그러나 그 원인은 멕베드 부인의 야망 때문이기도 하였다. 마녀들이 관련되어 있는 것은 아니었나?" 필자 역시 논점에서 벗어날 수 있다. "만약 독백으로 다시 돌아가 보자면 이것이 훨씬 더 분명해진다. 가만 보자……." 게다가 학생들은 일지에 교육과정상의 읽은 것들에 관해 유보적이고 사색적으로 일지에 쓸 수 있다. 그렇지만 그와 같은 일지들은 결코 시험 답안으로 제출될 수는 없다. 시험은 이 "유보적임"을 "불확정성"의 표지로 판단할 것이며, 일탈을 "일관성 없음"의 표지로 간주할 것이다. 시험 중심의 교육과정에서는 그 주제에 관한 학생의 참여가 중요함에도 불구하고 유보성이나 일탈을, 격려는 차치하고, 그 어떤 것도 허용하지 않는다.

대화주의가 교육에 관한 우리의 이해를 증대시키는 것은 학습을 위한 사회적 토대를 제공하는 교사와 또래 집단과의 상호작용의 방식에 대한 것이다. 우리가 살펴보았듯이 대화적 관점에서 개념적인 변화를 증진시키는 것은 타자와의 상호작용과 타자에 대한 반응을 포함한다. 물론 이들 대화들은 쓰기의 형식을 취할 수도 있다. 중요한 것은 대화 참여자들이 그들 자신의 언어로 서로의 참여를 추구해나가는 것이다. 이는 곧 개념적인 변화가 교사들이 새로운 정보를 학생들에게 "전승"할 때 발생하는 것이 아니라 오히려 대화 참여자들의 해석적 틀이 그 과정에서 변형되고 확장되는 방식 속에서 상이한 목소리 혹은 관점들이 서로서로 "삼투하고", "활성화"하는 방식 속에서 발생한다는 것이다. 일반적으로 유능한 교사들은 친숙한 근거 위에서 시작함으로써 이 작업을 수행한다. 이를 통해 학생들이 새로운 자료를 대했을 때 그들의 이전 지식, 현재의 이해, 그리고 개인적인 경험을 이끌어내도록 격려한다. 진정한 질문들, 후속되는 논의들, 그리고 토의는 모두 이러한 목적에 기여할 수 있다. 훌륭한 교사들은 지속적으로 "다음에 우리가 갈 수 있는 곳"을 이해하기 위하여 "우리가 지금 어디에 있는지"를 성찰한다.

인식론적으로 보아 대화적으로 조직화된 교육은 현재 시제의, 구성적인, 그리고 때때로 잠정적인 지식- 즉 학생의 현재의 이해 -을 과거 시제의 지식(기억하게 되는 것), 그리하여 결국 학습이 되는 것의 토대로 다룬다. 대화적 교실의 다양한 목소리들을 수용하기 위하여 교사들은 정보를 제시하는 것보다 더 많은 것을 해야 하며 학생들은 누군가가 알고 있는 것을 찾아내고 기억하는 것보다 더 많은 것을 해야 한다. 학생들은 나중에 회상하기 위하여 다른 사람들이 모아둔 다른 사람들의 생각과 사실을 단순히 습득해서는 안 된다. 오히려 학습은 그들이 세계와 자신의 경험에 관한 현재의 이해 속에 새로운 정보를 통합하도록 요구한다. 이러한 이유로 효과적인 교육은 린제이 교사의 수업에서 존에게 했듯이(1장 참조) 학생들이 배워야 하는 새로운 정보뿐만 아니라 학생의 이해의 진전을 위한 여지를 만들어 주어야 한다.

모든 단어는 다층적인 잠재적 의미를 지니고 있으며, Rommetveit (1983)가 주장하듯이 담화 속에 실현된 하나 혹은 몇몇 단어의 의미는 "두 대화 참여자들이 발화의 순간에 당연하게 간주하는 것"(p.18)[2] 에 의존할 것이다. 예컨대 "대통령"의 개념이 말 그대로 무의미한 문화에서 현대 프랑스의 역사를 가르칠 때(Rommetveit는 사례로 아프리카 시골지역을 선택하고 있다). 교사는 이 개념을 "프랑스의 강력한 왕"으로 샤를르 드 골Charles de Gaulle을 다소 변형하였으나 이해는 되도록 언급함으로써 설명할 수 있을 것이다.

> 그리고 교사가 특정한 표현을 활용하는 근거는 결코 악의적이거나 냉소적이지 않을 수 있다. 사실 학생들이 그 화제에 적합하게 이미 알고 있는 지식과 프랑스에서 드골의 정치적 역할에 관해 학생들이 알고 있는 지식으로 끌어 낼 수 있는 지식 사이의 간극을 메우기 위한 더 나은 방안이 없는 특정한 상황 속에서 그처럼 단순화시킨 것일 수도 있다.(p.34)

"프랑스의 강력한 왕"이란 구절이 현대 유럽의 민주 정체에서 대

---

2) "단어의 의미는 전적으로 그 맥락에 따라 결정된다. 사실 사용에 따른 맥락의 수만큼이나 단어의 의미가 존재한다."(Volosinov, 1973, p.79) "기호의 형식들은 무엇보다도 참여자들의 사회적 조직에 의해 규정되며 마찬가지로 그들 상호작용의 직접적인 조건들에 의해 규정된다. 이러한 형식들이 변화할 때 기호 역시 변화한다."는 Volosinov(1973)의 주장과도 함께 비교해 보라.

통령에 관한 타당한 정의가 아닐지라도 이 상황에서는 그 표현이 효과적으로 소통될 수 있는 것이다.

Volosinov(1973)가 주장하듯 "이해 그 자체는 어떤 유형의 기호적인 자료 내에서만 일어날 수 있다. 마치 교실담화처럼. 이는 의미 자체가 복수의 목소리와 다른 관점들이 굴절되고 상호 반응하는 가운데 초래되는 역동적인 현상이기 때문이다.[3] 이해는 대립적인 관점들의 갈등, 불일치, 그리고 투쟁을 통해 특히 증진된다. 이해는 항상 반응의 형식을 취하는 것이다.

> 타자의 발화를 이해한다는 것은 그에 맞추어 스스로의 방향을 잡는 것을 의미한다. …… 이해하는 과정 속에서 우리는 발화의 각 단어마다 말 그대로 우리 자신이 그에 대답하는 단어들을 내어놓는다. 진정한 이해란 본질적으로 대화적이다. 발화와 이해의 관계는 대화의 한 줄과 그 다음에 오는 대화의 관계와 같다. 이해는 대응하는 단어로 화자의 작업과 조응하고자 하는 노력이다.(Volosinov, 1973, p.102: 강조는 원문에서)

사건들이 단순히 기억 속에 축적되는 것이 아니라 해석되는 것이라고 한다면 대화적 이해의 과정은 인지심리학자들이 현재의 이해(understanding)의 관점에서 새로운 정보를 동화시키거나 맥락화시키는 것으로 이해(comprehension)를 다루는 것과 다소 유사하다.(Piaget, 1951 참조) 그러나 인지심리학자들과 달리 Bakhtin & Volosinov는 이해

---

3) Volosinov(1973)는 사고 혹은 내적 발화가 "문법이나 논리적인 법칙에 따르지 않고, 삶의 전반적인 실제적 진행과 사회적 상황의 역사적 조건들에 긴밀하게 의존하는 가운데 평가적 (정서적) 조응, 대화적 진행 등에 따라 서로서로 결합되고 대체된다는 점에서 …… 대화의 대안적인 선들과 유사하다."(강조는 번역자)

를 추상적인 정신적 재현의 측면(스키마들)에서가 아니라 하나의 기호를 다른 기호로 "굴절시키는 것"으로 파악한다. Volosinov는 "의미란 단어 속에, 화자의 정신 속에 혹은 청자의 정신 속에 존재하는 것이 아니다. 의미는 화자와 청자 사이의 상호작용의 효과이다. ……두 개의 서로 다른 회로가 함께 마주칠 때만 발생하는 전기의 불꽃과 같은 것이다."(Volosinov, 1973, pp.102-103: 강조는 원문에서)라고 주장한다. 주어진 발화는 "동일한 주제에 관한 다른 구체적인 발화들을 배경으로 하여 이해되며, 그 배경은 모순적인 견해, 관점 그리고 가치판단들로 이루어져 있다."(Bakhtin, 1981, p.281) 주제에 적극적으로 참여하는 주장하는 글쓰기, 일지 쓰기, 그리고 교사의 실제적 질문들 등에 의해 종종 대화적으로 조직화된 교육이야말로 정확히 그와 같은 맥락이다. 이 모든 방법들은 이종언어(Heteroglossia)를 권장한다. 왜냐하면 이들 방법들은 교실담화의 전개에 학생의 목소리들을 초대하기 때문이다. Volosinov(1973)가 쓰고 있듯, 이들 활동들은 학생들이 "[그들 자신에게] 또 다른 관점의 언어 형태를 부여함으로써"(p.86) 교육적 맥락을 강화한다.

근접 발달 영역에서의 상호성

(비록 서로 만난 적은 없지만) Bakhtin, Volosinov와 동시대인인 Vygotsky는 학습과 인지 발달을 더 많은 능력을 지닌 또래들을 포함하여, 학생과 교사 사이에서 일어나는 의식의 대화적 놀이와 같은 것으로 개념화하였다. Vygotsky에 따르면 아동들은 대체로 언어를 부모와 형제, 자매들과의 상호작용을 통해 경험한다. 이러한 상호작용은 서로

자신들의 행동을 조정하는 역할을 한다. Vygotsky가 관찰한 바에 따르면 실제 어린 아동들은 특히 복잡한 과업의 와중에서 자신의 행동을 규제하는 방식으로 혼잣말을 하고는 한다. 자기 규제는 어른들과 그리고 더 많은 능력을 지닌 또래들과의 상호작용의 시기를 거치고 서야 가능하다고 그는 주장한다. 더욱이 "근접 발달 영역", 곧 "실제 발달의 수준과 …… 잠재적인 발달 수준 사이의 거리"(Vygotsky, 1978, p.86)에서 일어날 때 그들의 상호작용이 가장 성공적일 수 있다. 발달은 "오늘 다른 사람의 도움으로 할 수 있는 것"이 "내일 자신의 힘으로 할 수 있게 되는 것"(p.87)으로 변화될 때 일어난다는 것이다.

물론 오늘날 이 모든 주장은 문해력 연구자들에게는 일반적인 지식이 되고 있다. 그러나 항상 이해를 받지 못하는 부분은 예컨대 놀이 활동과 같은 어떤 공동의 활동에 근거를 두고 있는 어른과 아동 사이의 일련의 잘 짜여진 비계화된 상호작용이 어떻게 역할의 상호성에 기반을 두고 있는가 하는 것이다. Wertsch와 Hickmann(1987)은 트럭 그리기를 아동들에게 가르치는 어머니들에 관한 연구를 들어 이러한 발달의 양상을 설명하고 있다. 어머니들은 아동들에게 자신들이 모든 것을 그려 보이거나 대부분의 선을 그려 보임으로써 시작한다. 그리고 이어지는 상호작용들 속에서 점차 선과 형태를 간략히 하는 가운데 아동들이 그 절차들을 배우도록(내면화하도록) 한다. Wertsch가 지적하듯 아동이 할 수 있는 것(실제적 발달 수준)을 허용하고, 아직 할 수 없는 것(잠재적 발달 수준)을 도움으로써 서로의 노력 속에서 어른은 아동의 학습과 활동에 "비계를 설정"한다. 아동의 확장되는 역할과 관점, 그리고 드러나는 기능들을 지속적으로 격려하는 가운데 어른은 점차적으로 아동의 잠재적인 기능들이 실제적인 기능으로 변화될 수 있도록 과업에 대해 더 많은 책임을 넘겨준다. 대화적 견지에서 -그리고 이것이 본질적인 지점이다 -각자는 그들 관계의 사회적 논리가 요구하는 것에 따라 수행한다. 이러한 논리는 단순히 아동이 학습하는 동안의 관계를 형성할 뿐만 아니라 인지 속에 구현됨에 따라 학습이 일어나는 가운데 아동의 사고와 성숙한 상호작용을 지속적으로 조직화해 나가기도 한다. 여기에서 발달은 아동의 확장된 역할이 상호적으로 이루어지며, 따라서 공동의 활동 속에서 어른의 감소하는 역할에 의해 가능하게 된다. 상호성은 항상적으로 남아있기 때문에 정확하게 역할들은 옮겨질 수 있다. Cazden (1988)이 지적하듯 비계 설정의 핵심은 도움 자체의 일시적이며 유연한 속성이다. 그와 같은 교육은 협동적인 성격으로 말미암아 또 아동의 이해 상태를 평가함으로써 요구되는 도움의 성격을 어른들이 결정해야만 한다는 점에서 사회적으로 상호작용적이다. 이러한 방식으로 담화와 사회적 상호작용은 아동의 이해 발달을 구조화한다. 이것이 곧 Volosinov(1973)가 주장하듯 학습이 학생과 교사 사이에, 주체와 교육적 타자 사이에 존재하는 "상호 개인적인 영역" (p.12)에서만 발생할 수 있는 까닭이다.

Forman과 Cazdan(1985), Daiute와 Dalton(1989)은 지식을 갖춘 어른이 없을 경우에조차 또래의 협동이 학생들을 근접 발달 영역으로 이끌 수 있음을 입증하였다. 예컨대 공동의 관심사가 있는 과제를 함께 수행할 때, 각각의 대화 참여자들은 공동의 과제가 지닌 잠재력을 실현하기 위하여 대화를 지속해 간다. 비록 대부분의 교육적 비계 설정에 관한 오늘날의 논의들이 아동의 문제 해결에 미치는 어른의 도움을 언급하고 있지만 Vygotsky(1978) 자신은 "어른의 도움 아래 문제 해결 혹은 더 많은 능력을 갖춘 또래들과의 협동"(p.86; 강조는 원문에서)을 언급하였다. 서사를 구성할 때 짝을 지어 활동하는 3학년 학생들의 협동에 관한 연구에서 Daiute와 Dalton(1989)은 전문성이 상대적임을 발견하였다. 어떤 학생들은 철자와 구두점과 같은 기술적인 문제들에 도움을 제공하였으며, 다른 학생들은 서사구조에 관한 아이디어로 기여하였다.

초등학교 읽기 교육에서 비계 설정의 대표적인 활용은 Palincsar와 Brown(1984)의 "상호적 교수법"이다. 그 속에서 참여하는 교사와 학생들은 교사의 역할로 추정되는 활동을 번갈아 수행함으로써 대화를 이어간다. 먼저 교사가 상세한 방법을 알려주고 학생들에게 적절한 역할을 어떻게 수행할 것인지를 모범을 보여준다. 그리고 난 다음 학생들이 능숙해지면, 교사들이 수동적인 역할을 점차 늘려나가는 식이다.

Langer와 Applebee(1984)은 적절하게 비계 설정된 언어와 언어예술 교과의 교육은 학생들로 하여금 자신들의 활동에 관한 주인의식을 발전시킨다고 결론짓고 있다. 왜냐하면 그들은 "단순히 교사 혹은 텍스트의 지시를 따르는 것보다 그들 자신의 의미화를 발전"(p.180)시킬 수 있었기 때문이다. 주의 깊게 비계 설정된 과제들은 학생들을 좌절시킬 정도로 어렵지 않으면서 도전해 볼 만큼 충분히 어려워야 한다고 이들은 주장하였다. 끝으로 이들은 교사들의 역할이 평가적이기 보다 협동적일 때 한층 더 효과적임을 덧붙이고 있다. 이와

언어교육과 대화적 교수법

같은 협동적 상호작용은 쓰기 교육에서도 가능한데 쓰기 과업이 학생들뿐만 아니라 교사의 목표를 포함하고 있을 때만 가능하다고 주장하였다.

쓰기 교육

학교에서 글쓰기를 배우는 문제는 실제 경기를 하지 않은 채 전적으로 지도만으로 이루어지는 운동 경기(테니스 같은)의 학습과 아주 흡사하다. 전문적인 교사가 적절한 라켓을 휘두르는 시점과 전략을 가르치고 코트 옆에서 면밀하게 관찰하는 것이 모두 적합하고 바람직하겠지만, 이 교육이 그물망 반대편 진짜 선수와 함께 실제적인 상호작용에 의해 보완되지 않는다면, 그와 같은 교육은 추상적이며, 가설적이며, 실현되지 않는 것일 따름이다.

불행하게도 학교에서 쓰기교육을 배우는 학생들은 선정한 텍스트의 자질이 갖춘 훌륭한 점들에 관해 너무 많이 듣게 된다. 그러나 아주 많은 독자들, 곧 텍스트의 "그물망 반대편"이라는 실제적인 수사적 맥락 속에서 쓸 기회는 그리 많지 않다. 먼저 최근의 교육 성취도에 관한 국가 평가 결과는 학생들이 다른 교과에서 약간 더 많은 글쓰기를 하고 있는 것으로 보여주었으나(Applebee 외, 1994참고) 학생들은 주로 영어수업 시간에 쓰기를 하는 경향이 있다. 게다가 대규모 학급과 학습량의 과도함으로 말미암아 대부분의 영어교사들은 상대적으로 최소한의 글쓰기 과제만을 내준다. 끝으로 교사들은 수사적인 목적이 아니라 텍스트의 자질이나 기술적인 문제들에 대해 전문적인 피드백을 제공하는 경향이 있다. 이와 같은 교육적 과제들을 Britton과 동료들(1975)은 "글쓰기 시도"라 지칭하였으며, Burgess (1985)는 "실제적이고 지속적인 글쓰기가 아니라 판에 박힌, 비실제적인 신비화하는 −쓸데없는 연습을 바쁘게 계속 하게 만드는 것−" (p.54)으로 기술하고 있다. 교사들이 작가의 수사적인 목적에 반응할 때조차 그들은 실제적인 독자가 아니라 감독자로서 수행한다. 예컨대 만약 낙태를 지지하는 에세이 때문에 낙제 점수를 받는다면, 교사가 이 학생은 자신의 마음을 변화시키는 데 실패했기 때문이라고 말하면서 교사 자신은 여전히 낙태를 반대한다고 했을 때 학생 필자(그녀의 부모와 교사의 교장은 말할 것도 없이)가 겪을 놀라움을 상상해 보라.

학생들이 결코 만난 적도 없는 "독자"라는 추상적인 개인의 반응에 기초하여 교사들은 충고하려고 든다. 비록 학생들이 자신이 쓴 텍스트에 관한 충고와 평가를 받아들일지라도 그들은 학교에서 그들의 교사가 이해하지 못하거나 이미 알지 못하는 것에 관해 설명하거나 누군가의 마음을 변화시킬 기회는 거의 갖지 못할 것이다. 비록 그와 같은 글쓰기는 철자나 구두점, 그리고 필수적인 과정의 정보를 회상하는 것을 도울 수는 있을지언정 불행하게도 설득적인 글쓰기나 정보를 담는 산문에 관한 어떤 실질적인 경험도 거의 제공해주지 못할 것이다. 교사 역시 설득되거나 정보를 얻기 위해 그들의 과제를 읽지 않는다. Applebee(1981)은 다음과 같이 주장한다.

쓰기를 잘 배우기 위한 가장 효과적인 쓰기 상황은 쓰기의 효과가 중요한 상황일 것이다. 그 상황에서 학생은 설득력 있는 주장을 제시하는 성공을 맛볼 수 있거나 혹은, 그렇게 하는 데 실패한 문제들과 씨름할 수 있다. 그럴 때 교사는 글의 구성과 제시의 다양한 방법들이 지닌 효과들을 입증함으로써 학생들의 글쓰기 기능을 발전시키도록 돕기 위해 때로는 직접 관여할 수도 있다. 그러나 참으로 중요한 것은 인용될 수 있는 정보의 정확한 항목들이다. 그렇지 않다면 새로운 글쓰기 기능의 발달이란 본질적으로 적합하지 않거나 학생과 교사 모두가 똑 같이 무시하는 기능일 따름이다.(p.101)

효과적인 쓰기교육은 진정한 수사적 상황 속에서의 연습과 피드백을 요구한다. 그 상황 속에서 독자들은 필자의 실제적인 목적에 반응하는 것이다.

아마도 작문에 관한 최근의 연구에서 가장 중요한 통찰은 효과적인 쓰기 교육은 작문, 수사학, 혹은 문법에 관한 지식을 가르치는 문제라기보다 학생들이 어떻게 진척시켜 나가는 방법을 알게 할 수 있을까 하는, 글쓰기 과정을 증진시키고 정교화하는 문제에 있다는 점이다. 영어교사들은 명사로서가 아니라 동사로서 글쓰기를 생각할 필요가 있다. 어떤 경우에든 쓰기에 관한 정보(곧 발화의 부분들, 수수의 원리들, 단락의 유형들 등)가 활동 자체의 맥락 속에서 학생들에게 가장 중요한 의미를 갖는다는 것이다. 이것이 곧 왜 쓰기 교사들의 주요한 책임이 적합한 쓰기 활동들을 촉발시키고 지속시켜 나가는 것과 효과적인 피드백을 제공하는 것인지를(특히 모둠에 대한 반응과 쓰기 평가회에서) 설명해 줄 것이다.

어떻게 재능 있는 필자들을 진전시켜 낼 수 있을까? 학교에서 우리는 학생들이 잘 발달된, 명료한, 군더더기 없는 산문을 쓸 것을 기대한다. 그러나 1장에서 보았듯이 사실상 모든 것을 말하는 문제는 결코 아니다. 오히려 —독자들의 "반응이 있는 이해들"(Bakhtin, 1986) 과 차이에 반응하는 자신의 관점들을 고대하는 —"타자의 취향에 조율하기"(Rommetveit, 1992)를 요구한다. "선택의 지점들"에서 재능 있는 필자들은 본질적인 개념 정의와 유익한 사례들을 제공해 준다. 텍스트를 읽을 때 독자는 직관적으로 필자가 모든 것을 자세하게 기술할 것이라고 느낀다. 그러나 실제로 필자들은 결코 그렇게 하지 않는다. 오히려 상호성에 미치는 잠재적인 위협들만을 정교화할 따름이다. 이들 선택의 지점들이 정교화되지 못한 채 남겨진다면 불명료해지며 의문을 야기할 것이다. 역으로 어려운 글들은 그와 같은 지점들을 다루는 데 실패하거나 쟁점을 더 나쁜 방식으로 정교화하게 될 것이다.[4] 이는 왜 명료함이 결코 텍스트의 현상이 아니라 오히려 대화적인 현상인가를 설명하는 이유이며, 일반적으로 왜 담화가 대화 참여자들의 상호작용에 의해 아주 완벽하게 구조화되는지를 설명하는 이유이기도 하다.(Nystrand & Wiemelt, 1991) 마찬가지로 이것이 독자 반응의 다양성을 경험하는 것이 — 그저 1년에 한두 차례 교사의 피드백을 받는 것보다 - 쓰기를 배우려는 학생들에게 얼마나 큰 이점인지를 설명하는 것이기도 하다.

만약 쓰기가 이해할 수 있고 효과적인 방식으로 자신의 생각을 정

---

4) 필자들이 잠재적인 어려움이 있는 자료들을 정교화하는 데에 실패하거나 부적절하게 처리할 때, 그 결과는 "억지로 짜맞춘 듯"해진다. 곧 필자가 말해야 하는 것과 독자가 발견하고자 하는 것 사이가 일치하지 않는다는 것이다. 만약 화제가 부적절하게 정교하다면 독자는 그 텍스트가 지나치다는 것(이게 뭐지?)을 알게 될 것이다. 만약 필자가 화제에 관해 언급된 것을 부적절하게 정교화한다면 독자는 텍스트를 모호한 것으로 간주(그래서 초점은 뭐냐?)할 것이다. 더욱 상세한 것은 Nystrand(1986, 3장) 참조.

언어교육과 대화적 교수법

교화하는 과정이라고 한다면 쓰기 학습은 이러한 과정에 대한 통제력을 획득할 것을 요구한다. 작가가 만드는 선택지들과 정교화들을 통제하는 것은 무엇인가? Flower와 Hayes(1977)에 따르면 이들 결정들은 "자기 관찰"(쓰기 과정들을 조정하는 인지적 능력)을 통해 이루어진다고 하지만 정확하게 이 "블랙 박스"를 작동시키는 것은 무엇인가? 이 장치는 언제 계획을 짜고, 언제 평가하며, 언제 전사하며, 언제 수정할지를 어떻게 결정하는가? 왜 초보적인 필자들은 본질적인 선택의 지점들을 놓치는가? 간략히 말해 재능 있는 필자들의 글쓰기 과정들은 어떻게 구조화되는가? 어떻게 교사들은 학생들이 적절한 선택의 지점들을 식별하고 유용한 정교화를 생성하도록 돕는 유용한 과제들과 교실 맥락들을 규정하기 위하여 이들 과정들에 관한 통찰들을 활용할 수 있을까? 만약 우리가 이들 선택의 지점들을 규정할 수 있다면 우리는 이들 본질적인 쟁점들을 논의하기 위한 먼 길을 떠날 수 있을 것이다. 만약 우리 학생들이 자신들의 글쓰기에서 두드러진 선택의 지점들을 예측하기를 배울 수 있다면, 그리고 효과적으로 그 지점들을 다룰 수 있다면 학생의 글쓰기는 한층 개선될 것이다.

이러한 쟁점들을 피력하기 위하여 글쓰기 연구자들은 최근 글쓰기 과정을 그 결과물인 텍스트, 그리고 그것이 작동하는 맥락들 모두와의 관계에 초점을 맞추어 왔다. 특히 연구자들은 한편으로는 쓰인 텍스트가 한편으로는 표현을 위한 필자의 요구와 다른 한편으로 이해의 측면에 선 독자를 중재하는 역할을 한다는 것을 검토하였다. 학생들이 자신의 글을 토의나 피드백을 위해 학급 친구들에게 제시할 때 또래 모둠의 반응은 이 과정이 작동하는 비판적인 교육적 공론장을 구성한다. 그와 같은 모둠에서 학생 필자들은 자신들이 쓴 글이 작가로서 자신의 목적과 독자의 관심을 어떻게 "연결하는지"를 배울 기회를 갖게 된다. 대화적 관점에서 "[메시지] X는 [작가]에게서 [독자]에게로 옮겨지는 것이 아니라 일종의 이데올로기적인 가교로서 그 둘 사이에서 구성되며, 둘의 상호작용 과정에서 구축된다."(Bakhtin/Medvedev, 1985, p.152) 이러한 논의의 연장선 위에서 Tierney와 LaZansky(1980)는 "텍스트와 관련하여 각자의 허용되는 상대적인 역할로 정의할 수 있는"(p.2) 작가-독자의 계약을 전제로 한다. 따라서 교육은 Brandt(1990)가 "상위담화적"- 그렇지만, 게다가, 한편으로는 등등의 단어와 구절들 - 이라고 지칭하는 텍스트의 요소들에 대한 통제권을 학생들이 획득할 때 도움이 된다. 상위담화적 요소들은 독자의 읽기를 안내하고 그들과 필자들의 상호작용을 용이하게 하기 위한 것이다. 마찬가지로 바람직한 교육은 학생들이 기대하도록 돕는 것이며 따라서 독자의 반응을 용이하게 하도록 돕는 것이기도 하다. 예컨대 어려운 용어들을 익숙한 사례들 혹은 정의들을 로 정교화하는 것을 들 수 있다. 만약 학생들이 이들 과정에 대한 장악력을 얻을 수 있게 되면 그들은 좋은 텍스트들의 자질에 관한 기교적인 정보(문법과 용법에 관한 정보) 그 이상을 필요로 할 것이다. 무엇보다 그들은 분명 교사들 이상의 폭넓은 독자들과의 연습을 필요로 하며, 그 독자들로부터의 피드백을 필요로 할 것이다.

교사들이 학생들에게 의사소통 과정으로서의 글쓰기를 경험할 수 있게 하는 몇 가지 방안들이 있다. 그 모든 방안들의 핵심은 교사

언어교육과 대화적 교수법

를 넘어서는 독자를 이들 학생들에게 설정해주는 것이다. 예컨대 교사들 자신이 학생들의 글쓰기에 반응하는 것에 덧붙여 많은 교사들은 학생들이 그들의 글을 서로 공유하도록 하며, 돌려 읽을 시간을 수업 시간 중에 제공하고 있다. 몇몇 고등학교 영어교사들은 학생들의 글로 "출판한" 신문이나 잡지를 만들기도 한다. 다른 교사들은 학생들이 다른 학교의 학생들과 펜팔을 맺을 수 있도록 주선하기도 한다. 네트워크로 연결된 컴퓨터가 있는 학교에서 교사들은 컴퓨터를 활용한 또래들의 글쓰기를 제공하기도 한다.(Huston & Thompson, 1985)

쓰기 교실에서 동료-반응 집단들

학습 필자들을 위한 가장 손쉽게 활용할 수 있는 독자들은 아마도 또래들에 의해 이루어진 독자들일 것이다. 상당히 많은 연구들이 동료 작문회의가 갖는 효율성을 입증하였다. 네댓 명의 학생 모둠이 서로 토의를 위해 자신들이 쓴 글을 가지고 수업 중에 정기적으로 만나는 것이다. 초등학교와 고등학교 영어교육에 관한 저술에서 Moffett(1968)는 처음으로 동료 작문회의를 "연습이 부족한 개별적인 학생들에게 충분한 경험과 피드백을 제공하는 유일한 방법"(p.12; Heath & Branscombe, 1985 역시 참조)이란 이유로 정당화하였다. Daiute (1986, 1989; Daiute & Dalton, 1993)는 8살 정도의 어린 아동들조차 특히 자신의 생각을 정당화하고 자기 평가를 증진시킨다는 점에서 협동적인 글쓰기로부터 얻을 것이 많다고 하였다. 글쓰기 모둠의 일상적인 활용은 150명 혹은 그보다 더 많은 학생들을 어쩔 수 없이 다루어야만 하지만, 학생들이 규칙적으로 쓰기를 원하는 고등학교 영어 교사들의 부담을 경감시킬 수 있는 독창적인 발상이기도 하다. 이들 중 몇몇 교실은 학생들이 또래들이 쓴 초고의 대부분에 반응한 다음 가장 뛰어나고 완성된 글들만 결과물로 교사에게 제출하기도 한다.

반응과 그룹과 연결된 또 다른 중요한 이점들이 있다. 고등학교 학생들에 관한 연구를 포함하여 동료 작문회의에 관한 연구는 비판적인 사고, 조직화, 그리고 적합성 등(Lagana, 1973)을, 수정 기술(Benson, 1979; Nystrand & Brandt, 1989), 쓰기 전 활동에 대한 주의, 필자 자신의 쓰기 과정에 대한 인식(Nystrand, 1983), 자신의 작문의 성공 가능성에 대한 평가 능력(Nystrand & Brandt, 1989), 점증하는 필자로서의 자신감(Fox, 1980) 등에 효과적으로 기여하고 있다는 것도 입증되었다. 이러한 연구에 대한 전반적인 개괄은 DiPardo와 Freedman(1988)에서 확인할 수 있다. 동료 작문회의에 관한 연구에서 이점들은 주로 학생의 글쓰기를 소규모 모둠에서 서로 검토하는 학생들과 교사를 상대로만 쓰는 학생들 혹은 또래 모둠을 통해 시간을 보내지 않는 학생들과 비교하는 가운데 이루어졌다.(Nystrand 1986; Nystrand & Brandt, 1989) 이들 연구들은 규칙적으로 자신들의 글을 또래들과 함께 토의하는 대학 1학년 학생들의 쓰기 능력이 단지 교사를 대상으로만 글을 쓰는 학생들보다 한 학기 과정 그 이상의 성취를 보이고 있음도 발견하였다. 또래 모둠 학생들의 진전은 주로 뛰어난 수정 기술의 발달에 기인하였다. 이렇게 된 이유는 학생들이 단순히 더 많이 수정했기 때문이기도 하다. 그들은 평균적으로 각각의 글에 대해 세 번 이상을 수정하였다. 뿐만 아니라 그들은 자신의 글을 또래 모둠에게 구어적으로 제시하기도 함으로써 초고를 검토하는 기술을 발전시켰으며 모둠 토의를 시작하기 전에도 자신들의 글에 수정할 표시를 하기도 하였다. 그러나 이처럼 강화된 수정과 초고의 검토가 갖는 중요성은 그 빈도 때문만은 아니다. 왜냐하면 이들 활동들은 이미 규정된, 일련의 글을 구성해 가는 활동들 속에 강제적으로 부과된 것이 아니라 자신들의 글을 또래 모둠의 구성원들을 위해 기능적으로 만들고자 하는 관심에서 비롯되었기 때문이다. 즉 그들의 수정은 상황에 의해 동기화되었던 것이다.

이들 연구에서 주로 서로를 의식하며 썼던 학생들은 그들이 의미했던 것과 자신의 텍스트가 실제로 말하고 있는 것 사이의 불일치들을 유용하게 소통하였다. 대조적으로 교사를 위해서만 썼던 학생들은 자신의 글과 어떤 "이상적인" 텍스트 사이의 불일치라는 문제로 한층 더 많이 다루었다(Gere & Stevens, 1985). 해당 학기의 과정에 걸쳐 또래 모둠의 학생들은 수정을 재개념화(글의 목적과 전개를 재고)하는 전반적인 과정으로 간주하는 경향이 증대된 반면, 교사와만 교류하는 학생들은 수정을 자신의 글을 단정하게 만드는 문제(주로 글자체, 철자, 구두점, 단어 선택 등 "지엽적인" 문제들을 고치는 것)로 바라보는 경향이 증대되었다. 두 집단 사이의 이러한 차이점은 교사를 위해서만 글을 쓴 학생들이 교사/독자를 그들 작업의 "심사위원"으로 간주하는 경향이 많은 데 비해, 서로를 의식하며 쓴 학생들은 그들의 또래 독자들을 협력자나 조력자로 보았다는 사실과 연관되어 있다. 또래 모둠 속의 학생들은 쓰기에 대한 한층 긍정적인 태도 역시 발전시켰다. 이는 또래 모둠의 학생들이 쓰기의 오류와 다른 쓰기의 문제점들을 덜 다루었다는 것을 의미하지는 않는다. 반대로 그들은 교사를 위해 글을 쓴 필자들보다 자신들의 글쓰기에 관해 훨씬 더 개방적으로 비판적이었다. 더욱이 반응 모둠의 학생들은 그들의 수정본을 단순히 익명의, 물신화된 독자의 요구에 맞추기보다 실제 독자의 요구들에 훨씬 더 정확하고 명료하게 연결시킬 수 있었다. 그들은 특정한 수사적 문제들에 따라 자신들의 수정본을 훨씬 적절하게 손질하였으며, 쓰기와 수정하기에 대한 한층 더 기능적인 접근을 발전시켰다.

또래 반응의 교육적 유용성을 입증하는 또 다른 연구에서 Cohen과 Riel(1989)은 교사에게 보여주기 위해 쓴 학생들의 글과 같은 주제로 다른 나라에 있는 또래 집단을 위해 컴퓨터 네트워크를 활용하여 쓴 글을 서로 비교하였다. 교사에게 보여주기 위해 쓴 글이 최종적인 성적과 현저하게 관련되어 있음을 알고 있었음에도 또래에게 전달하고자 하는 글들이 교사에게 보여주기 위한 글보다 훨씬 유의미한 높은 자질을 일관되게 보여준 것으로 판명되었다. 또래 학생들을 위해 쓴 글들은 내용, 조직, 어휘, 언어 사용, 그리고 장치 등에서 훨씬 더 나았다. Cohen과 Riel(1989)은 학생들이 자신들의 기능을 교사에게 입증하고 연습하는 글쓰기 대신에 알아야 할 필요가 있는 독자들에게 무엇인가를 설명하고자 글을 쓰는 기능적인 쓰기 환경 속에서 가장 잘 쓴다고 결론지었다.

9명의 라틴계 초등학교 어린이를 대상으로 한 민족지학적 연구에서 Gutierrez(1993)는 학생들의 쓰기 능력이 "그들 자신과 다른 사람들의 반응에 따라 정교화하고자 하고, 비판적인 질문들을 요구받고, 독자, 필자, 그리고 비평가 등의 다양한 역할들을 상정"한 기회의 정도에 따라 발전되었음을 발견하였다.

이 모든 연구들은 학교에서 쓰기 학습의 중심적인 어려움이 실질적으로 알고자 하고, 아는 것이 필요한 누군가에게 어떤 것을 설명할 기회를 거의 갖지 못하는 데 있다는 것을 보여준다. Applebee (1982)가 살펴보았듯이, 교사를 위한 쓰기는 교사들의 지식이 일반적으로 학생들의 지식을 능가하기 때문에 복잡해진다. 결과적으로 학생들이 교사를 위해 글을 쓸 때 그들은 정보를 얻기 위해서가 아니라 글쓴이가 도달해 있는 지식과 기능의 상태를 평가하는 누군가를 위해 쓰는 것이다. Berkenkotter(1981)이 결론짓고 있듯 "학교에서의 쓰기는 그 필요성을 배제하고 있기 때문에 독자의 표상에 관한 발달을 저해한다."라는 것이다.

협동 학습과 여타의 소규모 모둠 활동

물론 반응 모둠이 소집단의 유일한 교육적인 용도가 아니며 협동 학습이라 지칭되는 교육의 일반적인 범주에 속한다. 이 활동의 이점들은 개별화된 교육을 포함하여, 학문적 성취의 명료한 가치를 고양시켜 주며, 인종 관계를 개선하기도 한다.(Stallings & Stipek, 1986)

문학 수업에서 소규모 모둠에 관한 연구 역시 개념적인 변화를 증진시키는 교육적인 맥락을 조명하고 있다. 예컨대 논픽션에 관한 글쓰기 교육의 다양한 양상들에 관한 경험적인 연구에서 Sweigart (1991)는 논픽션에 관한 학생 주도의, 소규모 모둠 토의가 강의와 전체 학급의 토의 모두에 비해 읽은 에세이를 회상하고 이해하도록 돕는 데 훨씬 더 뛰어남을 발견하였다. 마찬가지로 그가 연구한 소규모 모둠 토의들은 발상의 정교화와 명료한 주제를 기준으로 평가하였을 때 학생들로 하여금 분석적인, 의견을 드러내는 에세이들을 쓰도록 준비시키는 데에도 더 나았다. 9학년 문학 수업에서 소규모 모둠의 효율성에 관한 연구에서 우리(Nystrand, Gamoran & Heck, 1992; 이 책의 2장도 참조) 또한 소규모 모둠이 개방형 과업에 반응할 때 그들 자신의 해석을 이끌어내는 자율성의 정도가 허용되는 한 효과적일 수 있음을 발견하였다. 이와 반대로 우리는 교사들이 소규모 모둠을 조직하였을 때에도 학습지를 협동적으로 풀게 하는 등의 엄격하게 구조화된 활동을 주로 했을 때에는 한층 대화적인 모둠과 비교할 때 학생들의 이해와 회상이 실질적으로 어려움을 겪는다는 것도 발견하였다. 우리가 관찰한 가장 훌륭한 소규모 모둠에서 교사는 일반적인 과업의 매개변수들 —예컨대 학생들에게 인물의 동기를 결정하라고 요구하거나 가장 선명한 묘사를 찾으라는 식으로 —을 명확하게 규정하였으나 어떻게 진행해야 할지를 정확하게 알려주는 것을 피하였다.

하나의 텍스트를 다양한 필자들이 구성하는 것을 포함하여 협동적인 쓰기에 관한 연구에서 Dale(1992)은 사회적인 맥락이 개념의 변화에 중요한 역할을 수행할 수 있다는 통찰을 제공해 주었다. Dale은 9학년 학생들 3명이 한 모둠으로 협동하여 학교가 고등학교 학생들의 출산을 통제해야 할 것인지에 대한 입장을 밝히는 글을 쓰게 했다. 먼저 Dale은 가장 실질적인 아이디어를 발전시킨 가장 강력한 소규모 모둠의 활동은 가장 광범위한 인지적 갈등을 특징으로 한다는

        언어교육과 대화적 교수법

것을 발견하였다. 이 결과는 또래의 상호작용에서 서로 상이한 시각이 인지적 갈등을 생성할 때 추론과 인지적 재조직화를 증진시킨다는 Perret-Clemont(1980)의 발견과 동일한 것이다. Dale은 또 이 소규모 모둠의 대화가 특히 다른 사람의 초점을 뒤쫓아 갈 때 특히 일관적임을 발견하였다. 이 일관성은 학생들이 서로의 문장들을 확장하고 변경할 때 대화적인 추임새[5]에서 눈에 띌 정도로 분명하게 드러났다는 것이다. 이와 달리 가장 취약한 모둠은 가장 일반적인 아이디어들을 넘어서는 토의가 거의 없었으며 적대감을 드러내고 있었다는 것이 특징이었다. 그 결과 가장 취약한 모둠은 과제를 명확하게 발표하는데 훨씬 더 많은 시간을 소비하였다. 만약 이 연구에서 뛰어난 모둠의 효율성이 텍스트에 관한 협상을 초래하는 대화적 상호작용의 과정에 기인하는 것일 수 있다면 다른 모둠의 실패를 설명하는 것 역시 그와 같은 협상의 부재라고 정확하게 말할 수 있을 것이다.

저널과 학습일지

성취 수준이 낮은 학급의 학생들을 가르치는 수많은 고등학교 교사들은 저널 쓰기가 효과적인 교육의 형식이라고 생각한다. 이는 저널 쓰기(다른 것도 마찬가지이다)가 100% 모두에게 효과적이라고 말하는 것은 결코 아니다. Gutirrez(1994)는 교사들이 비평가의 역할로 반응하는 수많은 교실에서는 저널 쓰기의 잠재력이 예외 없이 파괴되

---

5) Conversational tags란 그 자체가 의미적으로 반드시 필요한 것은 아니나 대화에 삽입되는 언어적 표현(Michael West, 1963)을 말한다. 예를 들어, well, you know, of course, actually.. 와 같은 표현이 여기에 속한다.

어 버림을 보여준다. 그럼에도 저널 쓰기는 학생들이 자신에게 중요하게 여겨지는 화제에 관해 쓸 때 이루어지고 있다. 교사들은 제출된 저널의 내용을 읽고 반응하지만 보통 철자나 구두점에 표시를 하지는 않는다. 학생들이 비록 이 활동을 통해 학점을 받기는 할지라도 교사들은 이들 저널들을 평가하지 않는다. 지적하고 평가하기보다 교사들은 전형적으로 제출된 글의 내용에 관해 여백에 논평의 형식으로 반응한다. 예컨대 "아주 흥미롭군! 나도 그렇게 생각했어." 혹은 "...에 대해 생각해 본적이 있니?" 등이 일반적이다. 저널을 제출하고 교사가 반응하는 활동의 누적적인 효과는 글로 쓰인 대화의 효과를 갖는다. 실제로 지속적인 저널 쓰기는 대화-저널 의사소통이라 불리기도 한다.(Staton, Shuy, Kreeft Peyton, & Reed, 1988) 학생들과 교사들은 대화 참여자들이 하듯이 차례대로 말을 한다. 대화에서처럼 교사들은 전형적으로 제출된 글의 내용의 일부를 선택해서 논평하며 그렇게 함으로써 대화를 지속해 나간다. 이어가기와 평가의 수준은 모두 높다.

저널과 학습일지들이 쓰기의 기능을 직접적으로 전달하지 않을 때조차 그럼에도 많은 학생들은 그 활동을 지속한 결과 자신들의 쓰기를 개선시켜 나간다. 이러한 개선은 쓰기의 빈도에 기인하기도 하며, 실질적으로 생각을 소통하는 쓰기의 효용(단순히 기능과 기능의 숙달을 입증하는 것만이 아니라) 때문이기도 하다. 그리고 이와 관련하여 위험부담이 적은 것도 한 요인이다. 그러나 저널 쓰기는 실질적으로 설명문과 같은 한층 학문적인 쓰기에 있어서도 좋은 연습일 수 있는가? 그와 같은 과업을 통해 얼마나 많이 다른 과업에 "전승"될 수

언어교육과 대화적 교수법

있는가? 학생들은 단순히 자주 쓰기 때문에 더 잘 쓰게 되는 것인가? 연습과 전승에 관한 이들 질문들은 쓰기의 발달과 저널 쓰기 모두의 이점을 잘못 판단하게 만든다. 저널쓰기는 학문적 산문의 빈약한 모델일 수 있으나 지속적인 저널 쓰기의 규칙적인 활동은 학생들이 말해야 하는 것과 어떻게 생각하는가에 흥미를 가진 독자로서의 교사를 알게 하는 데에 도움을 준다는 가치가 있다. 즉 교사가 숙제를 내주고 수행을 평가하기만 하는 사람이 아니라 자신들의 생각에 개방적이며, 그 생각에 반응해 주는 누군가라는 것을 알게 될 것이다. 학생들이 한동안 저널을 쓰고, 이것에 흥미를 가진 수용적인 독자를 알게 된다면 학생들은 고차원의 사고와 한층 형식적인 과제가 요구하는 위험의 유형들을 훨씬 더 기꺼이 수용할 수 있게 될 수도 있다.

학습일지라고 지칭되는 훨씬 더 구조화된 저널에서 학생들은 자신들이 읽은 것에 관한 의견을 규칙적으로 요약하고 표현한다. 학습일지는 특히 장편소설이나 단편소설과 같은 문학작품에 특히 유용한 동반자가 될 수 있다. 고등학교 영어교사로서 필자 자신의 경험은 저널과 일지가 비록 대부분의 학생들에게 효과적이기는 하지만 성취도가 낮은 학급의 학생들에게 특히 유용하다. 왜냐하면 이들 학생들은 자신들이 말해야만 하는 것을 들어주고 반응하고자 특별히 노력을 기울이는 교사와의 규칙적인 상호작용으로부터 얻는 것이 많기 때문이다. 저널 쓰기와 학습일지는 모두 실제적인 글쓰기를 이끌어낼 수 있다. 학습일지는 효과적으로 읽기와 쓰기를, 때로는 교실토의도 마찬가지로 결합한다. 저널과 학습일지에 관한 교사에게 유용한 두 권의 책들은 Fulwiler의 『저널 책The Journal Book』(1987)과 Staton과 동료들이 쓴 『대화 저널 소통 Dialogue Journal Communication』(1988)이다.

비슷한 이유로 주장하는 글은 특히 학생들이 자신에게 중요한 쟁점들을 쓰고 이후 글의 내용에 관한 엄격한 피드백을 받는다면 교육적으로 효과적이다. 비록 대부분의 주장하는 글들이 본질적으로 설명적일지라도 반드시 그럴 필요는 없으며, 높은 성취를 보이는 학생이나 글을 잘 쓰는 학생들로 제한할 필요도 없다. 여러 책에서 필자는 9학년 보충학급과 다양한 모둠을 대상으로 한 수업에서 "오늘날 미국에서 가장 중요한 문제"라고 생각하는 것을 브레인스토밍한 경험을 소개했었다. 그들이 거론한 문제들은 인플레이션, 부패한 공직자들, 환경오염, 범죄, 인구 통제 등이었다. 학생들은 특정한 문제에 전념하는 과업 모둠으로 함께 활동하였으며 각각의 모둠은 협동적으로 지역 신문의 의견란에 적합한 편지 형식의 주장하는 글, 신문 기사, 모의 인터뷰를 하고 전사한 내용, 간략한 소극을 위한 대본을 준비하였다. 각 모둠은 또한 자신들이 선택한 문제와 관련이 있는 공무원들에게 글을 작성하고, 타이핑했으며, 편지를 보냈다. 가장 무관심한 학생들조차 이들 활동들에 참여하였다. 왜냐하면 과제의 실제성과 쓰기, 읽기, 그리고 말하기의 높은 상호 연관 때문이었다.

대화주의와 위기에 처한 학생들

이 도전적인 쟁점들은 가장 위기에 처한 학생들에게 우리의 관심을 돌릴 때 결정적이다. 이 학생들은 점차 미국 사회의 모든 인구학

언어교육과 대화적 교수법

적이며 경제적인 층위에 걸쳐 존재하며, 미국 교육을 비판할 때마다 이들의 낮은 문해력은 지속적으로 거론되는 화제가 되고 있다. 이 학생들을 위한 가장 일반적인 전략은 먼저 그들의 약점을 "진단"하고, 그리고 목표가 되는 약한 기능을 강화하기 위하여 특별한 훈련과 학습지를 할당하는 것이다. 2장에서 보았듯이 성취 수준이 낮은 학급의 고등학교 학생들은 성취 수준이 높은 반대편의 학생들보다 그와 같은 인위적이고 파편화된 학습에 포함될 여지가 더 많은 듯하다. 언어예술과 영어교과에서 이러한 접근은 거의 항상 사태를 더욱 나쁘게 만든다. 왜냐하면 그와 같은 목표 중심의 기능은 학생이 이미 알고 있는 것과의 관계를 약화시킴으로써 학습을 방해하는 경향이 있기 때문이다. 예컨대 읽기 교육에서 학생들에게 실제적인 텍스트에 익숙해지기도 전에 특정한 음성적 결합과 모음의 연쇄에 관한 길고 긴 목록들을 숙지하도록 요구될 때, 학생들이 인식할 수 있고 중요하게 생각하는 것과 무관한 제한적이며 재미없는 예시들 속에서 그런 경향이 나타난다. 그와 같은 접근의 비효율성은 1985년 시카고의 사례에서 명확해졌다. 읽기프로그램에 관한 철저한 학습의 발전을 위해 5년 동안 8백만 달러를 투자한 다음 교육 당국은 모든 노력을 포기해 버렸다. 왜냐하면 학생들이 그 프로그램에 참여하여 읽기 목표들을 습득하느라 바쁜 나머지 실제적으로 읽을 시간이 전혀 없었기 때문이었다.(Shipp, 1985) 학생들은 그들의 흥미를 촉발시키고 동시에 기능을 발전시키는 텍스트들과 씨름하며 읽기를 배우는 것이 훨씬 더 잘 배울 수 있다.

쓰기에서도 마찬가지로 학생들은 실제적인 쓰기로 옮겨가기 전에 긴 목록의 문법 연습 문제와 씨름해야만 하며, 실제적인 텍스트를 쓰고 무언가를 소통하고자 하기 전에 문장 구조들의 모든 방식들을 먼저 익혀야만 할 때, 지루함과 강화된 낮은 자아존중감(그와 같은 형편없는 활동이 부과되었기에)만 남게 되며, 결과적으로 읽기와 쓰기가 유용하며 가치 있는 과정들임을 전혀 이해할 수 없게 만드는 것이다.

우리의 연구가 발견한 것은 저학력 학생들을 가르치는 영어교사들이 일반적으로 "쓰기" 교육의 이름 아래 모든 것, 곧 5단락으로 주제 쓰기, 문장 연습, 다양한 종류의 의사 담화 쓰기 등 아주 피상적인 방식으로 높은 학력의 학급에서 행하는 교육과정을 모방하고 있다는 사실이다. 높은 학력의 학급에서 읽히는 정선된 작품의 축약된, 파편화된 판본을 가르치며, 문학교육이란 이름으로 이들 작품에서 "사실들"의 추상화된 목록들을 암기하도록 요구하는 것으로 이 작품들을 "다루었다"라고 한다. 이와 같은 접근법이 비효율적이며 참여를 가로막는 이유는 그 방법들이 상호성의 관점을 위반하고 있기 때문이다. 결과적으로 학생들은 피상적이고 절차적인 수준을 제외하고는 반응할 수 없게 만든다. 이들 의사 형식들은 읽기와 쓰기에 참여함으로써 학생들이 얻게 되는 잠재적인 이점들을 "걸러내거나" 혹은 중립화함으로써 교육과정의 조잡한 검증으로부터 결론 내릴 수 있는 것보다 훨씬 덜 쓰기와 담화를 경험하게 한다는 것이다. 이러한 담화의 박탈은 놀랄 것도 없이 빈약한 성취를 초래한다.

우리가 2장에서 보고한 바 있듯 교사들이 지속적으로 쓰기, 읽기, 말하기를 연결시키는 것은 학생들이 읽은 문학작품의 중요한 세부

언어교육과 대화적 교수법

에 관해 기억하는 능력을 의미 있는 정도로 증진시켰다. 그러나 동일한 문학작품을 깊이 이해하고 기억하는 것, 즉 세부 사항을 기억하는 것뿐만 아니라 세부 사항을 토의하고 연결시키며 그 의미를 해석하는 능력을 가능하게 만드는 것은 실제성이었다. 이것은 성취도가 높은 학급과 그렇지 않은 학급 모두에 해당된다. 특히 미래의 연구자들은 성취도가 낮은 학생들의 교육이 높은 성취도를 갖춘 또래 집단의 그것보다 평균적으로 덜 일관되고 덜 실제적이란 사실을 고려하여 어떻게 교육이 이 낮은 성취도를 보이는 학생 집단을 위해 개선될 수 있을지를 탐구하는 것이 중요한 듯이 여겨진다.

문학교육

문학의 본질은 대화적 교육에 문학을 특히 적합하게 만든다. 문학작품은 근본적으로 뉴스 기사와 다르며, 누가, 무엇을, 언제, 어디서, 왜 등과 관련된 암송과 짧은 대답의 공부를 통해 적절하게 포괄되는 종류의 정보 그 이상을 포함하고 있다. 이 때문에 문학교육은 기본적인 텍스트의 정보를 가르치는 것 그 이상을 해야만 한다. 학생들은 문학 작품을 읽고, 그 개별적인 자질에 반응하는 법을 배워야만 한다.(Purves, 1991) 유창한 기능을 갖춘 독자들은 신문이나 잡지의 기사와 같은 정보적 텍스트들을 주요 초점과 이에 관련된 듯한 세부사항들만을 파악하며 읽는다.(van Dijk & Kintsch, 1983) 대조적으로 그들은 소설이나 단편소설들을 읽을 때에는 "작품이 펼쳐내는 긴장과 갈등 그리고 해결들에 참여함으로써 구조, 주제, 상황, 장면, 개성, 정서 등등의 자질들"을 음미하는 가운데 마음속으로 자신의 경험을 통해 서사를 "겪어봄"으로써 미적으로 읽어낸다.(Rosenblatt, 1988, p.5) 이러한 이유 때문에 어떻게 읽고 어떻게 문학작품을 완벽하게 경험할 것인가를 배우는 것은 개인적인 반응을 포함하는 것이며, 많은 실제의 교실담화가 진작시키고자 하는 것 역시 바로 이러한 과정이다.

만약 교사들이 스스로 이러한 방식으로 문학작품을 경험하지 못하였다면, 교사들이 문학작품을 평가하고 개성적인 자질들에 반응할 수 없다면, 문학작품에 관한 성숙한 반응들의 모범이 될 만큼 준비되어 있지 않다면, 문학교육을 효과적으로 성공시킬 수 있는 기회는 거의 없을 것이다. 그저 단순히 "주요한 초점들을 훑어주기만 하는" 문학교사들은 문학교육을 일련의 빈약한 읽기 수업으로 전락시키고 만다. 암송에 한정된 교실담화는 문학의 특성을 놓치는 것이다. 따라서 공식적인 반응의 양상이 선다형의 시험과 짧은 단답식의 질문으로 채워질 때 문학작품에 관한 바람직한 대화는 짓눌리고 만다. 효과적인 문학교육은 학생들의 확장된 산문의 글로 반응해야 하는 개방적인 질문에 의해 강화된다. 8학년의 영어교육에 관한 연구에서 필자는 효과적인 문학교사는 확장된 설명적인 글을 규칙적으로 과제로 부과하였음을 발견하였다.(Nystrand, 1991c) 또한 필자는 단답식 연습문제의 빈번한 활용이 사실상 이해의 깊이와 포괄적인 회상 능력을 저하시키고 있음도 발견하였다. 이 결과는 Applebee의 연구(1984) 결과와 일치한다. 왜냐하면 쓰기는 초점화하는 것에 관한 회상을 증진시키는 경향이 있다. 따라서 단답식의 질문과 같은 "협소한" 활동들은 총체적인 회상, 달리 말하면 숲의 전반적인 모양

언어교육과 대화적 교수법

에 관한 학생들의 이해를 방해하고 "숲이 아닌 나무들"을 보게 만든다. 더욱이 이해하기 어려운 단편적인 담화를 끌어냄으로써 단답식의 문제들은 문학에 대한 피상적인 학습을 부추길 따름이다. 그렇게 함으로써 단답식의 문제들은 학생의 문학적 경험을 보잘것없는 것으로 만든다. 무엇보다도 학생들은 교실의 상호작용과 글쓰기 속에서 문학에 대한 실질적이고 개인적인 반응을 촉발시키는 교실에서 가장 잘 배울 수 있다. 게다가 쓰기 과제를 읽는 교사가 그저 검사하는 사람이 아니라 학생들이 읽은 것에 관한 해석을 이끌어내고 그것을 발전시킬 방안을 마련하는 신뢰할 만한 어른일 때 그 과제는 과제로서 가장 효과적이다.

만약 교사들이 이와 같은 실질적인 대화들에 학생들을 참여시키고자 한다면 그들이 가르치는 문학 교육과정은 가르쳐야 할 사실들, 핵심들, 강제로 부과되는 원리들의 길고 긴 목록들로 지나치게 세부적이어서는 안 된다. 교육과정 안내서는 교사들의 의사결정들을 지시해서는 안 되며, 교사들은 자신과 자신의 학생들에게 최선인 방법 안에서 주요한 교육과정의 목표들을 전달할 수 있는 폭 넓은 자유를 가져야만 한다. 각각의 교실에서 교사들은 개별적인 학생들이 수업에 가지고 들어오는 관심, 경험, 능력들과 조응하여 교육과정을 조정할 자유를 가져야만 한다.

실제의 질문들은 답을 예측할 수 없기 때문에 자신들이 가르치는 문학에 관한 깊이 있는 이해와 느낌을 갖지 못한 교사들에게는 위험 부담이 있을 수 있다. 교사들이 실제적인 질문들을 하고 학생들을 실질적인 대화에 참여하게 할 때, 교사들은 펼쳐지는 토의에 따라

움직여갈 준비가 되어 있어야만 한다. 물론 수업이 시작되기 전에 항상 완벽하게 예측할 수는 없을 것이며, 또 종종 수업마다 똑같이 반복되지 않을 수도 있다. 어떤 해당 교실에서는 토의할 필요가 있는 텍스트의 모든 양상들을 예측할 수도 없을 것이다. 그러나 교사들은 학생들의 개인적인 반응을 다룰 수 있도록 준비를 갖추고 있어야 한다. 학생들이 텍스트에 더 한층 풍부하게, 더 한층 포괄적으로, 깊이 있게 반응할수록 토의는 활발해질 것이다. 따라서 이러한 종류의 토의를 할 때 교사들은 작품에 관한 충분하고 유연성있게 이해하고 있어야 하며, 재빨리 생각하고 대처할 수 있도록 준비되어 있어야 한다.

학생들의 학력이 높건 낮건 관계없이 고등학교 교사들은 셰익스피어의 희곡들이 가르치기 어렵다는 것을 자주 언급한다. 이는 많은 부분 엘리자베쓰 시대의 운문이 지닌 어려움에 기인한다. 그러나 플롯은 역동적이며, 따라서 학생들이 그 플롯들을 이해할 수 있다면 대부분의 학생들에게 흥미를 유발시키기에는 충분하다. 어떤 교사들은 설혹 학력이 낮은 학급의 학생들을 가르칠 때조차 다른 작품들보다 셰익스피어의 작품을 다룰 때 훨씬 대단한 성공을 거두기도 한다. 가장 많은 어려움을 경험하는 교사들은 셰익스피어 작품에 대한 도입의 일환으로 셰익스피어 극장(Globe Theatre)에 대한 세부사항들로 시작하는 교사들이다. 그다음 한 행 한 행 꼼꼼하게 극본을 읽어 나가고, 끝에 도달해서야 학생들에게 영화화된 극을 보여주거나 단원의 절정으로 연극을 직접 해 보게 한다. 셰익스피어 극의 부분들에서 시작해서 전체를 쌓아가는 접근에서는 낮은 학력의 학생들만 낙

오되는 것이 아니다. 이보다 훨씬 더 성공적인 접근법은 이 과정을 거꾸로 따라간다. 영화 그 자체로 시작하여, 학생들이 맥락 속에서 풍부한 감정 표현과 일관성을 지닌 채 공연되는 것을 듣고 봄으로써 어려운 언어를 이해하도록 돕는다. 전체를 형성하기 위하여 부분을 구축하는 대신 이 전체적인 접근법은 부분을 맥락 속에 설정함으로써 한층 더 명료하게 만드는 접근법이다.

2장에서 보았듯 학력이 낮은 학급을 가르치는 많은 교사들은 문학을 가르칠 때 심각하게 제한을 받는다고 느낀다. 그와 같은 학급의 학생들은 빈약한 읽기 기능을 지니고 있으며, 과제조차 제대로 해내지 못한다. 결과적으로 교사들은 과제조차 내주지 않을 수 있다. 대신 교사들은 극단적으로 짧은 작품들을 읽어줌으로써 문학작품을 가르치고는 한다. 수업의 남는 시간은 단답식의 질문과 학습지 때때로 소규모 모둠 활동으로 채우기도 한다. 학생들이 차례대로 작품의 한두 문장을 소리 내어 읽는다면-우리의 연구는 이런 방식이 아주 일반적인 실제임을 확인하였다-이러한 방식은 이야기를 더욱 파편화시킨다. 특히 학생들이 떠듬거리며 무미건조하게 읽을 때 더욱 그렇다. 결과적으로 시간이 지날수록 학생들은 능동적으로 참여하는 것에 실패하고 만다. 그와 같은 학급의 학생들이 대면한 작품에 관해 많은 것을 기억하지 못하는 것은 놀라운 일이 아니다. ("공부했다"라고 말하는 것조차 망설여진다.) 놀랄 것도 없이 쓰기도 다를 바 없지만, 읽기와 문학에 대해 학력이 낮은 학급의 학생들이 갖는 경험은 단편적이고 피상적이며 비참여적이다.

가능하다면 자주, 문학작품의 선정은 학력이 낮건 높건 관계없이 원래의 길이 그대로의 장편과 희곡작품이어야 한다. 사실상 언어에 많은 어려움을 겪는 학생들일수록 파편적이지 않은 완벽한 이야기 속에 참여시키는 것이 더욱 중요하다. 이는 교사들이 학생에게 읽기 문제, 쓰기 기능 혹은 문학교육 등에 관해 돕고자 한다면 이는 흔들림 없는 사실이다. 만약 이와 같은 접근이 일반적으로 중요하다면 낮은 학력의 학급에 있는 학생들에게는 더 한층 긍정적으로 결정적이다.

물론 여기에서 낮은 학력의 학생들과 효과적으로 활동할 수 있는 수많은 방법들을 모두 제시할 여유는 없다. 이 활동의 대부분은 학생들이 자신과 학교에 대해 갖고 있는 낮은 기대치의 오랜 역사들을 교사들이 극복하는 것과 관련된다. Dyson(1993, p.7)이 유려하게 제시한 것처럼 성공적인 교사들은 주의 깊게 듣고 개방적으로 대화하는 가운데 "이웃집의 모퉁이와 골목길로, 기진맥진한 교육과정의 길에서 나가떨어진, 사회적 실천이 있는 곳"으로 학생들의 목소리를 따라간다. 학생들의 능력, 관심 경험에 따라 교육을 재구성하는 것으로, 그리고 학생들이 자신들이 생각하는 것이 중요하다는 사실을 알도록 만드는 방법을 찾으면서 때로는 창조하면서 성공적인 교사는 학생들을 진심으로 대한다.

언어교육과 대화적 교수법

부록들

부록 A
문학 이해도 시험의 예

부록 B
문학 이해도 시험의 채점 기준

부록 A
문학 이해도 시험의 예

1. 올해 여러분이 읽은 다음의 문학작품 각각에 대해 행복한 결말이
   었는지 슬픈 결말이었는지 표시하시오.

   a. "The Adventure of the Speckled Bird"
   b. "The Fifty-first Dragon"
   c. "The Most Dangerous Game"
   d. *Of Mice and Men*

2. 각 작품의 등장인물을 여러분이 기억할 수 있는 만큼 많이 나열하
   시오. 이름이 기억나지 않는 인물은 간략하게 특징을 기술하시오.

3. 여러분이 기억할 수 있는 대로 많이, 각 작품이 어떻게 끝이 났는
   지 간략히 설명하시오. (각 작품에 대해 두 문장 이내로 기술할 것)

4. 여러분이 기억할 수 있는, 갈등이 있었던 작품에 대해 그 갈등이
   무엇인가를 간략히 설명하시오.

- *Of Mice and Men*의 갈등과 작품의 결말을 관련지어 간략히 설명하라.
- *Of Mice and Men*의 갈등을 작품의 주제와 관련지어 간략히 설명하라.

5. 주제 혹은 중심생각이 있는 각 작품에 대해 그 주제가 무엇인지 간략히 설명하시오.

- *Of Mice and Men*의 주제가 왜 그것이라고 생각하는지 3가지 이유를 간략히 기술하시오.

부록 B

문학 이해도 시험의 채점 기준

범주 A부터 H는 해석적 능력의 영역을 기술한 것이다. 시험 전체의 채점 기준은 각 세부항목의 점수를 도출하는데도 사용되어야 한다.

기준

A. 회상의 정도 (절대 척도)

　　0 전혀 못함–어떤 작품으로부터도 세부적인 내용을 기억하지 못함

　　1 모호– 한두 개 작품의 매우 적은 세부내용을 기억함

　　2 대부분의 혹은 일부 작품에 관한 약간의 세부내용을 기억함

　　3 절반 이상의 작품에 대해 많은 세부내용을 기억하거나 절반은 안 되는 작품에 대해 풍부한 세부내용을 기억함

　　4 풍부하게 세부적임–모든 작품의 절반 이상에 대해 많은 세부내용을 기억함

B. 이해의 깊이 (절대 척도)

　　0 축어적 이해를 결코 넘지 못함; 일반화 가능하지 않음

　　1 오직 한 작품의 경우에만 축어적 이해를 넘어섬.

　　2 한 작품 이상에서 약간의 평가와 해석이 가능함

　　3 한 작품 이상에서 이야기 구성요소 간의 상호관련성을 부분적으로 이해함

　　　　　　　　　언어교육과 대화적 교수법

4 대부분 혹은 모든 작품의 구성요소 간 상호관련성을 거의 이해함

C. 수업에서 공부한 작품의 결말을 이해하는 갯수 (절대 척도)
  0 전혀없음
  1 1가지 작품
  2 2가지 작품
  3 3가지 작품
  4 4가지 작품
  5 5가지 작품

D. 작품의 결말과 갈등의 해결(denouement)을 관련지어 설명하기

모든 작품에 대한 질문에 응답한 학생의 경우
  1 한 작품을 겨우 혹은 어떤 한 작품도 제대로 관련지어 설명하지 못함
  2 한두 작품을 매우 잘 관련지어 설명함
  3 세 작품에 대해 관련지어 설명함
  4 넷 혹은 다섯 작품에 대해 관련지어 설명함

절반 이하의 작품에 대한 질문에 응답한 학생의 경우
  1 거의 혹은 전혀 관련지어 설명하지 못함
  2 대부분의 경우 관련지어 설명함

3 일관적으로 관련지어 설명함

E. 갈등과 혹은 결말을 주제와 관련지어 설명하기
모든 작품에 대한 질문에 응답한 학생의 경우
    1 한 작품을 겨우 혹은 어떤 한 작품도 제대로 관련지어 설명하지 못함
    2 한두 작품을 매우 잘 관련지어 설명함
    3 세 작품에 대해 관련지어 설명함
    4 넷 혹은 다섯 작품에 대해 관련지어 설명함

절반 이하의 작품에 대한 질문에 응답한 학생의 경우
    1 한 작품을 겨우 혹은 어떤 한 작품도 제대로 관련지어 설명하지 못함
    2 대부분의 경우 관련지어 설명함
    3 일관적으로 관련지어 설명함

F. 인물의 내적동기를 직관으로 이해하는 정도
모든 작품에 대한 질문에 응답한 학생의 경우
    1 한 작품도 이해하지 못함
    2 한 작품만을 이해함
    3 작품의 절반 이하를 이해함
    4 작품의 절반 이상을 이해함
    5 5작품 혹은 모든 작품 가운데 4작품을 이해함

절반 이하의 작품에 대한 질문에 응답한 학생의 경우

    0 한 작품도 이해하지 못함

    1 작품의 절반 이하를 이해함

    2 작품의 절반 이상을 이해함

    3 일관되게 이해함

G. 주요 작품에 대한 해석적 처리

    0 무응답

    1 축어적/피상적

    2 축어적/실제적

    3 일부 해석적

    4 섬세하고 독창적/실제적

H. 주제와 갈등에 관한 담화의 수준

    0 무응답

    1 진부하고 판에 박은 표현

    2 축어적

    3 일반적

    4 보편적

주의: 담화의 수준에 관한 채점은 가장 높은 점수를 기록함. 즉 한 작품에서 축어적이란 평가를 받고 다른 두 작품에서 진부하다는 평가를 받은 경우 2점으로 기록해야 함. 만약 "주어진 정보를 뛰어넘어"

인물과 플롯, 갈등 등을 일반적인 용어로, 즉 사건을 축어적 수준 이상으로 기술하였으나 그럼에도 불구하고 이런 일반화가 작품 자체에 한정된 경우 (예를 들어 등장인물이 작품 안에서 어떠했는가에 대한 진술문)에는 일반적인 것으로 채점해야 함. 이와 달리 만약 학생이 이와 같은 일반화를 작품 외의 일반적인 경험에 적용하고자 하고 발달된 용어를 사용하여 잘 기술하여 일반화의 보편성을 보여주는 명확한 사례를 제시한 경우에는 보편적인 것으로 평가해야 함.

참고 문헌

Applebee, A. N.(1981). *Writing in the secondary school* (Research Rep. NO.21), Urbana, IL:National Council of Teachers of English.

Applebee, A. N.(1982). Writing and learning in school settings, In M. Nystrand(Ed.), *What writers know:the language, process, and structure of written discourse* (pp.365-381). New York & London: Academic Press.

Applebee, A. N.(1984). *Writing and reasoning*, Review of Educational Research, 54, 577-596.

Applebee, A. N., Langer, J. A., & Mullis, I. V. S. (1985). *Writing: Trends across the decade*, 1974-1984 (Report No. 15-W-01), Princeton, NJ: Educational Testing Service.

Applebee, A. N., Langer, J. A., & Mullis, I., Latham, A., & Gentile, C. (1994). *NAEP 1992 writing report card*, Washington, DC: U.S. Government Printing Office for National Center for Education Statistics.

Bakhtin, M. (1981). *The dialogic imagination.* Austin: University of Texas Press.

Bakhtin, M. (1984). *Problems of Dostoevsky's poetics* (C. Emerson, Trans.), Minneapolis: University of Minnesota Press.

Bakhtin, M./Medvedev, P. N. (1985). *The formal method in literary scholarship:A critical introduction to sociological poetics.* Cambridge, MA: Harvard University Press.

Bakhtin, M. (1986). *Speech genres & other late essays* (V.W. McGee, Trand.: C. Emerson & M. Holoquist, Eds.). Austin: University of Texas Press.

Barnes, D. (1976). *Communication and the curriculum.* London: Penguin.

Barnes, D., & Schemilt, D. (1974). Transmission and interpretation. *Educational Review, 26,* 213-228.

Bartholomae, D. (1985). Inventing the university. In M. Rose (Ed.), *When a writer can't write* (pp.134-165). New York: Guilford Press.

Becker, A. L. (1992a). A short essay on lauguaging. In F. Steier (Ed.), *Research and reflexivity* (pp. 226-234). Newbury Park, CA: Sage.

Becker, A. L. (1992b). Silience across languages: An essay. In C. Kramsch & S. McConnel-Ginet (Eds.), *Text and context: Cross-disciplinary perspectives* (pp. 115-123). Lexington, MA: Heath.

Bellack, A., Kliebard, H., Hyman, R., & Smith, F. (1966). *The language of the classroom.* New York: Teachers College Press.

Benson, N. (1979), *The effects of peer feedback uring the writing process of writing performance, revision beavior, and attitude toward writing.* Unpublished ph. D. dissertation, University of Colorado, Boulder.

Berkenkotter, C. (1981). *Understanding a writer's awareness of audience.* College Composition and Communication, 32, 388-399.

Bickard, M. H. (1987). The social nature of the functional nature of language. In M. Hickmann (Ed.), *Social and functional approaches to language and thought.* Orlando: Academic Press.

Bissex, G. (1980), *Guys at work: a child learnes to write and read.* Cambridge, MA: Harvard University Press.

Bizzell, P. (1982). Cognition, convention, and certainty: What we need to know about writing. *Pre/Text, 3,* 213-243.

Bloome, D., Puro, P., & Theodorou, E. (1989). Procedural display and classroom lessons, *Curriculum Inquiry, 19,* 265-291.

Brandt, D. (1990). *Literacy as involvement: The acts of writers, readers, and texts.* Carbondale: Southern Illinois University Press.

Britton, J. (1969). Talking to learn, In D. Barnes, J. Britton, & H. Rosen (Eds.), *Language, the learner, and the school* (pp.79-115). Harmondwworth: Penguin.

Britton, J. (1970). *Language and learning.* London: Allen Lane-Penguin.

Britton, J., Burgess, T., Martin, N., McLeod, A. & Rosen, H. (1975). *The development of writing abilities: 11-18*. London: Macmillan.

Brodkey, I., (1988). *Academic writing as social practice*. Philadelpia: Temple University Press.

Bruffee, K. (1984). Collaborative learning and the 'conversation of mankind'. *College English, 46*, 635-652.

Bruffee, K. (1986). Social construction, language, and the authority of knowledge. *College English, 48*, 773-790.

Bruner, J.S. (1966). *Toward a theory of instruction*, Cambridge, MA: Harvard University Press, Belknap Press.

Bruner, J. (1978). The role of dialogue in language acquisition, In A. Sinclair et al. (Eds.), *The child's conception of language* (pp.241-256). New York: Springer Verlag.

Bruner, J. S. (1981). The social context of language acquisition. *Language and Communication, 1*, 155-178.

Burges, T. A. (1985). Curriculum process and the role of writing. In M. Chorny (Ed.), *Teacher as learner: Language in the classroom project*. Alberta: University of Calgary.

Burstall, S. (1909). *Impressions of American education in 1908*. London: Longmans, Green.

Carlsen, W. W. (1991). Questioning in classroom: A sociolinguistic perspective, *Review of Educational Research, 61*, 157-178.

Cazden, C. (1988). *Classroom discourse: The language of teaching and learning*. Portsmouth, NH: Heinemann.

Cazden, C. (in Press). Selective traditions: Readings of Vygotsky in writing pedagogy, In D. Hicks (Ed.), *Child discourse and social learning: An interdisciplinary perspective*, New York: Cambridge University Press.

Clard, K., & Holquis, M. (1984). *Mikhail Bakhtin*, Cambridge, MA: Belknap Press of Harvard University Press.

Cohen, E. (1986), *Designing groupwork: Strategies for the heterogenoous classroom*, New York: Teachers College Press.

Cohen, M., & Riel, M. (1989), The effect of distant audiences on students' writing, *American Educational Research Journal, 26,* 143-159.

Collins, J. (1982). Discourse style, classroom interaction and differential treatment, *Journal of Reading Behavior, 14,* 429-437.

Colvin, S. (1919). the most common faults of beginning high school teachers. In G. M. Whipple & H. L. Miller (Eds.), *The professional preparation of high school teachers* (Eighteenth Yearbook of the National Society for the Study of Education, Part 1, pp. 262-272). Bloomington, IL: Public School Publishing.

Colvins, S. (1931). *An introduction to high school teaching,* New York: Macmillan.

Corey, S. (1940). Some implications of verbatim recods of high school classroom talk, NEA Proceedings, pp. 371-372.

Daiute, C. (1986). Do 1 and 2 make 2? Patterns of influence by young coauthors, *Written Communication, 3,* 382-408.

Daiute, C. (1989). Play as thought: Thinking strategies of young writers. *Harvard Educational Review, 59,* 1-23.

Daiute, C., & Dalton, B. (1989). 'Let's brighten it up a bit': Collaboration and cognition in writing, In B. Rafoth & D. Rubin (Eds.), *The social construction of written communication.* Norwood, NJ: ABLEX.

Daiute, C., & Dalton, B. (1993). Collaboration between children learning to write: Can novices be masters? *Cognition and Instruction, 10,* 1-43.

Daiute, C., & Griffin, T. M. (1993). The social construction of narrative. In C. Daiute (Ed.), *The development of literacy through social interaction* (pp. 97-120). San Francisco, CA: Jossey-Bass.

Dale, H. (1992). *Collaborative writing: A singular we.* Unpublished doctoral dissertation, University of Wisconsin-Madison.

언어교육과 대화적 교수법

DiPardo, A., & Freedman, S. (1988). Peer response groups in the writing classroom: Theoretic foundations and new directions, *Review of Educational Research, 58,* 119-149.

Dew, P., & Heritage, J. (1992). *Talk at work: Interaction in institutional settings.* Cambridge: Cambridge University Press.

Duffy, G. (1981). Teacher effectiveness research: Implications for the reading profession, In M. Kamil (Ed.), *Directions in reading: Research and instruction* (Thirtieth Yearbook of the National Reading Conference, pp. 113-136). Washington, DC: National Reading Conference.

Durkin, D. (1978-79). What classroom observations reveal about reading comprehension instruction, *Reading Research Quarterly, 14,* 481-533.

Dyson, D. (1978-79). *Multiple worlds of child writers: Friends learning to write,* New York: Teachers College Press.

Dyson, A. (1993). *The social worlds of children learning to write in an urban primary school,* New York: Teachers College Press.

Eder, D. (1982). Differences in communicative styles across ability groups, In L. C. Wilkinson (Ed.), *Communicating in the classroom* (pp. 245-264), New York: Academic Press.

Fagan, E. R., Hassler, D. M., & Szabl, M. (1981). Evaluation of questioning strategies in language arts instruction. *Research in the Teaching of English, 15,* 267-273.

Faigley, L. (1985). Nonacademic writing: The social perspective. In L. Odell & D. Goswami (Eds.), *Writing in nonacademic settings* (pp. 231-243), New York: Guilford.

Farr, M., & Elias-Olivares, L. (1988). *Mexican American language and literacy in Chicago: A study of two neighborhoods,* Proposal to the National Science Foundation, Linguistics Program.

Fish, S. . *Is there a text in this class? The authority of interpretive communities.* Cambrige, MA: Harvard University Press.

Flanders, N. A. (1970). Analyzing teaching behavior. Reading, MA: Addison-Wesley.

Folwer, L., & Hayes, J. R. (1977). Problem-solving strategies and the writing process. *College English, 39,* 449-461.

Forman, E. A., & Cazden, C. B. (1985). Exploring Vygotskian perspectives in education: The cognitive value of peer interaction. In J. Wertsch (Ed.), *Culture, communication, and cognition: Vygotskian perspective.* Cambridge: Cambridge University Press.

Fox, R. (1980). Treatment of writing apprehension and its effects on composition. *Research in the Teaching of English, 14,* 39-49.

French, P., & Maclure, M. (1981). Teachers' questions, pupils' answers: An investigation of questions and answers in the infant classroom. *First Language, 2,* 31-45.

Freire, P. (1970). *Pedagogy of the oppressed.* New York: Seabury.

Fulwiler, T. (Ed.). (1987). *The journal book.* Portsmouth, NH: Boynton-Cook.

Gamoran, A., & Berends, M. (1987). The effects of stratification in secondary schools: Synthesis of survey and ethnographic research. *Review of Educational Research, 57,* 415-435.

Gamoran, A. & Nystrand, M. (1991). Background and instructional effects on achievement in eighth-grade English and social studies. *Journal of Research on Adolescence, 1,* 277-300.

Gamoran, A., & Nystrand, M. (1992). Taking students seriously, In F. Newmann (Ed.), *Student engagement and achievement in American secondary schools* (pp. 40-61). New York: Teachers College Press.

Gamoran, A., & Nystrand, M., Berends, M., & LePore, P. C. (1995). An organizational analysis of the effects of ability grouping. *American Educational*

Research Journal, 32, 687-715.

Gere, A., & Stevens, R. (1985). The language of writing groups: How oral response shapes revision. In S. Freedman (Ed.), *The acquisition of written language: Revision and response* (pp. 85-105), Norwood, NJ: Ablex.

Goodlad, J. I. (1984). *A place called school: Prospects for the future.* New York: McGraw-Hill.

Goodwin, C. (1981). *Conversational organization: Interaction between speakers and hearers.* New York: Academic Press.

Gundlach, R. (1982). Children as writers. In M. Nystrand (Ed.), *What writers know: The language, process, and structure of written discourse* (pp. 129-147). New York and London: Academic Press.

Gutierrez, K. (1991, April). *The effects of writing process instruction on Latino children.* Paper presented at the annual meeting of the American Educational Research Association, Chicago.

Gutierrez, K. (1992, April). *The social contexts of literacy instruction for Latino children.* Paper presented at the annual meeting of the American Educational Research Association, San Francisco.

Gutierrez, K. (193, April). *Scripts, counterscripts, and multiple scripts.* Paper presented at the annual meeting of the American Educational Research Association, Atlanta..

Gutierrez, K. (1994). How talk, context, and script shape contexts for learning: a cross-composition of journal writing. *Linguistics and Education, 5,* 335-365.

Halliday, M. A. K. (1978). *Language as social semiotic: The social interpretation of language and meaning.* Baltimore: University Park Press

Heath, S. B. (1978). Teacher talk: Language in the classroom. *Language in Education: Theory and Practice, 1,* 1-30.

Heath, S. B. (1980, November). *What no bedtime story means: Narrative skills at home and school,* Paper prepared for the Terman Conference, Standord University,

Stanford, CA.

Heath, S. B. (1983). *Ways with words: Language, life, and work in communities and classrooms,* New York: Cambridge University Press.

Heath, S. B., Branscombe, A. (1985). "Intelligent writing"in and audience community: Teacher, students, and researcher. In S. Freedman (Ed.), *The acquisition of written language: Revision and response* (pp.3-32). Norwood, NJ: Ablex.

Hillocks, G., Jr. (1986). *Research on written communication: New Directions for teaching.* Urbana, IL: National Conference on Research in English.

Hirsch, E., Jr. (1987). Cultural Literacy: What every American needs to know. Boston: Houghton Mifflin.

Hoetker, J. (1967). Analyses of the subject matter related verbal behavior in nine junior high school English classes. Unpublished Ed. D. dissertation, Whasington University, St. Louis.

Hoetker, J., & Ahlbrand, W. P., Jr. (1969). The persistence of the recitation. *American Educational Research Journal, 6,* 145-167.

Holquist, M. (1983). The politics of representation. *The Quarterly Newsletter of the Laboratory of Comparative Human Cognition, 5,* 2-9.

Holquist, M. (1990). *Dialogism: Bakhtin and his world.* London: Routledge.

Honea, M. (1982). Wait time as an instructional variable: An influence on teacher and student. *Clearinghouse, 56,* 167-170.

Houston, B., & Thompson, D. (1985). Moving language around on the word processor: Cognitive operations upon language. *The Quarterly Newsletter of the Laboratory of Comparative Human Cognition 7,* 57-64.

Hynds, S. (1991). Questions of difficulty in literary reading. In A. Purves (Ed.), *The idea of difficulty in literature and literature learning: Joining theory and practice* (pp. 117-140). Albany: State University of New York at Albany Press.

King, A. (1992). Facilitating elaborative learning through guded studnt-generated questioning. *Educational Psychologist, 27,* 111-126.

Klancher, J. (1989). Bakhtin's rhetoric. In P. Donahue & E. Quandahl (Eds.), *Reclaiming pedagogy: The rhetoric of the classroom* (pp. 83-96). Carbondale & Edwardsville: Southern Illinois University Press.

Kuhn, T. S. (1970). *The structure of scientific revolutions* (2nd ed.). Chicago: University of Chicago Press.

Labov, W. (1969). *The logic of nonstandard English* (Georgetown Monographs on Language and Linguistics, Vol. 22). Washington, DC: Georgetown University Press.

Lagana, J. (1973). *The development, implementation, and evaluation of a model for teaching composition which utilizes individualized learning and peer grouping. Unpublished doctoral dissertation,* University of Pittsburgh.

Langer, J. A. (1995). *Envisioning literatures: Literary understanding and literature instruction.* New York: Teachers College Press.

Langer, J. A., & Applebee, A. N. (1984). Language, learning, and interaction: A framework for improing instruction. In A. N. Applebee, *Contexts for learning to write: Studies of secondary school instruction* (pp. 169-181). Norwood, NJ: Ablex.

Langer, J. A., & Applebee, A. N. (1987). *How writing shapes thinking: A study of teaching and learning* (Research Rep. No. 22) Urbana, IL: National Council of Teachers of English.

Lemke, J. (1988). Genres, semantics, and classroom education. *Linguistics and Education, 1,* 81-99.

Leont'ev, A. A. (1981). The problem of activity in psychology. In J. V. Wertsch (Ed.), *The concept of activity in Soviet psychology* (pp. 37-71). Armonk, NY: M. E. Sharpe.

Lotman, Y. M. (1981). Text within a text. *Soviet Psychology, 26,* 32-51.

Martin, N., D'Arcy, P., Newton, B., & Parker, R. (1976). *Writing and learning across the curriculum.* London: Ward Lock Educational.

Mehan, H. (1979a). "What time is it, Denise?": Asking known information questions in classroom discourse. *Theory into Practice, 18,* 285-294.

Mehan, H. (1979b). *Learning lessons.* Cambridge, MA: Harvard University Press.

Michaels, S. (1987). Text and Context: A new approach to the study of classroom writing, *Discourse Processes, 10,* 321-346.

Miller, G. (1956). The magic number seven, plus or minus two: Some limits on our capacity for processing information, *Psychological Reviews, 63,* 81-92.

Miller, G. (1922). The administrative use of intelligence tests in the high school. In G. M. Whipple (Ed.), *The administrative use of intelligence tests* (Twenty-first Yearbook of the National Society for the Study of Education, Part2, pp. 189-222). Bloomington, IL: Public School Publishing.

Moffett, J. (1968). *Teaching the universe of discourse.* Boston: Houghton Mifflin.

Moll, L. (1990). Introduction. In. L. Moll (Ed.), *Vygotsky and education: Instructional implications and applications of sociohistorical psychology* (pp. 1-27). New York: Cambridge University Press.

Newmann, F. M. (1988, January). Can depth replace coverage in the high school curriculum? *Phi Delta Kappen, 69,* 345-348.

Newmann, F. (1990). Higher order thinking in teaching social studies: A rationale for the assessment of classroom thoughtfulness. *Journal of Curriculum Studies, 22,* 41-56.

Nystrand, M. (1974). Lesson plans for the open classroom. *English Journal, 63,* 79-81.

Nystrand, M. (1983). *The role of context in written communication,* The Nottingham Circular, 12, 55-65.

Nystrand, M. (1986). *The structure of written communication: Studies in reiprocity between writers and readers.* Orlando & London: Academic Press.

Nystrand, M. (1987). The context of written communication. In R. Horowitz & S. J. Samuels (Eds.), *Comprehending oral and written language* (pp. 197-214). Orlando & LOndon: Academic Press.

Nystrand, M. (1990a). *CLASS 2.0 user's manual.* Madison, WI: National Center on Effective Secondary Schools.

Nystrand, M. (1990b). Sharing words: The effects of readers on developing writers. *Written Communication, 7,* 3-24.

Nystrand, M. (1991a, April). *On the negotiation of understanding between students and teachers: Towards a social-interactionist model of school learning.* Paper presented at the annual meeting of the American Educational Research Association, Chicago.

Nystrand, M. (1991b, May) [Interviewed by A. Lockwook]. Beyond filling in blanks [Special Issue]. *Focus in Change, p. 7.*

Nystrand, M. (1991c). Making it hard: Curriculum and instruction as factors in the difficulty of literatyre. In A. Purves (Ed.), *The idea of difficulty in literature and literature learning: Joining theory and practice* (pp. 141-156). Albany: State University of New York at Albany Press.

Nystrand, M. (1992). Social interactionism versus social constructionism: Bakhtin, Rommetveit, and the semiotics of written text. In A. H. Wold (Ed.), *The dialogical alternative: Towards a theory of language and mind* (pp. 157-173). Oslo: Scandinavian University Press.

Nystrand, M. (1993, November 20). *On the dialogic nature of discourse and learning.* Paper presented at colloquium, The Social Construction of Literacy: Perspectives and Issues for Integration, sponsored by the Research Assembly of the National Council of Teachers of English, Pittsburgh.

Nystrand, M., & Brandt, D. (1989). Response to writing as a context for learning to write, In C. Anson (Ed.), *Writing and response: Theory, practice, and research* (pp. 209-230). Urbana IL: National Council of Teachers of English.

Nystrand, M., & Gamoran, A. (1988, April). *A study of instruction as discourse.* Paper presented at the annual meeting of the American Educational Research Association, San Francisco.

Nystrand, M., & Gamoran, A. (1991a). Instructional discourse student engagement, and literature achievement. *Research in the Teaching of English, 25,* 261-290.

Nystrand, M., & Gamoran, A. (1991b). Student engagement: When recitation becomes conversation. In H. Waxman & H. Walber (Eds.), *Effective teaching: Current research* (pp. 257-276). Berkeley: McCutchan.

Nystrand, M., & Gamoran, A., & Heck, M. J. (1992, January). Using small groups for response to and thinking about lierature. *English Journal, 83,* 14-22.

Nystrand, M., & Green, S., & Wiemelt, J. (1993, July). Where did composition studis come from? An Intellectual history. *Written Communication, 10,* 267-333.

Nystrand, M., & Wiemelt, J. (1991). When is a text explicit? Formalist and dialogical conceptions, *Text, 11,* 25-41.

Olson, D. R. (1977). From utterance to text: The bias of language in speech and writing. *Harvard Educational Review, 47,* 257-281.

Olson, D. R. (1981). Writing: The divorce of the author from the text. In B. Kroll & R. Vann (Eds.), *Exploring speaking-writing relationships: Connections and contrasts* (pp 99-110). Urbana, IL: National Council of Teachers of English.

Olson, D. R. (1991). Children's understanding of interpretation and the autonomy of written texts. *Text, 11,* 3-23.

Page, R. N. (1991). *Lower-track classrooms: A curricular and cultural perspective.* New York: Teachers College Press.

Palincsar, A. S., & Brown, A. L. (1984). Reciprocal teaching of comprehension - fostering and monitoring activities, *Cognition and Instruction, 1,* 117-175.

Palincsar, A. S., David, Y. M., Winn. j., Stevens, D., & Brown, A. L. (1990, April). *Examining the differential effects of teacher-versus student-controlled activity in comprehension instruction.* Paper presented at annual meeting of American Educational Research Association, Boston.

Perret-Clermont, A. N. (1980). *Social interaction and cognitive development in children.* New York: Academic Press.

Piaget, J. (1951). *Play, dreams, and imitation.* London: Routledge & Kegan Paul.

Polanyi, M. (1958). *Personal knowledge.* London: Routledge & Kegan Paul.

Popper, K. (1972). *Objective knowledge: An evolutionary approach.* London: Oxford at the Clarendon Press.

Powell, A., Farrar, E., & Cohen, D. K. (1985). *The shopping-mall high school.* Boston: Houghton Mifflin.

Pressley, M., Wood, E. Woloshyn, V. E., Martin,V., King, A., & Menke, D. (1992). Encouraging mindful use of prior knowledge: Attempting to construct explanatory answers facilitates learning. *Educational Psychologist, 27,* 91-110.

Purves, A. (1991). Indeterminate texts, responsive readers, and the idea of difficulty in literature. In A. Purbes (Ed.), *The idea of difficulty in literatue and litearture learning: Joining theory and practice* (pp. 157-170). Albany: State University New York at Albany Press.

Rafoth, B., & Rubin, D. (Eds.). (1989). *The social construction of written communication.* Norwood, NJ: Ablex.

Rommetveit, R. (1974). *On message structure: A framework for the study of language and communication.* London: Wiley.

Rommetveit, R. (1983). In search of a truly interdisciplinary semantics. A sermon on hopes of salvation from hereditary sins. *Journal of Semantics, 2,* 1-28.

Rommetveit, R. (1992). Outlines of a dialogically based social-cognitive approach to human cognition and communication. In A. H. Wold (Ed.), *The dialogical alternative: Towards a theory of language and mind* (19-44). Oslo: Scandinavian University Press.

참고문헌

Rosen, H. (1992). The politics of writing. In K. Kimberley, M. Meek, & J. Miller (Eds.), *New Readings: Contributions to and understanding of literacy.* London: A & C Black.

Rosenblatt, L. (1938). *Literature as exploration.* New York: Appleton-Century.

Rosenblatt, L. (1988). *Writing and reading: The transactional theory* (Tech. Rep. No. 13). Berkeley: Center for the Study of Writing.

Sacks, H., Schegloff, E. A., & Jefferson, G. (1974). A simplest systematics for the organization of turn-taking in conversation. *Language, 50,* 696-735.

Sarason, S. (1983). *Schooling in America: Scapegoat and salvation.* New York: Free Press.

Schultz, J., Erickson, F., & Florio, S. (1982). Where's the floor? Aspects of the cultural organization of social relationships in communication at hoem and in school. In P. Gilmore & A. Glatthorn (Eds.), *Children in and out of school: Ethnography and education* (pp. 88-123). Washington, DC: Center for Applied Linguistics.

Schutz, A. (1967). *Collected papers: Vol. 1, The Problem of social reality.* The Hague: Martinus Nijhoff.

Scollon, R. & Scollon, S. B. (1980). *The literature two-year old: The fictionalization of self* [Typescript]. University of Alaska, Center for Cross-Cultural Studies.

Shaughnessy, M. (1977). *Errors and expectations.* New York: Oxford University Press.

Shipp, E. R. (1985, October 8). *New Theory on reading goes away.* New York Times, pp. C1-2.

Sizer, T. (1984). *Horace's compromise.* Boston: Houghton Mifflin.

Smith, F. (1971). *Understanding reading.* New York: Holt, Rinehart, and Winston.

Sperling, M. (1991). Dialogues of deliberation: Conversation in the teacher-student writing conference. *Written Communication, 8,* 131-162.

Stallings, J. A., & Stipek, D. (1986). Research on early childhood and elementary school teaching programs. In M. C. Wittrock (Ed.), *Handbook of research on teaching* (3d ed.; pp. 727-753). New York: Macmillan.

Staton, J., Shuy, R., Kreeft Peyton, J., & Reed, L. (1988). *Dialogue journal communication: Classroom, linguistic, social and cognitive views.* Norwood, NJ: Ablex.

Stevens, R. (1912). *The question as a measure of efficiency in instruction: A critical study of classroom practice* (Contributions to Education No. 48). New York: Teachers College, Columbia University.

Sweigart, W. (1991). Classroom talk, knowledge development, and writing. *Research in the Teaching of English, 25,* 497-509.

Teale, W., Sulzby, E. (Eds.). (1986). *Emergent literacy: Writing and reading.* Norwood, NJ: Ablex.

Tharp, R., & Gallimore, R. (1988). *Rousing minds to life: Teaching, learning, and schooling in social context.* New York: Cambridge University Press.

Thayer, V. (1928). The passing of the recitation. Boston: D. C. Heath.

Tierney, R. (1983). Writer-reader transactions: A synthesis and suggested directions. *Language Arts, 30,* 627-642.

Tierney, R., & LaZansky, J. (1980). *The rights and responsibilities of readers and writers: A contractual agreement* (Education Rep. No. 15). Urbana: University of ILlinois Center for the Study of Reading.

van Dijk, T., Kintsch, W. (1983). Strategies of discourse comprehension. New York: Academic Press.

Volosinov, V. N. (1973). *Marxism and the philosophy of language* (L. Matejka & I. R. Titunik, Trans.) New York: Seminar Press.

Volosinov, V. N. (1976). *Freudianism, a Marxist critique* (I. R. Titunik, Trans.) New York: Academic Press.

Vygotsky, L. (1978). *Mind in society.* Cambridge, MA: Harvard University Press.

Wells, G. (1993). Reevaluating the IRF sequence: A proposal for the articulation of theories of activity and discourse for the analysis of teaching and learning in the classroom. *Linguistics and Education, 5,* 1-37.

Wertsch, J. V. (Ed.) (1979). *The concept of activity in Soviet psychology.* New York: Merril Sharpe.

Wertsch, J. V. (1985). The semiotic mediation of mental life: L. S. Vygotsky and M. M. Bakhtin. In E. Mertz & R. Parmentier (Eds.), *Semiotic mediation: Sociocultural and psychological perspectives* (pp. 49-71). Orlando: Academic Press.

Wertsch, J. V., & Hickmann, M. (1987). Problem solving in social interaction: A microgenetic analysis. In M. Hicknamm (Ed.), *Social and functional approaches to languae and thought* (pp. 251-266). New York: Academic Press.

Wertsch, J. V., & Toma, C. (1990, April). *Discourse and learning in the classroom: A sociocultural approach.* Presentation at the University of Georgia Visiting Lecturer Series on Constructivism in Education, Atlanta.

Wittrock, M. (1990). *Generative processes of comprehension.* Educational Psychologist, 24, 345-376.

Wittrock, M. C., & Alesandrini, K. (1990). Generation of summaries an analogies and analytic and holistic abilities. *American Education Research Journal, 27,* 489-502.

Yalom, I. D. (1995). *The theory and practice of group psychotherapy* (4th ed.). New York: Basic Books.

역자의 말

　교육의 패러다임에 획기적인 전환이 이루어진 시기는 대략 1980년대 전후였다. 그 이전 압도적이고 완강하게 주류를 형성했던 교육적 패러다임은 행동주의적인 모형이었다. 1960년대에 들어 맹위를 떨치기 시작한 행동주의는 교사가 적합한 자극을 제공하면 학습자들은 배울 것이며, 그 결과 역시 명료하게 측정할 수 있다는 것을 전제로 삼고 있다. 이 전제는 당연하게도 객관적인 인식론, 교사 중심의 전승모형, 결과 중심의 평가 체계 등을 촉발시켰으며, 오래지 않아 교육적 담화의 중심을 차지하기에 이르렀다. 그러나 1980년대 들어 이와 같은 패러다임이 지식의 역동적 성격과 교실 수업의 다양성들을 고려하지 못하였으며, 결과적으로 학습자의 학습을 효과적으로 촉진시키지도, 교육을 수월성 있게 이루어내지도 못하였다는 비판적인 관점에 직면하게 된다. 그리고 그 비판의 근거에는 교수-학습의 과정을 한층 더 완벽하게 설명하고자 하는 인식론에 기반한 구성주의가 자리 잡고 있었다.

　구성주의는 인지과정의 능동성을 주장하는 Piaget(1967)의 개인적인 구성주의에서부터 Vygotsky(1978)의 사회적 구성주의를 거쳐, Glaserfeld(1995)의 근본적인 구성주의에 이르기까지 그 스펙트럼을 달리하며 발전해 왔다. 그러나 이들 구성주의를 관통하는 핵심은 지식이 사회적으로 구성된다는 Schutz(1967)의 논의와 나란히 지식 혹은 학습이 이미 존재하는 것의 전승이 아니라 학습자의 능동적인 상호작용을 통해 구성된다는 것이다. 곧 학습자 역시 피동적인 객체가 아니라 주체로서 교수-학습에 참여한다는 것이다. 이는 지식을 인식의 결과물이 아닌 인식의 과정으로 보게 만들었다. 그리고 이러한 패러다임의 혁신은 Vygotsky에 이르러 교수-학습의 과정에서 수행하는 언어의 역할을 전면적으로 부각시켰으며, 의미 형성 과정의 중요성을 피력하였다. 그로부터 학습의 사회적 성격, 사회적 상호작용의 중요성, ZPD(근접발달영역), 협동 학습 등의 주요한 개념들이 소개되었다.

M. Nysytrand의 주요한 저서인 『언어교육과 대화적 교수법』은 정확히 구성주의적인 연구에 이론적인 바탕을 두고 있다. 그는 Vygotsky의 교육학적 관점에 덧붙여 Bakhtin의 대화주의를 주요한 방법론으로 삼고 있다. Nystrand는 이 책 전반을 통해, 교육의 패러다임이 변화되었음에도 여전히 교실 수업은, 특히 문학교육의 실제는 여전히 IRA(질문-반응-평가)로 점철된 고식적인 교육에 붙박여 있다고 주장한다. 정작 이론적인 연구나 워크샵 등을 통한 실제 교실을 변화시키고자 하는 노력들은 압도적으로 진척되고 있지만, 이 연구가 수행된 1990년대에 이르기까지 실질적인 변화는 거의 이루어지지 않고 있다는 지적이다. 대부분의 교실 수업은 여전히 지식의 전승 모형에 바탕을 두고, 평가를 위한 암송에 치중하고 있으며, 문학작품을 매개로 한 실제적인 의미 형성에는 도저히 미치지 못하고 있다는 비관적인 분석을 내놓고 있다.

그럼에도 이 책이 도저한 비관론에 사로잡혀 있는 것만은 아니다. 몇몇 개인적인 교사들의 노력은 힘겹게 고식적인 기능적인 모형을 넘어서고자 하며, 교사와 학습자, 학습자와 학습자의 능동적인 대화를 열어가고자 하는 실천들이 이루어지고 있다고 평가한다. 다만 이 책은 그러한 개별적인 노력들이 여하한 이론적인 체계 속에서 이루어질 수 있도록 견인할 것인가를 도모하고 있다.

실제적인 대화가 되기 위해 Nystrand는 '실제적인 질문', '어이가기', '평가의 수준' 등 다양한 층위의 검증틀을 계발하고자 하며, 이 틀을 바탕으로 삼아 실제의 교실 수업을 상세하게 분석해 보이고 있다. 물론 연구의 특성으로 말미암아 개별적인 수업을 들여다보고, 그 수업을 견인하는 방법들을 제공하지는 못하고 있지만, 언어교육이 나아가야 할 기본적인 방향과 현재의 문제들을 날카롭게 제시하고 있는 것은 명확하다.

이 책은 기본적으로 미국의 영어교육, 곧 모국어교육 가운데 문학교육을 중심축으로 삼고 있다. 문학교육을 대화적으로 만들어가기 위해 무엇을 준비해야 하며, 정작 제대로 된 대화교육은 어떻게 실제의 문학교육 속에 어떤 모습으로 관철되어야 하는가를 보여준다. 이는 우리의 국어교육, 특히 문학교육에 시사하는 바 적지 않다. 우리의 문학교육, 국어교육 역시 다양한 구성주의적인 이론적 경개가 교수-학습의 실제를 한결 더 정치하고 명확하게 설명해 준다고 인식함에도 불구하고, 수업의 실제는 여전히 행동주의적이며 기능적이다. 이는 교육과정의 면면이나 그 구체화인 교과서의 체제, 교과서를 축자적으로 구현하는 교실 수업 등 너무나 많은 문제들이 조밀하게 맞물려 있는 결과일 것이다. 그럼에도 옳다고 생각하고, 그렇다고 믿는 바에 따라 우리의 국어교육과 문학교육 역시 의당 변화되어야 하며, 변화의 물꼬를 열어가야만 한다.

역자의 말

그 변화의 중심에 이 책이 안내하는 바와 같이 '대화'가 있다. 학습자들은 그저 교사의 말을 받아 적고 암송하는 것이 아니라, 스스로의 언어를 구성해 가는 가운데 작품과 대면해야 하며, 교사와 학습자, 학습자와 학습자 등 다양한 관계 속에서의 대화를 통해 실제적인 언어를, 문학에 대한 심화된 이해를 학습해 나가야 한다. 어쩌면 최근 들어 주요하게 부상하고 있는 '한 학기 한 책 읽기'를 비롯하여, 온작품 읽기 등 국어교육의 새로운 변화를 추동하는 실천적인 노력들의 바탕에 대화라는 중심축이 있음을 Nystrand의 연구는 입증해 주고 있다. 이 책을 통해 실천적인 노력들의 정합성이 스스로 검증되고, 한층 더 정교해지기를 바라는 마음 간절하다.

아무쪼록 어려운 출판 환경에서도 기꺼이 번역을 지원하고 도움을 아끼지 않은 상상의힘에 감사드리며, 이 책이 국어교육과 문학교육을 조금이나마 바람직하게 변화시키고자 하는 연구자와 교사의 손에 건네지기를 바란다.

2018년 8월
역자 씀

인명 · 작품명 색인

용어 색인

언어교육과 대화적 교수법